科学出版社"十四五"普通高等教育研究生规划教材
东南大学"十四五"规划教材

桥梁风振数值分析

主 编　王　浩　周志勇
副主编　陶天友　艾辉林　徐梓栋

科学出版社
北　京

内 容 简 介

随着计算机科学与技术的快速发展,数值模拟已成为桥梁抗风研究的重要手段之一。本书面向大跨度桥梁抗风,系统介绍了桥梁风效应分析的内容,涵盖静风响应、颤振、抖振、涡振、驰振等内容,重点介绍了各类风振响应的数值分析方法。

本书共 9 章,内容包括桥梁风振分析基础、计算流体力学基础、随机脉动风场数值模拟、气动参数识别、静风响应分析、颤振分析、抖振分析、涡振分析和驰振分析等。每章既包含相关分析理论的介绍,也包含典型数值分析算例,以加强读者对核心知识的理解与应用。

本书可作为桥梁风振数值分析及相关课程的教材或参考书,适用于普通高等学校从事桥梁抗风学习与研究的本科生及研究生,也可供从事相关专业的技术人员参考。

图书在版编目(CIP)数据

桥梁风振数值分析/王浩,周志勇主编. —北京:科学出版社,2023.6
科学出版社"十四五"普通高等教育研究生规划教材·东南大学"十四五"规划教材

ISBN 978-7-03-075822-4

Ⅰ. ①桥⋯　Ⅱ. ①王⋯ ②周⋯　Ⅲ. ①桥-风致振动-数值分析-研究生-教材　Ⅳ. ①U441

中国国家版本馆 CIP 数据核字(2023)第 105432 号

责任编辑:陈　琪 / 责任校对:王　瑞
责任印制:张　伟 / 封面设计:马晓敏

科 学 出 版 社 出版
北京东黄城根北街 16 号
邮政编码:100717
http://www.sciencep.com

北京虎彩文化传播有限公司 印刷
科学出版社发行　各地新华书店经销
*
2023 年 6 月第 一 版　开本:787×1092　1/16
2023 年 6 月第一次印刷　印张:14 3/4
字数:350 000

定价: 98.00 元
(如有印装质量问题,我社负责调换)

前　　言

在交通强国的战略背景下，我国桥梁工程迅猛发展。21 世纪以来，中国已成为世界桥梁建设的中心。作为重要的交通枢纽工程，大跨度索承桥梁是衡量一个国家桥梁技术水平的重要指标。据不完全统计，截至 2022 年末，由中国自主建造的主跨超 1000m 的悬索桥在全世界占比达 55%，主跨超 500m 的斜拉桥在全世界占比达 75%。由此可见，经过几十年的发展，我国桥梁的设计与建造水平已完成由跟跑、并跑向领跑的转变，有力助推了中国式现代化建设。

随着桥梁跨度的不断增大，大跨度索承桥梁呈现出结构柔、基频低、阻尼小等特征，其对风荷载的敏感性尤为突出。同时，随着全球气候的变化，台风、龙卷风、下击暴流等风灾频发，对大跨度桥梁的抗风安全造成了严重威胁。我国是世界上少数受风灾影响严重的国家之一。在风灾发生频次高、次生灾害大、影响范围广的背景下，保障结构抗风安全已成为大跨度桥梁在设计、建造与运维全生命周期所需重点关注的核心内容。

数值模拟是大跨度桥梁抗风研究的重要手段之一，与理论分析、风洞试验、现场实测等方法相辅相成、互为补充。近年来，随着计算机科学与技术的快速发展，通用有限元分析软件、计算流体动力学软件不断呈现，为大型复杂桥梁工程的风效应数值模拟提供了重要平台。然而，由于风对桥梁的作用机理复杂，开展桥梁风振数值分析需具备较深的理论基础与编程能力，因而急需一本系统介绍桥梁风振理论及其分析方法的指导教材。

本书是在作者长期从事教学与科研工作的基础上，总结现有桥梁风振分析理论与数值分析方法，并结合一批重大工程的实践经验编写而成的。全书共 9 章。第 1 章为桥梁风振分析基础，主要介绍桥梁风振数值分析方法的种类及其特点、随机振动基础知识以及未来的发展趋势；第 2 章为计算流体力学基础，主要介绍计算流体力学的基本原理、数值计算的基本步骤和计算流体力学方法；第 3 章为随机脉动风场数值模拟，主要介绍基于随机过程的脉动风场模拟方法和计算流体力学入口湍流生成方法；第 4 章为气动参数识别，主要介绍三分力系数、气动导数、气动导纳函数的识别方法及数值实现过程；第 5 章为静风响应分析，主要介绍静风力计算模型、均匀流作用下的静风响应分析、考虑脉动风的静风响应分析；第 6 章为颤振分析，主要介绍颤振的基本原理、基于有限元的频域和时域颤振分析、基于计算流体力学的颤振分析；第 7 章为抖振分析，主要介绍桥梁抖振分析的基本原理、频域抖振分析、时域抖振分析及抖振分析的计算流体力学方法；第 8 章为涡振分析，主要介绍桥梁涡振的基本原理、涡激力模型及涡振的计算流体力学方法；第 9 章为驰振分析，主要介绍桥梁构件的驰振现象及其发生机理、基于准定常假设的驰振分析方法、考虑非定常效应的驰振分析方法以及驰振的计算流体力学方法。

部分章包含了多个典型的数值分析算例，以加强读者对核心知识的理解，便于针对实际工程案例开展相应的风振数值分析。

本书由王浩、周志勇主编，陶天友、艾辉林、徐梓栋负责部分章节的编写和整理工作。经教材编制组多次讨论和商定，最终制定了全书大纲，确定了各章节的主要内容。博士生秦鹏、张寒、姜保宋、赵恺雍参与了部分初稿的修改与校对工作，硕士生温学华、邓鹏、金早等参与了部分插图的绘制以及文字校对工作，在此一并表示感谢。

本书有幸入选了科学出版社"十四五"普通高等教育研究生规划教材。东南大学长江学者特聘教授人才发展基金、国家自然科学基金对本书的出版给予了大力资助，很多院校、工程单位和专家对本书的编写提供了支持和帮助，特此一并致谢。

由于作者水平有限，书中难免有疏漏之处，敬请专家同行和读者批评指正，在此深表谢意！

作　者

2023 年 1 月

目　　录

第 1 章　桥梁风振分析基础

1.1　风对桥梁的作用概述

　　风灾是全球最严重和最频繁的自然灾害，严重威胁人类的生命与财产安全。风灾具有发生频率高、次生灾害大、持续时间长等特点，在世界范围内造成的损失巨大。据统计，在全球重大自然灾害中，风灾的发生次数、造成的死亡人数、引起的经济损失均位居前列，直接影响经济与社会的发展。我国是世界上受风灾影响最为严重的国家之一。由于我国地处太平洋西北岸，大面积国土处于太平洋台风的侵袭范围，每次台风都会造成大量工程结构倒塌与破坏。受亚热带季风气候的影响，巨大的海陆热力差异使得我国每年冬季受寒潮风影响显著。此外，龙卷风、下击暴流等极端风灾也频繁发生，工程结构的抗风安全面临严峻挑战。

　　桥梁是维系陆地交通的关键纽带，在铁路系统与公路系统中均占有重要地位。在交通强国等国家重大战略的推动下，我国跨江、跨海、跨越深切峡谷的重点桥梁工程不断兴建。目前，我国长江、黄河、渤海湾、杭州湾、川藏沿线等已建成一批大跨度桥梁，如主跨 1088m 的苏通大桥(建成时为世界第一大跨度斜拉桥)、主跨 1700m 的杨泗港长江大桥(中国最大跨度悬索桥)、主跨 1092m 的五峰山大桥(世界首座高铁悬索桥)、港珠澳大桥(世界最长的跨海大桥)等。同时，在习近平新时代中国特色社会主义思想指引下，中国桥梁工程界以开拓进取的精神，坚持自主创新，不断突破极限，规划并在建一批世界级重大桥梁工程。例如，正在建设中的张靖皋长江大桥南航道桥主跨长达 2300m，跨度比土耳其 1915 恰纳卡莱大桥（主跨长度为 2023m）长 277m，建成后将成为世界第一大跨度悬索桥。随着现代大跨度桥梁跨度的不断突破，桥梁结构日趋轻柔化，其抗风问题更为突出。

　　在 20 世纪前期，桥梁设计中的风荷载一般按照静力荷载考虑。直至 1940 年，美国塔科马海峡大桥在 18m/s 左右的风速下发生颤振风毁，学术界与工程界逐步认识到风荷载对桥梁的动力作用。塔科马海峡大桥为主跨 853m 的悬索桥，主梁采用宽度为 11.9m 的 H 型板梁，梁高 2.45m，主梁断面的抗扭刚度几乎为零。在 18m/s 的风速作用下，塔科马海峡大桥发生了以一阶反对称扭转振型为主的剧烈振动，主跨 1/4 断面以±45°的幅度反复扭转，最终因吊索断裂而导致桥梁倒塌，如图 1.1 所示。

图 1.1　美国塔科马海峡大桥颤振风毁

塔科马海峡大桥的颤振风毁事故给桥梁工程的设计敲响了警钟。事故发生后，世界著名空气动力学大师 von Karman 等对其进行了分析，最终证明该桥风毁的原因是桥梁发生了颤振。自此，桥梁风工程的研究拉开了序幕。

大跨度桥梁在风荷载作用下存在颤振、抖振、涡振、驰振、风雨振等多种振动形式，统称为风致振动。桥梁各类风致振动的主要特征如表 1.1 所示。

表 1.1 桥梁各类风致振动及其主要特征

风振形式	发生位置	振动特征
颤振	主梁	当结构振动过程从空气中吸收的能量大于阻尼耗散的能量时，所发生的扭转发散振动或弯扭耦合发散振动
抖振	主梁、主塔、斜拉索、主缆、吊索等	由自然风中的脉动成分、结构物自身尾流及其他结构物特征紊流引起的限幅振动，其中，自然风中的脉动成分占主要地位
涡振	主梁、主塔、斜拉索、吊索等	风流过桥梁后发生旋涡脱落，当涡脱频率与桥梁振动频率接近或一致时所发生的振动现象
驰振	桥塔、吊索、斜拉索	细长构件在风荷载作用下发生升力方向的大振幅、低频振动，包括横风向驰振和尾流驰振两种
风雨振	斜拉索	在风雨共同作用下引起的斜拉索振动，是目前已知的拉索振动形式中最强烈的一种

当风流过桥梁时，风的部分动能将转化为桥梁的动能和应变能，这种促使能量转化的外力即为风荷载。当桥梁跨度较小、刚度较大时，风荷载作用下结构基本保持静止不动，这种空气作用力仅相当于静力作用；当桥梁跨度较大时，结构刚度显著下降，使得风荷载作用下的结构振动容易被激发，此时风的作用不仅具有静力特性，还具有动力特性。在桥梁抗风分析中，风荷载一般可分解为平均风荷载与脉动风荷载。在平均风荷载的作用下，大跨度桥梁会产生一定的静力变形，该现象由风的静力作用所致。在较大风速下，桥梁因静风荷载作用可能发生扭转发散或侧向弯扭屈曲，即静风失稳现象。

由于风流过主梁后产生的流场十分复杂，平均风荷载与脉动风荷载均会引起桥梁的风致振动。当桥梁振动幅度较大时，将对周边的流场分布产生影响，从而改变作用于桥梁的空气作用力，空气作用力进一步改变桥梁的振动形态，如此往复。此时，空气作用力与桥梁振动形成相互作用，即流固耦合作用。当桥梁振幅较小时，流固耦合效应较弱，风荷载的作用主要表现为一种强迫作用力，导致桥梁发生限幅振动，包括抖振和涡振；当桥梁振幅较大时，流固耦合效应明显，风荷载对桥梁的作用表现出明显的自激特性，从而引起桥梁的发散性振动，包括颤振和驰振。此外，斜拉桥的拉索易发生风雨振，该振动有别于上述四种振动现象。风雨振在风与结构耦合作用的基础上，进一步叠加了雨水的作用，使得三者间的耦合关系更为复杂。

大跨度桥梁的主梁、吊索、斜拉索、桥塔等构件均存在多种形式的风振风险，其抗风设计与安全评估是桥梁设计与运维管理的重要内容之一。由于风对桥梁的作用非常复杂，桥梁抗风分析通常依赖于专门的风洞试验与数值模拟，以准确把握结构气动力特性及风振响应。因此，开展合理可靠的风振数值分析对于大跨度桥梁的抗风设计与抗风性能评估具有重要意义。

1.2 桥梁风振数值分析方法

桥梁风振分析方法主要包括理论分析、数值模拟、风洞试验与现场实测。本书重点关注桥梁风振数值分析方法。借助桥梁风振分析理论，风振数值分析主要通过有限单元法、计算流体力学方法等常规技术手段来实现。

1.2.1 有限单元法概述

有限单元法是一种开展结构静动力学数值分析的有效方法。其基本思想是将计算域划分为有限个互不重叠的单元，在每个单元内选择一些合适的节点作为求解函数的插值点；将微分方程的变量改写成由变量的节点值、导数值与所选用的插值函数组成的表达式，从而通过变分原理或加权余量法，对微分方程进行离散求解。方程计算与求解过程依赖于大量的矩阵运算及数值运算，因此可通过计算机编程予以实现。目前，国内外已开发了多款大型通用有限元分析软件，如 ANSYS、Abaqus、OpenSees 等。这些软件在前处理、求解、后处理等方面各有优势，并已在结构静力性能分析、疲劳性能分析、地震响应分析等领域广泛应用。

然而，由于桥梁风振分析涉及的气动力较为复杂，描述流固耦合的自激力难以采用显式表达。大多数通用有限元软件无法直接开展桥梁风振数值分析，须通过二次开发来实现结构风振计算。

桥梁在风荷载作用下的动力分析方程可表示为

$$M\ddot{x}(t)+C\dot{x}(t)+Kx(t)=F_s(t)+F_b(t)+F_{se}(t) \tag{1.1}$$

式中，M、C、K 分别为质量、阻尼和刚度矩阵；$F_s(t)$、$F_b(t)$、$F_{se}(t)$ 分别为静风力、抖振力、自激力的节点荷载列阵；$x(t)$、$\dot{x}(t)$、$\ddot{x}(t)$ 分别为节点位移、速度和加速度列阵。

在开展桥梁风振数值分析前，先建立桥梁有限元模型。以润扬大桥为例，图 1.2 为该大跨度悬索桥的有限元模型。当建立桥梁有限元模型后，便已形成了式(1.1)中的结构质量、阻尼和刚度矩阵。关于主梁、主塔、吊索、斜拉索、主缆等桥梁主要构件的气动力，其依赖于构件气动外形，须通过风洞试验或计算流体力学方法获取结构的气动参数，以建立桥梁气动力模型。考虑气动导纳、自激力与频率相关，抖振力、自激力往往表示为时间与频率的混合函数，其在方程求解中须进行等效处理。同时，由于自激力与结构运动状态有关，式(1.1)为典型的非线性微分方程。该方程可通过时域法或频域法进行求解，后面章节将进行详细介绍，此处不再赘述。待求解出节点的位移、速度、加速度后，便可进一步对桥梁风振响应特征进行分析。以上即为基于有限单元法的桥梁风振数值分析基本流程。

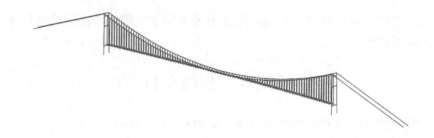

图 1.2　大跨度悬索桥有限元模型

1.2.2　计算流体力学方法概述

计算流体力学(Computational Fluid Dynamics，CFD)是通过计算机数值计算和图像显示技术，对包含流体流动和热传导等相关物理现象的系统所进行的数值分析。由于涉及数值计算，CFD 的发展与计算机技术和数值计算方法的发展密切相关，是一门利用数值计算技术发现各种流动现象规律的学科。CFD 的基本思想可归纳为：把在时域及空间域上连续的物理场，如速度场和压力场，用有限离散点处变量值的集合表示，通过控制方程和边界条件，建立表述离散点处场变量之间关系的代数方程组，然后求解方程组以获得场变量的近似解。

在质量守恒、动量守恒、能量守恒等基本控制方程下，CFD 对流体的流动现象进行数值模拟，可获得流场在各个位置的基本物理量分布(如速度、压力、温度等)，以及这些物理量随时间变化的规律。

数值模拟方法用于计算流动区域内的离散解，以定量描述流场细节，可实现较大雷诺数、密度等参数范围内的流场分析，不受试验固有约束条件(如洞壁干扰、支架干扰等)的影响。采用 CFD 在计算机上开展特定问题的数值模拟，类似于采用计算机开展模型试验，因此 CFD 也称为数值风洞技术。CFD 能够形象地再现流动场景，通过不同的流动参数进行各种数值试验，以实现多种方案的比较。然而，CFD 的基础理论还有待完善，仍需深入研究其算法稳定性、误差估计、收敛性和唯一性等。因此，CFD 分析通常需与模型试验、理论分析相结合，以验证数值解的可靠性。

20 世纪 90 年代初，CFD 技术被引入桥梁风工程领域。1993 年，丹麦学者 Larsen 等利用计算流体力学中的离散涡法识别了桥梁断面的气动导数，并进行了相应的颤振分析；随后，世界各国学者开展了 CFD 技术在桥梁抗风方面的研究，促进了有限差分法、有限元法、有限体积法以及涡方法等数值求解技术的发展。同时，湍流模型也从传统的雷诺平均维纳-斯托克斯（Reynolds Average Navier-Stokes，RANS）方程模型拓展到了大涡模拟等，所解决的科学问题也从桥梁静风响应问题扩展到颤振、涡振、驰振、抖振等动力学问题。可以说，CFD 技术目前已经广泛应用于桥梁抗风的各类研究，并逐渐成为一种发展趋势。

CFD 方法与理论分析、模型试验共同组成了研究流体流动问题的完整体系。在空气动力学中，CFD 对流场的诠释有助于对理论分析和风洞试验进行解释说明，但其不能代替风洞试验与理论分析。确切地说，各种研究手段和方法必须互相配合，互相补充，以共同推进流体力学的发展及其实际工程应用。

1.3　随机振动基础知识

在大气湍流作用下，桥梁的振动无法采用确定性函数进行描述，但其又表现出一定的统计规律。因此，通常从随机过程的角度开展桥梁风致振动的量化与表征。随机过程可视为无限随机样本函数的集合。对于任意时间 $t \in T$（T 为某确定时间域），$x(t)$ 为一随机变量，则随机变量族 $X(t) = \{x_1(t), x_2(t), \cdots, x_n(t)\}$ 称为随机过程。图 1.3 描述了一组典型的随机过程样本函数。根据统计量的时变性特征，随机过程可分为平稳随机过程和非平稳随机过程。

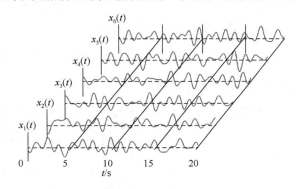

图 1.3　典型随机过程样本函数

1.3.1　平稳随机过程

当 $X(t)$ 在任意时刻的随机样本服从相同的概率密度，即概率密度函数与时间无关时，该随机过程被视为严格平稳随机过程。然而，严格平稳随机过程的要求过于严苛，工程中的随机样本往往难以满足。因此，若随机过程的均值及方差与时间无关，相关函数仅与时间间隔相关，则称该随机过程为广义平稳随机过程，也是工程应用中通常所指的平稳随机过程。

在桥梁随机风振分析中，脉动风速与结构风振响应满足平稳随机过程假设，同时也具有各态历经性。此时，任意时刻的样本统计均值与样本关于时间的均值相等；任意时刻关于样本的相关函数与单个样本关于时间的相关函数相等。显然，只有平稳随机过程才可能是各态历经的，且各态历经过程一定是平稳随机过程。各态历经特性是平稳随机过程的充分而非必要条件。各态历经性的引入使得工程应用中碰到的随机过程问题得到大大简化。平稳随机过程的特征可通过均值、方差、相关函数、功率谱密度等参数进行表征，这些参数的具体描述如下。

1. 均值

若对各样本在固定时刻 t 的取值进行集平均，则可得到随机过程的数学期望：

$$E[X(t)] = \int_{-\infty}^{+\infty} x(t) p(x,t) \mathrm{d}x = \mu \tag{1.2}$$

式中，$E[\cdot]$ 为数学期望；$x(t)$ 为随机样本；$p(x,t)$ 为随机过程的概率密度函数；μ 为均值。

当随机过程满足各态历经假设时，式 (1.2) 进一步简化为

$$E[X(t)] = \lim_{T \to +\infty} \frac{1}{T} \int_{-T/2}^{T/2} x(t) \mathrm{d}t = \mu \tag{1.3}$$

2. 方差

随机过程的均方值(即原点矩)可表示为

$$E\left[X^2(t)\right] = \int_{-\infty}^{+\infty} x^2(t)p(x,t)\,\mathrm{d}x \tag{1.4}$$

该随机过程的二阶矩，即方差为

$$D\left[X(t)\right] = E\left[\left(X(t)-\mu\right)^2\right] = \int_{-\infty}^{+\infty}\left[x(t)-\mu\right]^2 p(x,t)\,\mathrm{d}x \tag{1.5}$$

式中，$D[\cdot]$ 为方差运算符。

当随机过程满足各态历经性时，随机过程的原点矩和二阶矩可分别表示为

$$E\left[X^2(t)\right] = \lim_{T\to+\infty}\frac{1}{T}\int_{-T/2}^{T/2} x^2(t)\,\mathrm{d}t \tag{1.6}$$

$$D\left[X(t)\right] = \lim_{T\to+\infty}\frac{1}{T}\int_{-T/2}^{T/2}\left[x(t)-\mu\right]^2\,\mathrm{d}t \tag{1.7}$$

3. 相关函数

为研究两个随机过程 $X(t)$ 和 $Y(t)$ 在不同时刻 t_1、t_2 的依赖性，定义互相关函数为

$$R_{XY}(t_1,t_2) = E\left[X(t_1)Y(t_2)\right] = \int_{-\infty}^{+\infty}\int_{-\infty}^{+\infty} x(t_1)y(t_2)p(x,t_1;y,t_2)\,\mathrm{d}x\,\mathrm{d}y \tag{1.8}$$

式中，$p(x,t_1;y,t_2)$ 为 $X(t)$ 和 $Y(t)$ 的联合概率密度函数。

对于各态历经的平稳随机过程，式(1.8)可简化为

$$R_{XY}(t_1,t_2) = E\left[X(t)Y(t+\tau)\right] = \lim_{T\to+\infty}\frac{1}{T}\int_{-T/2}^{T/2} x(t)y(t+\tau)\,\mathrm{d}t \tag{1.9}$$

式中，$t_1 = t$，$t_2 = t+\tau$。

显然，平稳随机过程的互相关函数仅与时间间隔 τ 相关，与具体时刻无关。因此，式(1.9)可进一步表示为

$$R_{XY}(\tau) = E\left[X(t)Y(t+\tau)\right] = \lim_{T\to+\infty}\frac{1}{T}\int_{-T/2}^{T/2} x(t)y(t+\tau)\,\mathrm{d}t \tag{1.10}$$

当随机过程 $Y(t)=X(t)$ 时，式(1.10)转化为

$$R_{XX}(\tau) = E\left[X(t)X(t+\tau)\right] = \lim_{T\to+\infty}\frac{1}{T}\int_{-T/2}^{T/2} x(t)x(t+\tau)\,\mathrm{d}t \tag{1.11}$$

式中，$R_{XX}(\tau)$ 为随机过程 $X(t)$ 的自相关函数，反映 $X(t)$ 在不同时刻的依赖关系。当时间间隔 τ 取 0 时，自相关函数等于平稳随机过程 $X(t)$ 的原点矩。在风特性分析中，大气湍流通常视为均值为 0 的平稳随机过程，故其自相关函数在原点处的值等于湍流的方差。

以图 1.4 所示的典型脉动风速样本为例，脉动风速样本的自相关与互相关函数如图 1.5 所示。

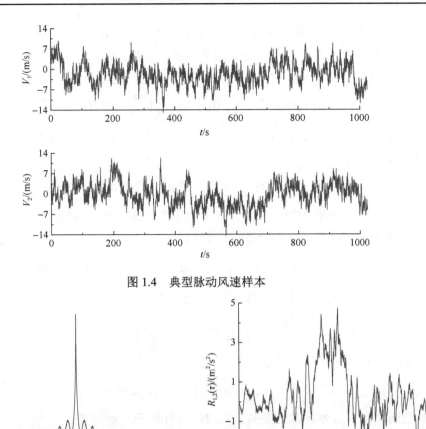

图 1.4　典型脉动风速样本

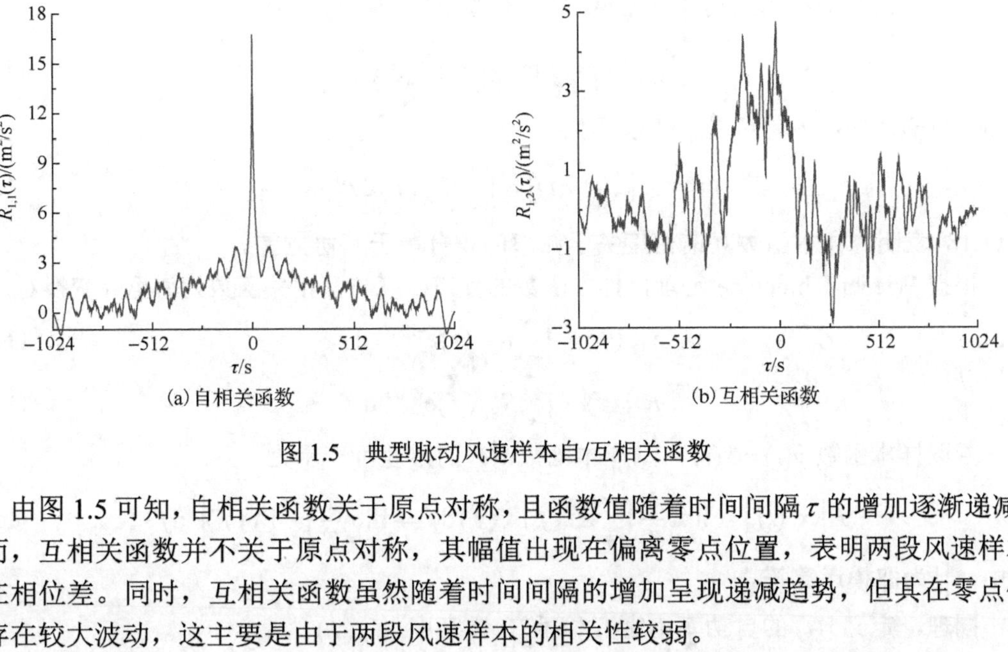

(a) 自相关函数　　　　　　　　　　　(b) 互相关函数

图 1.5　典型脉动风速样本自/互相关函数

由图 1.5 可知,自相关函数关于原点对称,且函数值随着时间间隔 τ 的增加逐渐递减。然而,互相关函数并不关于原点对称,其幅值出现在偏离零点位置,表明两段风速样本存在相位差。同时,互相关函数虽然随着时间间隔的增加呈现递减趋势,但其在零点位置存在较大波动,这主要是由于两段风速样本的相关性较弱。

4. 功率谱密度

随着信号分析技术的发展,国内外学者通过傅里叶变换构建了信号在时域与频域的联系。平稳信号的功率谱密度以傅里叶变换为基础,反映各频率成分的能量分布状态。对于均值为 0 的平稳随机过程 $X(t)$,其样本函数 $\hat{x}(t)$ 存在如下傅里叶变换对:

傅里叶变换　　　　　$\hat{X}(f) = \int_{-\infty}^{+\infty} \hat{x}(t) \mathrm{e}^{-\mathrm{i}2\pi ft} \, \mathrm{d}t$　　　　　(1.12)

傅里叶逆变换　　　　$\hat{x}(t) = \int_{-\infty}^{+\infty} \hat{X}(f) \mathrm{e}^{\mathrm{i}2\pi ft} \, \mathrm{d}f$　　　　　(1.13)

式中, $\hat{X}(f)$ 为样本函数经傅里叶变换后的傅里叶谱; f 为频率; $\mathrm{i} = \sqrt{-1}$ 为虚数单位。

若式 (1.12) 与式 (1.13) 采用圆频率 $\omega = 2\pi f$ 进行计算，则二者之一需乘以 $1/(2\pi)$。一旦规定之后不可随意更改，否则会导致计算结果相差 2π 的整数倍。

对于样本函数 $\hat{x}(t)$ 与 $\hat{y}(t)$，其协方差可表示为

$$E\left[\hat{x}(t)\hat{y}(t)\right] = R_{XY}(0) = \lim_{T \to +\infty} \frac{1}{T} \int_{-T/2}^{T/2} \hat{x}(t)\hat{y}(t)\,\mathrm{d}t \tag{1.14}$$

根据 Parseval 定理，两样本函数乘积关于时间的积分等于二者傅里叶谱乘积关于频率的积分，即

$$\int_{-\infty}^{+\infty} \hat{x}(t)\hat{y}(t)\,\mathrm{d}t = \int_{-\infty}^{+\infty} \hat{Y}^*(f)\hat{X}(f)\,\mathrm{d}f \tag{1.15}$$

式中，$\hat{X}(f)$、$\hat{Y}(f)$ 分别为样本函数 $\hat{x}(t)$ 与 $\hat{y}(t)$ 的傅里叶谱；*表示共轭运算符。

在此基础上，$\hat{x}(t)$ 与 $\hat{y}(t)$ 的协方差可表示为

$$E\left[\hat{x}(t)\hat{y}(t)\right] = \lim_{T \to +\infty} \frac{1}{T} \int_{-T/2}^{T/2} \hat{x}(t)\hat{y}(t)\,\mathrm{d}t = \lim_{T \to +\infty} \frac{1}{T} \int_{-\infty}^{+\infty} \hat{Y}^*(f)\hat{X}(f)\,\mathrm{d}f \tag{1.16}$$

定义 $\hat{x}(t)$ 与 $\hat{y}(t)$ 的互功率谱密度(简称互谱密度) $S_{XY}(f)$ 为

$$S_{XY}(f) = \lim_{T \to +\infty} \frac{1}{T} \left[\hat{Y}^*(f)\hat{X}(f)\right] \tag{1.17}$$

则 $\hat{x}(t)$ 与 $\hat{y}(t)$ 的协方差可进一步表示为

$$E\left[\hat{x}(t)\hat{y}(t)\right] = \int_{-\infty}^{+\infty} S_{XY}(f)\,\mathrm{d}f \tag{1.18}$$

式 (1.18) 表明，样本函数互谱密度关于频率的积分等于其协方差。

根据 Wiener-Khinchine 定理，样本函数的互谱密度与互相关函数为傅里叶变换对，即

$$S_{XY}(f) = \int_{-\infty}^{+\infty} R_{XY}(\tau)\mathrm{e}^{-\mathrm{i}2\pi f\tau}\,\mathrm{d}\tau \tag{1.19}$$

$$R_{XY}(\tau) = \int_{-\infty}^{+\infty} S_{XY}(f)\mathrm{e}^{\mathrm{i}2\pi f\tau}\,\mathrm{d}f \tag{1.20}$$

若取样本函数 $\hat{y}(t) = \hat{x}(t)$，则样本函数 $\hat{x}(t)$ 的方差可表示为

$$E\left[\hat{x}^2(t)\right] = \lim_{T \to +\infty} \frac{1}{T} \int_{-\infty}^{+\infty} \hat{X}^*(f)\hat{X}(f)\,\mathrm{d}f = \lim_{T \to +\infty} \frac{1}{T} \int_{-\infty}^{+\infty} \left|\hat{X}(f)\right|^2\,\mathrm{d}f \tag{1.21}$$

式中，$|\cdot|$ 为取模运算符。

同理，定义 $\hat{x}(t)$ 的自功率谱密度(简称自谱密度) $S_X(f)$ 为

$$S_X(f) = \lim_{T \to +\infty} \frac{1}{T} \left|\hat{X}(f)\right|^2 \tag{1.22}$$

从而存在

$$E\left[\hat{x}^2(t)\right] = \int_{-\infty}^{+\infty} S_X(f)\,\mathrm{d}f \tag{1.23}$$

即样本函数自谱密度关于频率的积分等于其方差。

同理，样本函数 $\hat{x}(t)$ 的自谱密度与自相关函数也构成傅里叶变换对，即

$$S_X(f) = \int_{-\infty}^{+\infty} R_X(\tau)\mathrm{e}^{-\mathrm{i}2\pi f\tau}\,\mathrm{d}\tau \tag{1.24}$$

$$R_X(\tau) = \int_{-\infty}^{+\infty} S_X(f) \mathrm{e}^{\mathrm{i}2\pi f \tau} \, \mathrm{d}f \tag{1.25}$$

在实际应用中,负频率没有明确的物理意义,往往采用式(1.26)所示单边功率谱密度来描述平稳随机过程,前文所述功率谱密度则称为双边功率谱密度。

$$G_X(\omega) = \begin{cases} 2S_X(\omega), & \omega \geqslant 0 \\ 0, & \omega < 0 \end{cases} \tag{1.26}$$

以图 1.4 所示的脉动风速样本为例,其自谱密度与互谱密度如图 1.6 所示。由图可知,脉动风速的自谱密度与互谱密度整体上均随着频率的增加逐渐减小,其反映了不同尺度旋涡能量的传递与耗散机制。此外,由于实测脉动风速均为实数,因此二者的互谱密度为复数,存在实数和虚数两部分,如图 1.6(b) 所示。

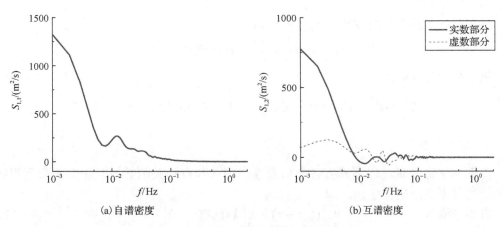

图 1.6 典型脉动风速自/互谱密度

1.3.2 非平稳随机过程

在实际工程中,风速及桥梁的风振响应在均值、方差、频率等方面时常表现出图 1.7 所示的时变特性。这些样本不满足平稳随机过程的基本假设,因此被视为非平稳随机过程。与平稳随机过程的统计特征相比,非平稳随机过程的最大特点在于其统计参数的时变性。

如果信号是非平稳的,那么平稳随机过程的统计指标便不再适用,因此须采用可表征非平稳随机过程特征的参数作为统计指标。对于图 1.7 所示的时变均值和时变方差,二者依然可通过传统随机过程的方法进行

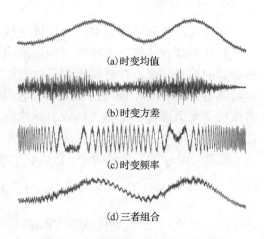

图 1.7 非平稳随机过程的时变特性

定义。然而,对于时变频率,以傅里叶变换为基础的传统功率谱密度仅能分析信号所含有的频率成分,无法确定任意频率成分在信号中出现的时刻,从而给非平稳信号分析带

来了新的挑战。在现代信号分析理论中，时频谱的引入可较好地解决上述问题。对标平稳随机过程的统计参数，非平稳随机过程的统计参数主要包括时变均值、时变方差、相关函数和演变谱密度，其具体描述如下。

1. 时变均值

根据随机过程的定义，非平稳随机过程 $\tilde{X}(t)$ 的时变均值可表示为

$$E\left[\tilde{X}(t)\right] = \int_{-\infty}^{+\infty} \tilde{x}(t)g(\tilde{x},t)\mathrm{d}\tilde{x} = \mu(t) \tag{1.27}$$

式中，$\tilde{x}(t)$ 为非平稳随机过程样本；$g(\tilde{x},t)$ 为非平稳随机过程的概率密度函数；$\mu(t)$ 为时变均值。

2. 时变方差

非平稳随机过程的时变均方值可表示为

$$E\left[\tilde{X}^2(t)\right] = \int_{-\infty}^{+\infty} \tilde{x}^2(t)g(\tilde{x},t)\mathrm{d}\tilde{x} \tag{1.28}$$

该随机过程的时变方差为

$$D\left[\tilde{X}(t)\right] = E\left[\left(\tilde{X}(t)-\tilde{\mu}(t)\right)^2\right] = \int_{-\infty}^{+\infty}\left[\tilde{x}(t)-\tilde{\mu}(t)\right]^2 g(\tilde{x},t)\mathrm{d}\tilde{x} \tag{1.29}$$

3. 相关函数

由于非平稳随机过程不具有各态历经性，因此其自相关函数与互相关函数需根据相关函数的基本概念进行描述，即

自相关函数　　　　$R_{XX}(t,\ t+\tau) = E\left[X(t)X(t+\tau)\right] \tag{1.30}$

互相关函数　　　　$R_{XY}(t,\ t+\tau) = E\left[X(t)Y(t+\tau)\right] \tag{1.31}$

4. 演变谱密度

在现代信号分析理论中，时频谱能较好地描述随机过程的非平稳特征。时频谱是时间与频率的联合函数，可在时、频域内同时反映能量的分布状态，因此易描述非平稳信号能量的演变规律。在时频谱的具体表达方面，国内外学者提出了多种数学模型，如瞬时功率谱、Wigner-Ville 谱、Priestley 演变谱等。其中，Priestley 演变谱是在传统功率谱密度的基础上进行了延伸，具有明确的物理意义，因此成为时频谱的主流表达形式。当前，非平稳信号的频谱分析主要采用演变谱描述时频能量分布。

在 Priestley 演变谱理论中，任意非平稳随机过程可通过 Riemann-Stieltjes 积分表示为

$$f(t) = \int_{-\infty}^{+\infty} A(\omega,t)\mathrm{e}^{\mathrm{i}\omega t}\mathrm{d}\bar{Z}(\omega) \tag{1.32}$$

式中，$A(\omega,t)$ 为关于时间与频率的调制函数，其随着时间缓慢变化；$\bar{Z}(\omega)$ 为正交增量复随机过程，满足如下关系：

$$E\left[\mathrm{d}\bar{Z}(\omega)\mathrm{d}\bar{Z}^*(\omega')\right] = 0, \quad \forall \omega \neq \omega' \tag{1.33}$$

$$E\left[\left|\mathrm{d}\bar{Z}(\omega)\right|^{2}\right]=S_{\bar{f}}(\omega)\mathrm{d}\omega \tag{1.34}$$

式中，$S_{\bar{f}}(\omega)$ 是均值为零的平稳随机过程 $\bar{f}(t)$ 的双边功率谱密度。

$$\bar{f}(t)=\int_{-\infty}^{+\infty}\mathrm{e}^{\mathrm{i}\omega t}\,\mathrm{d}\bar{Z}(\omega) \tag{1.35}$$

对比式 (1.32) 与式 (1.35)，非平稳随机过程 $f(t)$ 的双边演变谱密度可表示为

$$S_{ff}(\omega,t)=\left|A(\omega,t)\right|^{2}S_{\bar{f}}(\omega) \tag{1.36}$$

以此类推，非平稳随机过程 $f(t)$ 和 $g(t)$ 的互演变谱密度为

$$S_{fg}(\omega,t)=A_{f}(\omega,t)A_{g}^{*}(\omega,t)S_{\bar{f}\bar{g}}(\omega) \tag{1.37}$$

式中，$A_{f}(\omega,t)$、$A_{g}(\omega,t)$ 分别为 $f(t)$ 和 $g(t)$ 的调制函数；$S_{\bar{f}\bar{g}}(\omega)$ 为对应平稳随机过程的互功率谱密度。

可见，非平稳随机过程的演变谱密度是平稳随机过程功率谱密度的广义表达。若调制函数取 1 或仅为频率的函数，式 (1.36) 和式 (1.37) 分别退化为平稳随机过程的自谱密度和互谱密度。当调制函数仅是关于时间的函数时，$f(t)$ 称为均匀调制非平稳随机过程。

结合式 (1.30)，$f(t)$ 的自相关函数可进一步表示为

$$R_{ff}(t,\,t+\tau)=\int_{-\infty}^{+\infty}A(\omega,t)A^{*}(\omega,t+\tau)\mathrm{e}^{-\mathrm{i}\omega\tau}S_{\bar{f}}(\omega)\mathrm{d}\omega \tag{1.38}$$

同理，$f(t)$ 和 $g(t)$ 的互相关函数可表示为

$$R_{fg}(t,\,t+\tau)=\int_{-\infty}^{+\infty}A_{f}(\omega,t)A_{g}^{*}(\omega,t)S_{\bar{f}\bar{g}}(\omega)\mathrm{e}^{-\mathrm{i}\omega\tau}\,\mathrm{d}\omega \tag{1.39}$$

若调制函数与平稳随机过程的功率谱密度均为实数，则式 (1.38) 和式 (1.39) 可分别简化为

$$R_{ff}(t,\,t+\tau)=\int_{-\infty}^{+\infty}\sqrt{S_{\bar{f}\bar{f}}(\omega,t)S_{\bar{f}\bar{f}}(\omega,t+\tau)}\mathrm{e}^{-\mathrm{i}\omega\tau}\,\mathrm{d}\omega \tag{1.40}$$

$$R_{fg}(t,\,t+\tau)=\int_{-\infty}^{+\infty}\sqrt{S_{\bar{f}\bar{f}}(\omega,t)S_{\bar{g}\bar{g}}(\omega,t+\tau)}\Gamma_{fg}(\omega)\mathrm{e}^{-\mathrm{i}\omega\tau}\,\mathrm{d}\omega \tag{1.41}$$

式中，$\Gamma_{fg}(\omega)$ 为空间相干函数。

1.4　主要发展趋势

对于大跨度桥梁而言，风振数值分析已成为桥梁设计、施工与运维阶段必不可少的环节。桥梁风振数值分析涵盖静风响应、颤振、抖振、涡振、驰振等主要内容，以前文所述有限单元法、计算流体力学方法为主要分析手段。其中，采用有限单元法开展桥梁风振数值分析时，须先确定桥梁关键断面的气动参数，因此桥梁风振数值分析还包含三分力系数、气动导数、气动导纳等气动参数的识别。目前，桥梁风振数值分析已广泛应用于各类桥梁风振问题的分析、风振响应的预测、风振机理的揭示，与风洞试验、理论分析、现场实测互为补充，成为桥梁抗风研究的主流手段之一。

近年来，桥梁风振分析理论、计算机科学与技术蓬勃发展，一大批国内外学者致力于桥梁风振数值分析新技术与新方法的研究，使得桥梁风振数值分析在复杂、全尺度、

大规模工程问题的高精度计算中具有更为广泛的应用前景。在当前阶段，桥梁风振数值分析的主要发展趋势如下。

1. 桥梁非平稳、非高斯、非线性风振数值分析

随着全球气候的变化，台风、雷暴风、龙卷风等特异风灾频发。在此背景下，大跨度桥梁抗风除需考虑良态强风以外，还需考虑特异风的作用。与良态强风存在明显差异，特异风具有突出的非平稳与非高斯特性。加之，在风荷载作用下，大跨度桥梁存在结构非线性、气动非线性等诸多非线性问题。因此，非平稳、非高斯、非线性已成为桥梁风振响应分析的国际前沿与热点，对桥梁风振数值分析提出了更高的要求与挑战。

2. 基于粒子法的 CFD 数值分析

除 RANS、大涡模拟(Large Eddy Simulation，LES)、直接数值模拟(Direct Numerical Simulation，DNS)以外，粒子法是求解纳维-斯托克斯(Navier-Stokes，N-S)方程的另一类有效方法，在分子尺度(直接 Monte Carlo 模拟法)、细观尺度(晶格玻尔兹曼法)、宏观尺度(光滑粒子流体动力学法)方面正飞速发展，有望实现桥梁风效应的高效计算。该类方法将流体视为理想化的微观粒子，因此与有限体积法、有限单元法及有限差分法相比在无网格计算、并行计算、区域大变形等方面具有突出的优势，是未来计算风工程的一大发展方向。

3. CFD 入口湍流的生成

在桥梁风振 CFD 分析中，产生满足给定平均风廓线、脉动风谱、空间相干函数的入口湍流对准确评估桥梁风振响应具有重要意义。目前，国内外已提出了三类方法，包括预前模拟法、回收法和序列合成法。与预前模拟法和回收法相比，序列合成法是一种更为实用与高效的入口湍流生成方法。在过去的几十年里，序列合成法的发展尤为迅速，目前已形成多个分支，具体包括随机傅里叶法、数字滤波法、合成涡法。近年来，机器学习与深度学习技术飞速发展，其灵活的网络架构、强大的非线性逼近能力、高效的优化算法及强劲的图形处理器(Graphics Processing Unit，GPU)并行算力，为 CFD 入口湍流生成技术的发展带来了新的动力。

4. 流固耦合的求解算法

流固耦合描述桥梁在振动过程中与流场的相互作用。桥梁气动力会改变结构的变形，结构的变形又会进一步改变流场状态，从而改变气动力。流固耦合问题通常可表示为流体子系统、结构子系统、动网格三者的耦合问题，通过时域的数值求解，从而可获得桥梁的气弹响应。流固耦合的数值算法主要包括两类：分离求解法与整体求解法。在分离求解法中，采用不同的求解器计算流体与结构各自的物理量，其中共同变量通过异步传递的方式进行更新。在整体求解法中，将流场和结构场的控制方程耦合到同一方程矩阵中进行求解，即在同一求解器中同时求解流固控制方程。由于存在各自的优缺点，上述两类方法在复杂桥梁风振问题中的适用性尚须进一步研究。

第2章　计算流体力学基础

20世纪80年代以来，CFD开始在流体力学研究领域崭露头角，成为继理论流体力学和试验流体力学之后的又一种主要研究方法。CFD技术结合数值模拟方法逐渐应用于计算大气边界层中的钝体绕流，随着计算机科学与流体力学理论的不断发展，基于CFD的数值模拟方法已经成为桥梁风工程研究的重要手段。

CFD是流体力学领域的一个分支，CFD技术是20世纪由航空领域引入土木工程的，之后得到了长足的发展；丹麦的Walther在1993年计算出的平板气动导数及二维颤振临界风速就是运用CFD方法，这是首次通过数值方法进行的研究，也是"数值风洞"开始出现和发展的重要一步。此后，国内外学者采用CFD手段对桥梁风效应开展了广泛而深入的研究。实践表明，CFD数值模拟技术在桥梁初步设计阶段的气动选型、风振机理的分析研究、参数识别和抗风设计审核工作等方面具有可行性与可靠性，并在"数值风洞"中担任着重要的角色。

本章对CFD的基本原理进行介绍，详细阐述CFD计算的基本流程，最后对数值方法的计算误差进行讨论。

2.1　流体力学基本原理

2.1.1　流体力学基本假设

1. 理想流体与黏性流体

所有的流体都具有黏性。黏性是流体内部发生相对运动而引起的相互作用。流体在静止时不能承受切应力，但在运动时对相邻两层流体间的相对运动具有抵抗作用，这种抵抗力称为黏性应力。据此，流体所具有的抵抗两层流体间相对滑动或变形的性质称为黏性。

由于流体存在黏性，流体的部分机械能将不可逆地转化为热能，并使流体运动出现许多复杂现象，如边界层效应、摩阻效应等。自然界中各种流体都是黏性流体。有些流体黏性很小(如水、空气)，有些则很大(如甘油、油漆、蜂蜜)。当流体黏性很小而相对滑动速度不大时，黏性应力较小，此时的流体可近似看作理想流体。理想流体一般不存在热传导和扩散效应。事实上，理想流体是不存在的，但在一定情形下，实际流体在特定的流动区域，非常接近于理想流体，因此将其视为理想流体进行简化处理。

2. 可压流体与不可压流体

根据流体密度是否恒定，可将流体分为可压流体与不可压流体。当密度为常数时，流体为不可压流体，否则为可压流体。空气为典型可压流体，因为气体密度易随温度和压强的变化而变化；由于液体较难压缩，水可视为不可压流体。事实上，有些可压流体在特定流动条件下，可按不可压流体对待。

空气的可压缩性与马赫数直接相关。马赫数指空气流速与声速的比值。在工程领域的流动分析中，是否考虑空气的压缩性主要取决于流动过程产生的压强变化能否引起显著的密度变化。当空气流速小于 0.3 马赫时，空气密度变化不到 5%，一般可将这种流动看成不可压缩流动；当空气流速大于 0.3 马赫时，须考虑流体压缩的影响。

3. 定常流动与非定常流动

根据流体流动的速度、压力、温度等物理量是否随时间变化，流动可分为定常流动与非定常流动两类。当流动的物理量不随时间变化时，称该流动为定常流动；定常流动也称为恒定流动或稳态流动。当流动的物理量随时间变化时，称该流动为非定常流动。非定常流动也称为非恒定流动、非稳态流动或瞬态流动。在现实生活中，流体的流动几乎都是非定常的。例如，直升机旋叶的转动、建筑物和桥墩的绕流等都会形成非定常流动。

4. 层流和湍流

当流速很小时，流体分层流动，互不混合，此种流动称为层流，也称为稳流或片流；随着流速增加，流体的流动开始出现波浪状的摆动，摆动的频率及振幅随流速的增加而增加，此种流动称为过渡流。当流速进一步增加时，流态不再清晰可辨，流场中产生了许多小旋涡，层流状态被破坏。此时，相邻流层间不但有滑动，还有混合。在流体的不规则运动中，有垂直于流动方向的分速度产生，这种流动称为湍流，又称为紊流。在自然界中，湍流是普遍存在的，而层流则是特殊情况。

层流与湍流通常采用雷诺数进行界定。雷诺数的定义为

$$Re = \frac{ud}{v} \tag{2.1}$$

式中，u 为流速；v 为黏度；d 为特征长度。当 $Re < 2300$ 时，一般认为流动是层流；当 $2300 \leqslant Re < 8000$ 时，流动是层流与湍流间的过渡流；当 $Re \geqslant 8000$ 时，流动通常表现为湍流。

5. 边界层

普朗特在 1904 年提出了边界层理论。如图 2.1 所示，对于雷诺数较大的黏性流动，其由两种不同性质的流动组成：一种是固体边界附近的边界层流动，黏性作用不可忽略；另一种是边界层以外的流动，黏性作用可以忽略。这种处理黏性流体的方法，为近代流体力学的发展开辟了新的路径。边界层具有以下主要特征。

(1)与物体的特征长度相比，边界层的厚度很小。

(2)边界层内沿厚度方向，存在很大的速度梯度。

(3)边界层厚度沿流体流动方向是增加的。由于边界层内流体质点受到黏性力的作用，流动速度降低。若要达到外部势流速度，边界层厚度必然逐渐增加。

(4)由于边界层很薄，可近似认为边界层中各截面压强等于边界层外边界的压强值。

（5）在边界层内，黏性力与惯性力数量级相同。

（6）边界层内的流态，也具有层流和湍流两种。

边界层内的流动状态，在低雷诺数时是层流，在高雷诺数时则是湍流。当黏性流体绕过物体时，在物体前缘附近是层流。随着离前缘的距离不断增加，雷诺数逐渐加大，层流边界层流动随雷诺数的增加会出现不稳定现象。流体中不可避免地存在着扰动，使层流发生变化，逐渐向湍流过渡，最终完全变成湍流。层流向湍流过渡的过程称为转捩，如图 2.1 所示。

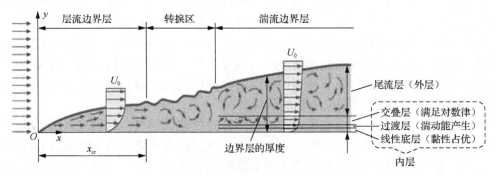

图 2.1　边界层分布示意

6.　流动分离

流动分离也叫边界层分离，是指流体在壁面摩擦力和逆向压力的双重作用下越流越慢，直到停止甚至发生倒流，从而使主流被排挤、远离壁面的现象，如图 2.2 所示。边界层一般较薄，被壁面减速的流体很少，因此黏性力的影响不大。当发生流动分离后，大量的流体被卷入分离区，所产生的流动阻力和流动损失则大大增加。因此，流动分离是一种重要的流动现象，是工程设计主要考虑的因素之一。当前，流动分离问题仍然是流体力学难题，理论所给出的规律并不完全符合实际情况，其表征还需依赖模型试验和数值模拟。

流动分离只发生在壁面附近的减速流动中。为描述方便，先将流体进行分层，靠近壁面称为边界层，边界层之外的流体称为主流。主流中的流体减速由压差力造成，边界层内流体则还受黏性力作用，黏性力与流动方向相反。由于靠近壁面处流体剪切变形大，故边界层内流体微团的近壁侧黏性力大于远壁侧，因此，边界层内的流体比主流减速程度大。当近壁层减速到某种程度时，边界层内的流体已经减速至零，此时，黏性阻力消失，但压差阻力仍存在，在此位置的流体在压差作用下会产生逆向流动(或称倒流)，从而便发生了流动分离。

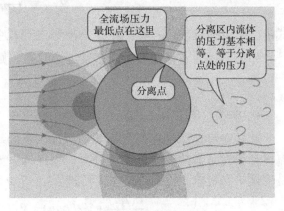

图 2.2　流动分离示意

一旦发生了流动分离，分离点下游就会产生低速区，也叫分离区。分离区的流速是不稳定的，通常存在旋涡流动，根据雷诺数的大小，可能表现为层流，也可能表现为湍流。流动失稳而产生的剪切流动将带来流动能量损失，流动能量进一步转化为热能。然而，分离区内的流速总体上较小。

7. 描述流体运动的两种方法

拉格朗日法和欧拉法是描述流体运动的两种方法。拉格朗日法是从分析流体各个质点的运动着手，通过跟踪流体质点研究整个流体的运动；欧拉法从分析流体所占据空间中各固定点处的流体运动着手，通过设立观察站的方法研究流体在整个空间的运动。

采用拉格朗日法研究流体运动时，着眼点是流体质点，即研究个别流体质点的速度、加速度、压强和密度等参数随时间的变化，以及由某一流体质点转向另一流体质点时这些参数的变化，然后把全部流体质点的运动情况综合起来，得到整个流体的运动情况。此方法实质上是质点动力学研究方法的延续。

欧拉法着力于研究流体质点经过固定空间点时的流动情况，研究流体质点经过某一空间点时的速度、加速度、压强等变化规律，并通过综合流场中所有空间点上的流体质点的运动参数及变化规律得到整个流场的运动特性。例如，气象观测广泛采用欧拉法，在各地设立的气象站（相当于空间点），把同一时间观察到的气象要素上报到规定的通信中心，从而绘制成同一时刻的气象图，据此做出天气预报。

2.1.2 流体控制方程

流体运动受物理守恒定律的支配，其遵循的基本守恒定律包括质量守恒定律、动量守恒定律和能量守恒定律。流体控制方程是这些守恒定律的数学描述。本节着重介绍这些守恒定律所对应的控制方程。

1. 质量方程

任何流体的流动问题都必须满足质量守恒定律，该定律可表述为：单位时间内流体微元体质量的增加等于同一时间间隔流入该微元体的净质量，即流体不会凭空产生也不会凭空消失。根据该定律，可推导出质量守恒方程（也称为连续方程）：

$$\frac{\partial \rho}{\partial t} + \nabla \cdot (\rho \boldsymbol{u}) = 0 \tag{2.2}$$

式中，ρ 为流体密度；$\boldsymbol{u}$ 为速度；∇ 为散度，在欧氏空间中有 $\nabla \cdot \boldsymbol{a} = \partial a_x / \partial x + \partial a_y / \partial y + \partial a_z / \partial z$。

如果流体为不可压缩体，密度 ρ 为常数，则式(2.2)可简化为

$$\nabla \cdot (\rho \boldsymbol{u}) = 0 \tag{2.3}$$

2. 动量方程

动量守恒定律是任何流体流动必须满足的基本定律。该定律表述为：流体微元体中流体动量对时间的变化率等于外界作用在该微元体上的各种力之和。实际上，该定律就是牛顿第二定律。按照该定律，可推导出 x、y 和 z 三个方向的动量守恒方程：

$$\frac{\partial (\rho u)}{\partial t} + \nabla \cdot (\rho u \boldsymbol{u}) = \nabla \cdot (\mu \operatorname{grad} u) - \frac{\partial p}{\partial x} + S_u \tag{2.4}$$

$$\frac{\partial(\rho v)}{\partial t} + \nabla \cdot (\rho v \boldsymbol{u}) = \nabla \cdot (\mu \operatorname{grad} v) - \frac{\partial p}{\partial y} + S_v \tag{2.5}$$

$$\frac{\partial(\rho w)}{\partial t} + \nabla \cdot (\rho w \boldsymbol{u}) = \nabla \cdot (\mu \operatorname{grad} w) - \frac{\partial p}{\partial z} + S_w \tag{2.6}$$

式中，p 为压力；μ 为流体运动黏度系数；S_u、S_v、S_w 为动力守恒方程的广义源项；$\operatorname{grad}(\bullet) = [\partial(\bullet)/\partial x, \partial(\bullet)/\partial y, \partial(\bullet)/\partial z]$。

3. 能量方程

能量守恒定律是包含热交换的流动系统必须满足的基本定律。该定律可表述为：微元体中能量的增加率等于进入微元体的净热流量加上体力与面力对微元体所做的功。实际上，该定律就是热力学第一定律，其表达形式如下：

$$\frac{\partial(\rho T)}{\partial t} + \nabla \cdot (\rho \boldsymbol{u} T) = \nabla \cdot \left(\frac{k}{c_p} \operatorname{grad} T \right) + S_T \tag{2.7}$$

式中，T 为温度；c_p 为比热容；k 为流体的传热系数；S_T 为流体的内热源及由于黏性作用流体机械能转化为热能的部分。

需要说明的是，虽然能量方程是流体流动与传热问题的基本控制方程，但对于不可压缩流动，当热交换量小至可忽略不计时，可不考虑能量方程，即只需联立求解质量方程和动量方程。在桥梁风工程研究中，一般不考虑能量方程。

4. 方程通用形式

动量方程一般称为 N-S 方程，但现有表述也习惯将质量方程、动量方程和能量方程统称为 N-S 方程。对比质量方程、动量方程和能量方程可知：尽管这些方程的因变量各不相同，但它们均反映了单位时间单位体积内物理量的守恒性质。若用 ϕ 表示通用变量，则上述各控制方程均可表示成以下通用形式：

$$\frac{\partial(\rho \phi)}{\partial t} + \nabla \cdot (\rho \phi \boldsymbol{u}) = \nabla \cdot (\Gamma \operatorname{grad} \phi) + S \tag{2.8}$$

式中，ϕ 为通用变量，可以代表 u、v、w、T 等求解变量；Γ 为广义扩散系数；S 为广义源项。式中各项依次为瞬态项、对流项、扩散项和源项。对于特定的方程，ϕ、Γ 和 S 具有特定的形式，表 2.1 给出了三个符号与各特定方程的对应关系。

表 2.1　通用控制方程中各符号的具体形式列表

方程类型	ϕ	Γ	S
质量方程	1	0	0
动量方程	u	μ	$-\dfrac{\partial p}{\partial x} + S_u$
能量方程	T	$\dfrac{k}{c_p}$	S_T

2.1.3　湍流模拟

湍流是一种极其复杂的非定常三维流动，湍流场内充满着尺度不同的旋涡。大涡从主流获得能量，涡旋运动使旋涡不断拉伸变形而分散为小涡，于是大旋涡的能量就以串级的方式逐渐转化为小旋涡的能量。当旋涡的尺度小到黏性项起主导作用时，能量将通过黏性进一步耗散，这种尺度的旋涡将是稳定的，不会再分裂成更小的旋涡，此即为耗散涡。已有研究表明：尺度相差很大的旋涡之间不存在相互作用，只有尺度相近的旋涡才可传递能量。在传统认知中，一般认为能量的传递只由大旋涡向小旋涡单向传递。但现有研究表明，也存在小旋涡向大旋涡传递能量的现象。由于湍流一般出现在高雷诺数下，大旋涡之间的作用几乎不受黏性的影响，只有在最小尺度的旋涡中，黏性才起较大作用，使得流体的动能耗散为热能。

无论湍流运动多么复杂，非稳态的连续方程和 N-S 方程对于湍流的瞬时运动仍然是适用的。然而，湍流所具有的强瞬态性和非线性使得与湍流三维时间相关的全部细节无法用解析的方法精确描述，而采用直接数值方法需要耗费的计算资源巨大。此外，从工程角度而言，人们所关心的通常是湍流所引起的平均流场变化，而湍流流动的全部细节对于工程实践意义并不大。于是，国内外学者找到了对湍流进行简化处理的方法。其中，最初的方法是基于统计平均或其他平均方法建立起来的时均化模拟方法。该方法由于受封闭模型本身的假设条件、复杂流场模拟时参数选取往往依靠经验等诸多限制，使得计算结果存在较大的误差。为了使湍流计算更能反映不同尺度的旋涡运动，相关学者后来又发展了大涡模拟方法。总体来说，湍流的计算方法主要分为三类：RANS、DNS 和 LES。RANS 和 LES 也称为非直接数值模拟法。

1. 湍流的三类计算方法

1）RANS

RANS 方法是指在时间域上对流场物理量进行雷诺平均化处理，然后求解所得到的时均化控制方程。比较常用的模型包括 Spalart-Allmaras 模型、k-ε 模型、k-ω 模型和雷诺应力模型等。RANS 方法计算效率较高，计算精度基本可以满足工程实际需要，是工程领域使用最为广泛的湍流数值模拟方法。

流场中大小不同的旋涡不断地产生和消失，相互之间强烈地混掺，使得湍流场中的物理量表现出脉动的性质，具有极强的不规则性和随机性。整个流场中的物理量不仅是空间坐标的函数，也是时间坐标的函数。物理量的低频脉动是由流场中的大旋涡引起的，高频脉动则是由小旋涡引起的。人们对湍流的传统认识是，湍流可以分解为平均运动与脉动运动两部分，而其中的脉动运动则是完全不规则的随机运动。人们感兴趣的主要是湍流的平均运动，充其量再加上一些与平均运动有联系的脉动运动的统计特性。对于脉动运动的时空变化细节，一般不予考虑。雷诺平均方法便是将时空变化的细节抹平，从而损失了脉动运动相关的信息；由于湍流运动的随机性和 Navier-Stokes 方程的非线性，雷诺平均必然导致 Navier-Stokes 方程不封闭。为了使方程封闭，必须进一步借助经验数据、物理类比，甚至各种模型假设。综合而言，这些模式理论主要存在着以下两个重大缺陷。

(1) 流体脉动细节有较大的损失，损失了包含在脉动运动中大量具有重要意义的信息。近几十年的研究发现：湍流运动中除了存在随机性很强的小尺度旋涡以外，还存在一些大尺度旋涡结构。这些大尺度旋涡具有比较规则的旋涡图形，其形态和尺寸对于同一类型的湍流流动具有普遍性，对湍流中的雷诺应力和各种物理量的湍流输运作出主要的贡献。为此，应对这些大尺度涡结构予以精细描述，然而上述湍流模式均无法实现该功能。

(2) 各种湍流模型都有一定的局限性，存在对经验数据过于依赖和预报精度低等缺点。在构造模型时，人们对许多未知项知之甚少，有很多物理量至今还没有测量数据可供参考，所做出的假设很大程度依赖于主观猜测。另外，建模过程对所有不同尺度的涡同等对待，均视为存在各向同性。然而，大小涡之间除在尺度上存在显著差别以外，仍存在很多其他区别。大涡与主流之间存在强烈的相互作用，它直接由主流获得能量，对流动的初始条件和边界的形状有强烈的依赖性，其形态与强度因流动的不同而不同，因此是高度各向异性的；反之，它又对主流具有强烈的反馈与影响，主流大部分质量、动量和能量的输运是由大涡引起的。小涡主要通过大涡之间的非线性相互作用间接产生，与主流或流场边界形状几乎没有关系，因此近似呈各向同性。小涡对主流的影响是轻微的，主要起黏性耗散作用。若将大涡与小涡混在一起，则难以找到一种湍流模型能够同时较好地描述不同结构的大、小涡特征。

2) DNS

现代计算机的飞速发展给湍流问题的分析提供了重要途径。尽管湍流场表现出极强的不规则性和随机性，但它仍然是黏性流体的一种运动形式。湍流场中的物理量在每一瞬间仍须满足质量、动量和能量守恒定律。为此，可不引入任何湍流模型，通过计算机直接求解三维非定常 N-S 方程，从而对湍流的瞬时运动进行直接模拟，这便是 DNS 方法。DNS 方法存在以下优点：①方程本身是精确的，误差是由数值方法引入的；②数值模拟可获得很多试验目前还无法测量的量，从而可用于检验各种湍流模型，并为发展新的湍流模型提供数据基础；③不同于模型试验，数值模拟中的流动条件可精确控制，因而可对各种因素的单独作用或交互作用进行系统研究；④在某些情况下，模型试验难以实现对真实流动条件的完全相似，故 DNS 方法为流场分析提供了重要手段。

DNS 直接采用瞬态 N-S 方程对湍流进行计算，理论上可得到准确的计算结果。然而，高雷诺数的湍流中包含尺度为 $10\sim100\mu m$ 的涡，湍流脉动频率常大于 10kHz，只有在非常微小的空间网格长度和时间步长下，才能分辨出该尺度范围的湍流空间结构及其剧烈变化的时间特性。对于该分析精度，现有计算机上难以采用 DNS 法开展数值计算。目前，DNS 主要用于湍流的基础研究，例如，发现新结构、揭示新机理、提供新概念、检验与改进湍流模型等。20 世纪 70 年代初，Orszag 等最早开展 DNS 研究，为湍流数值模拟中常用的数值方法——谱方法的发展作出了重要贡献。自 20 世纪 80 年代开始，美国斯坦福大学的 Reynolds、Ferziger、Moin 等带领团队也为 DNS 的发展开展了大量的研究工作。现有计算机的运算能力目前仍只能实现中等以下雷诺数且几何边界条件较为简单的湍流场模拟。例如，Kim 等模拟了 $Re=3300$ 的槽道流，所采用的网格数为 $2×10^5$，在 Cray-XMP 计算机上运行了 250h；Spalart 模拟了平板边界层流动，按动量厚度计算的等效 $Re=1410$，所采用的网格数高达 $1.1×10^7$；在 $Re=200$ 的条件下，陈十一等完成了网格分辨率高达 5123 的均匀各向同性湍流的数值模拟；Kessler 和 Yang 开展了 $Re=6820$ 的绕方柱槽道流模拟，采用网格数达 $4.6×10^6$ 个。

DNS 所采用的数值方法多为谱方法或伪谱方法。该方法的优越性主要体现在精度高、收敛快，具有准确的微商。当采用谱方法时，对空间变量的微商可在谱空间用逐项微分法或其他简单递推公式准确求得，不存在像迎风格式展开时所出现的数值黏性，这对于研究某些雷诺数敏感的问题非常重要，如从层流向湍流的转捩。此外，谱方法在传播数值解时无相位误差。标准谱方法只适用于简单几何边界的情形，但自 20 世纪 70 年代末，相关学者逐步发展了适用于复杂几何形状的谱方法，如 Orszag 提出的拼块法，Orszag、Patera 建立的谱元法等。这些方法都可称为区域分解法，其基本思想是将原流场区域分割成若干个有简单形状的子区域，每个子区域上都可采用谱方法，再在子区域间的界面或重叠区上使相邻区域的解匹配。

3）LES

尺度解析模拟是指对流场中的部分湍流进行直接求解，其余部分通过数学模型近似计算的方法。比较常用的模型包括 LES、尺度自适应模拟、分离涡模拟和嵌入式大涡模拟等。这种方法对流场计算网格要求较高，特别是近壁区的网格密度要远大于 RANS 法，因此所需要的计算资源较大。但其在求解瞬态性、分离性较强的流动时具有显著优势。考虑 LES 应用的广泛性，本节以 LES 为例对尺度解析模拟进行说明。

目前，受运算能力限制，计算机允许采用的最小网格尺度仍比最小涡尺度大很多。在此情况下，只能放弃对全部尺度范围内涡运动的直接数值模拟，转而对大于网格尺寸的涡运动采用 N-S 方程直接求解，小于网格尺寸的涡运动对大涡的影响则通过简化模型进行模拟，这便是 LES 的基本思想。从某种意义上来说，LES 是介于 DNS 与 RANS 之间的一种折中方法。用于模拟小涡运动对大涡运动影响的模型称为亚格子尺度（Subgrid Scale，SGS）模型。由于小尺度涡运动受流动边界条件和大涡运动的影响甚小，且近似呈各向同性，故有可能存在一个广泛适用的 SGS 模型。同时，因为流动中的大部分质量、动量或能量的输运主要来自大涡运动，而这部分贡献现可直接计算，所以 LES 的总体分析结果对 SGS 模型的可靠性并不敏感。

LES 是直接模拟湍流的大尺度运动，同时对湍流的小尺度运动建立模型。为实现这一目标，可对 N-S 方程进行滤波以获得大尺度旋涡的运动方程。由于 N-S 方程的非线性，滤波后方程并非完全封闭，这便意味着方程会产生一个与 RANS 中雷诺应力类似的应力项，即亚格子尺度雷诺应力。该应力项需通过建立模型予以模拟。

2. 三类方法的比较

DNS、RANS、LES 这三种数值模拟方法对流场分辨率的要求具有本质差别。DNS 模拟所有尺度的湍流脉动，最小的模拟尺度应小于耗散尺度；RANS 对所有尺度脉动产生的雷诺应力进行了模拟，一般情况下网格尺度大于含脉动的微尺度，网格的最小尺度由平均流动的性质确定；LES 的网格分辨率介于 DNS 和 RANS 之间，它的网格尺度应和惯性子区尺度同一量级，这主要是由于惯性子区以下尺度的脉动才可能具有局部普适性规律。

在信息量方面，三种数值模拟方法存在较大差别。DNS 可给出所有湍流脉动，并通过统计分析获得所有物理量的平均值；RANS 主要给出统计平均量；LES 给出的信息少于 DNS，但大于 RANS。它可给出描述大于惯性子区尺度的脉动信息，同时通过统计分析也可给出所有平均量。

在适用场景方面，三种数值模拟方法也存在较大区别。DNS 是计算湍流最理想的方法，但由于它对计算机运算能力的要求很高，目前一般用于研究低雷诺数条件下简单湍流的物理机制。RANS 一般应用于只需统计结果的工程计算。在结构抗风分析中，有时需掌握部分脉动特性，此时一般采用 LES 开展数值计算。

总体而言，DNS 所花费的计算成本最大，获得的信息也最多；RANS 的计算成本最小，但获得的信息也最少；LES 则是一种折中的方法，计算成本相对均衡。在实际应用中，应根据所研究问题的需要选择合适的数值模拟方法。

2.2　数值计算的基本步骤

2.2.1　数值建模、计算区域及边界条件设置

1. 数值建模

在 CFD 分析中，桥梁结构或构件的几何外形对结构的绕流形态起决定性作用，所建立的模型应与实际结构的外形尽可能保持一致的几何相似性。在所具备的计算资源条件下，对桥梁结构或构件的模拟应当尽可能精细，特别是需要重点关注的风敏感区域，以准确反映真实结构或构件的气动特性。例如，近流线型断面的桥面栏杆、检修轨道等附属设施，虽然其尺寸相对桥面整体尺寸较小，但其对桥梁断面的气动参数及抗风性能有较大的影响，模型需准确考虑该类细小构件。图 2.3 描述了典型包含细小构件的桥梁结构或构件模型。

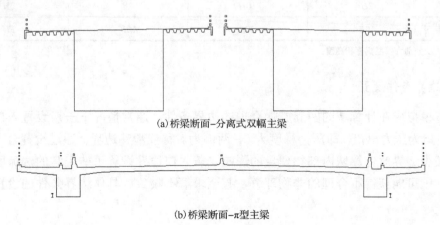

(a) 桥梁断面–分离式双幅主梁

(b) 桥梁断面–π型主梁

(c)桥塔

图2.3　包含细小构件的桥梁结构或构件模型

2. 计算区域

针对桥梁断面或构件的数值模拟，其计算区域的大小应综合考虑研究需要和计算机的运算能力。确定计算域的基本原则主要考虑：入口位置要适当远离结构模型，避免模型影响入口风速；模型下游常存在较强的气流旋涡或高强度湍流，出口位置应尽可能远离模型，以减小出口位置对气流旋涡的影响。若出口位置设置得不够远，则可能导致出口处出现回流现象。计算域两侧位置的选取应尽可能减少由模型存在而导致气流产生压缩的现象。类似风洞试验，几何模型在计算区域中的阻塞率不应超过5%，具体要求参考表2.2。

表2.2　计算区域设置范围

模型类别	入口至模型距离	出口至模型距离	两侧至模型距离	顶底侧至模型距离
节段模型	$5B$	$20B$	$5B$	$5B$
桥塔模型	$2H$	$10H$	$5B$	$3H$
全桥模型	$10B$	$20B$	$10B$	$3H$

注：B、H分别为模型宽度和高度。

3. 边界条件设置

数值模拟应在计算域的四周施加合理的边界条件，通常情况下一般设置入口为风速入口，出口为压力出口，即压力梯度为0，两侧为对称或滑移边界。通过设置合理的边界参数，减少边界对计算域内部物理量的影响。若入口边界设置了非正常的湍流度和湍流耗散率，则可能获得不合理的非物理解，甚至求解不收敛。具体边界条件的设置可参考图2.4。

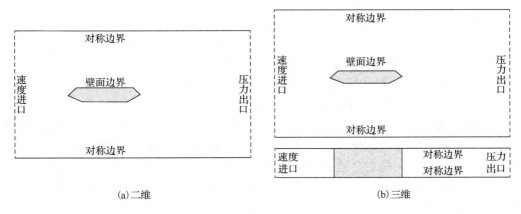

(a)二维　　　　　　　　　　　　　(b)三维

图 2.4　数值模拟边界设置示意图

2.2.2　网格划分

网格划分对数值分析的结果影响较大,网格划分应以不引入过大的数值误差为基本原则。一般来说,在桥梁附近的核心流动区域,特别是主梁、桥塔等构件的外形转角处,气流易发生分离,此处的网格需足够细密,以分辨该区域可能存在的大梯度流场形态。在靠近模型的表面区域,气流会形成一层很薄的边界层。为了提高该区域的模拟精度,表面附近需布置足够细密的网格,通常不少于 5 层网格单元。在包含细小构件的结构模型区域,如桥面栏杆、检修轨道等附属结构,该类构件尺寸通常较小,但对结构的气动性能影响很大。因此,在这些区域的网格需要适当加密,以获得较好的模拟结果。考虑远离模型区域的流场与模型区域的流场相互干扰较小,可逐步过渡采用较粗的网格,以节省计算资源、提高计算效率。典型主梁断面流场网格划分情况如图 2.5 和图 2.6 所示。

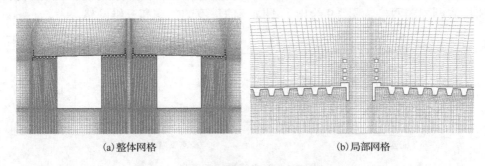

(a)整体网格　　　　　　　　　　　　(b)局部网格

图 2.5　钝体钢箱梁主梁断面流场网格划分

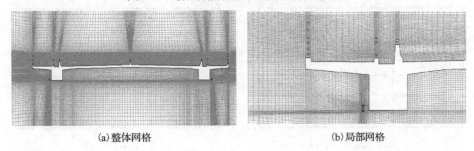

(a)整体网格　　　　　　　　　　　　(b)局部网格

图 2.6　肋板式主梁断面流场网格划分

在 CFD 数值模拟中，计算区域的网格划分应参考下列原则。

(1)在靠近模型表面区域，应布置足够细密的网格。

(2)包含细小构件的结构模型区域应进行网格加密。

(3)在结构或构件模型附近区域内应布置较为细密的网格。

(4)在远离模型区域，可采用相对较粗的网格划分。

网格划分的质量对 CFD 分析结果的收敛性及精度具有较大影响。当采用通用 CFD 分析软件时，参数设置较方便，计算过程由软件自行完成。因此，分析人员常将主要精力投放于网格划分。网格划分质量的评估方法有很多，不同数值方法、不同软件采用的评估标准也不尽相同。此处采用较为常用的相邻网格边长的增长比、网格纵横比以及网格扭曲率来加以说明。

相邻网格边长的增长比是两个共线或共面网格边长变化的比值。通过该参数可保证网格的分布变化不会过于剧烈。该参数的数值越接近 1，说明网格质量越好。网格纵横比是单元的最长边与最短边的比值，该数值越接近 1 则单元形状越理想。网格扭曲率通常定义为：$\max\left\{\left(\theta_{\max}-\theta_{\mathrm{eq}}\right)/\left(180°-\theta_{\mathrm{eq}}\right),\left(\theta_{\mathrm{eq}}-\theta_{\min}\right)/\theta_{\mathrm{eq}}\right\}$，其中 $\theta_{\max}$ 与 $\theta_{\min}$ 为单元各边形成的最大和最小夹角（单位为"°"），θ_{eq} 为相似等边单元形状的特征角度，对于三角形和四面体单元取 60°，对于四边形和六面体取 90°。网格扭曲率越接近 0，表示单元形状越优；越接近 1，表示单元形状越差。

值得注意的是，计算域内存在少数高扭曲率网格(扭曲率>0.95)便可导致求解发散或整个流场求解结果失真。若相邻网格边长增长比超过 1.2，则会降低计算精度，且导致残差不易收敛。若网格纵横比大于 5，则易使离散方程刚性增加，迭代收敛减慢，甚至难于收敛。图 2.7 给出了不同网格纵横比的三角形单元与四边形单元。图 2.8 对比了单元过渡均匀和过渡剧烈的网格。图 2.9 给出了不同扭曲程度的二维和三维网格。

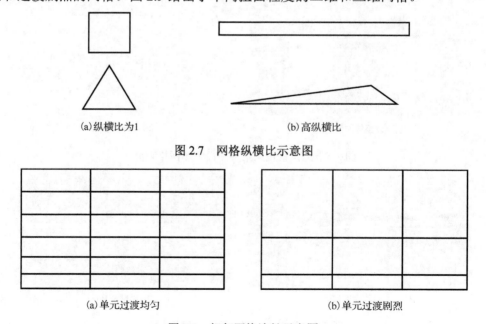

(a)纵横比为1　　　　　　　　　　　(b)高纵横比

图 2.7　网格纵横比示意图

(a)单元过渡均匀　　　　　　　　　　(b)单元过渡剧烈

图 2.8　相邻网格边长示意图

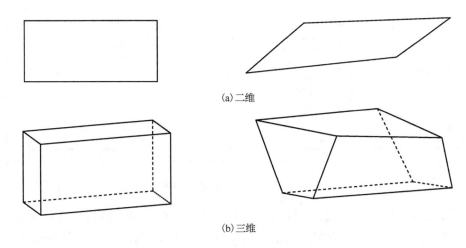

(a)二维

(b)三维

图 2.9　不同扭曲程度的二维和三维网格示意图

2.2.3　网格无关性与时间无关性

当前，主流偏微分方程的数值离散方法都是先计算节点物理量，然后通过插值等方式求得节点间的值。从理论上来看，网格点布置得越密集，所得到的计算结果就越精确。但是，网格不可能无限制加密。主要存在的问题包括：网格越密，计算量越大，计算周期也越长，但计算资源是有限的；随着网格的加密，计算机浮点运算造成的舍入误差逐渐增大。在实际应用中，应在计算精度与计算开销间寻求一个比较合适的平衡点。

网格无关性是指随着网格的加密，计算结果并不发生变化。通常对划分相对粗糙的网格进行初步计算，并对于试算结果进行评估，在流场趋势基本正确的情况下逐步加密网格，直至计算结果稳定即可。在实际计算中，可采用 2 倍加密的方式，即加密后的网格数量大约是之前的两倍，即可快速达到网格无关性要求。

瞬态计算中的时间步长选取同样十分重要，太大的时间步长会导致计算发散，过小的时间步长则会大大增加计算时间。因此，时间步长也需满足无关性要求，即需选择一个合理的时间步长，在保证计算结果稳定的同时又能兼顾分析效率。时间步长的选择方式与网格无关性验证步骤相同，所不同的只是时间步长无维数差异。

通过一个典型数值算例进一步描述网格无关性与时间无关性。选择高宽比为 1∶100 的平板断面模型为研究对象，模型宽度 $c=1000$mm，高度 $h=1$mm，如图 2.10 所示。CFD 分析所采用的二维模型计算域如图 2.11 所示。计算域的左侧设置为速度入口，右侧设置为压力出口，上下壁面设置为滑移壁面，平板断面本身设置为无滑移壁面。

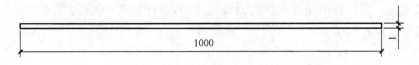

1000

图 2.10　平板模型断面(单位：mm)

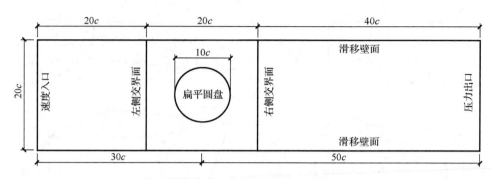

图 2.11　二维模型计算域布置

　　计算域的网格划分如图 2.12 所示，为合理划分网格并减少网格数量，整个二维计算域内采用分块划分网格的方式：ZONE 1、ZONE 2 和 ZONE 4 区域采用结构化网格，ZONE 3 区域采用非结构化网格。在平板断面壁面附近通过结构化网格构造壁面边界层，边界层网格在各个方向光滑渐变，在断面的尖嘴处生成圆弧状的流向网格，以保证网格具有较好的正交性。

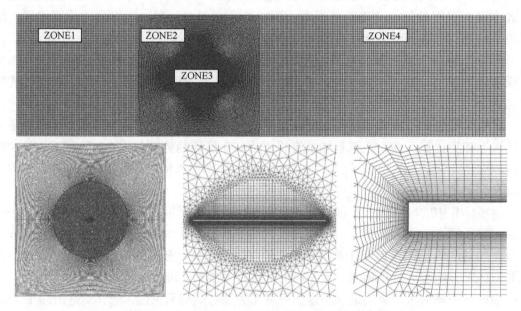

图 2.12　平板断面计算域网格划分及其近壁面网格

　　在进行平板断面网格无关性验证的过程中，共选取了 5 种数量的网格，如表 2.3 所示。在 Fluent 中采用基于压力的求解器，同时离散格式为隐式格式。由于库朗数适当放宽也能保证算法稳定，因而在网格无关性的验证过程中取时间步长为流过断面时长的 1/50，即设置时间步长 $\Delta t = 2 \times 10^{-4}$s。

表 2.3　网格无关性验证网格数量统计

网格名称	结构化网格数/个	非结构化网格数/个	网格总数量/个
F_Mesh1	16260	5672	21932
F_Mesh2	27040	12346	39386
F_Mesh3	34156	21804	55960
F_Mesh4	56372	35874	92246
F_Mesh5	100180	94156	194336

网格无关性验证结果如图 2.13 所示。由图可知，网格数量对于 $0°\sim10°$ 风攻角（A_o）内的三分力系数（升力系数 C_L、阻力系数 C_D 和扭矩系数 C_M）影响不大；但当风攻角大于或等于 $15°$ 时，断面钝体特性更加明显，网格数量会影响流场信息的捕捉能力，较少的网格易造成计算结果失真。因此，本算例选取 **F_Mesh5** 网格，断面 y^+ 值沿平板断面分布几乎均小于 1，可认为该网格能较好地捕捉近壁面流动信息。

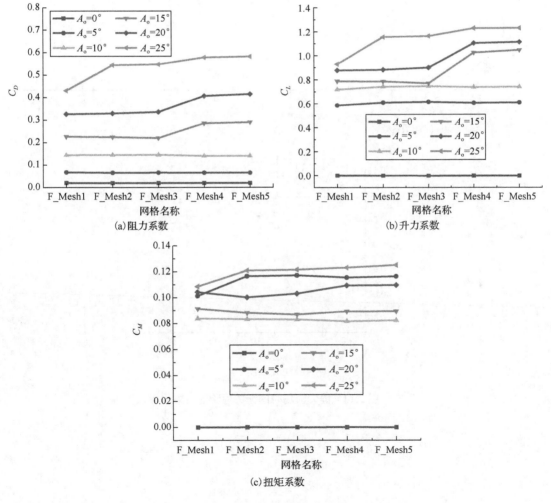

(a) 阻力系数　　　　(b) 升力系数

(c) 扭矩系数

图 2.13　网格无关性验证结果

采用上述网格开展时间无关性验证，力求所选计算时间步长能同时满足静力与动力流场的计算需求。选取 $\Delta t=1\times10^{-4}$s、$\Delta t=2\times10^{-4}$s、$\Delta t=3\times10^{-4}$s 三个时间步长，静力与动力流场下的三分力系数分别如图 2.14 和图 2.15 所示。动力流场验证采用强迫振动法（正弦扭转运动：扭转频率 $f=50$Hz，扭转振幅 $A=1°$），并对平板断面下游距断面中心 $2.5c$ 位置处的速度进行了监测。

由图 2.15 可知，计算时间步长的选取对于三分力系数及断面下游监测点速度的影响均较小，因此在平板断面的静力绕流与动力绕流计算中均选取时间步长 $\Delta t=2\times10^{-4}$s。

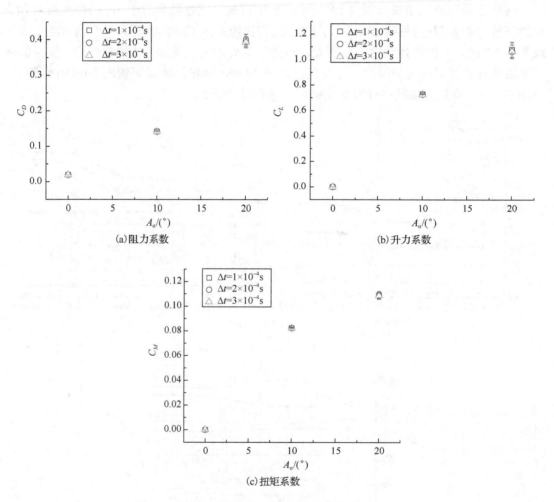

图 2.14 静力流场时间无关性验证结果

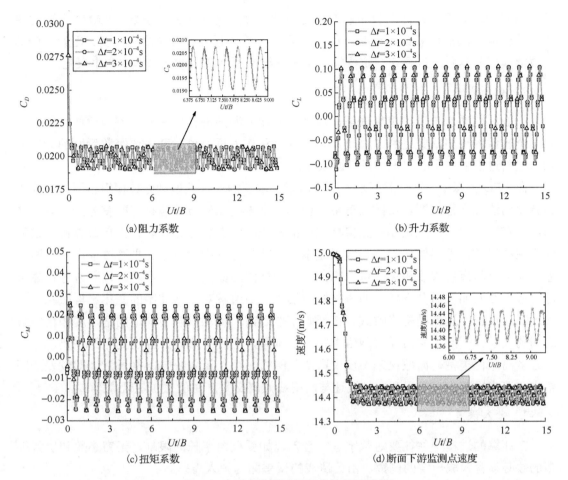

(a)阻力系数　　　　　　　　　　　　　　(b)升力系数

(c)扭矩系数　　　　　　　　　　　　　　(d)断面下游监测点速度

图 2.15　动力流场时间无关性验证结果

2.2.4　误差的类型

数值计算是研究求解数学问题近似解的方法、过程及其理论的一个数学分支。由于所研究的数学问题往往来源于科学研究与工程分析，故数值计算方法也称为科学计算方法。数值计算已成为与理论研究、科学实验同样重要的第三种研究手段。

误差是实际问题的精确解与数值计算所得到近似解之间的差别。用数学方法解决实际问题时，通常对实际问题进行抽象简化，从而建立数学模型，并通过数值计算获得问题的近似解。在数值计算的过程中，误差是不可避免的。数值计算过程中通常包含以下几种类型的误差。

1. 模型误差

模型误差指实际问题的解与数学模型的解之间的差异。

在基于 CFD 求解 N-S 方程的过程中，除 DNS 方法以外，所有湍流数学模型(RANS、LES 等)都会带来额外的误差。对 N-S 方程的种种简化处理，只是让方程易于求解。例如，在 RANS 模型中，为了求解湍流脉动速度额外产生的雷诺应力，直接将雷诺应力类比成了平均应力，即用涡黏性系数和速度梯度的乘积表示雷诺应力。于是，RANS 方法的核心就转化成了涡黏性系数的求解，进而出现了各种带假设参数的湍流模型。因此，CFD 的数学模型从本质上就存在一定假设，这些假设都可能在具体的求解中产生误差。

2. 截断误差

一般问题通常难以求出精确解，通常以简化问题的解作为原问题解的近似。例如，求一个收敛的无穷级数之和，总是用它的部分和作为近似值，截去该级数后面的无穷多项，截断过程中产生的误差便是截断误差。

在 CFD 模拟中，N-S 方程是一组难以直接求解的非线性偏微分方程组。因此，需将其转化为线性方程，即常说的数值格式构建。常见的构建方法包括有限差分法、有限体积法、有限元法等。无论哪种数值格式，都避免不了偏微分方程转化为代数方程的过程中产生的误差，即离散误差。离散误差本质上就是方程中的各项在展开过程中的截断误差，其大小和离散尺度相关。可以想象，当网格间距的大小趋于零时，代数方程将越来越逼近于原始的偏微分方程。随着网格的细化，数值解对网格间距的变化不再敏感，并接近于连续解，这就是网格收敛。在开始模拟之前，很难精确地知道网格尺度和精确解之间的关系。因此，常常需对网格进行加密试算，直到网格收敛并达到无关性要求。对于许多离散化模型，离散误差不仅仅取决于网格大小，还取决于网格质量，即较差的网格也会造成局部物理量失真，如流速与网格线倾斜交叉产生的假扩散现象等。

3. 舍入误差

在计算的过程中往往要对数字进行舍入，如受机器字长的限制，无穷小数和位数很多的数必须舍入成一定的位数，由此造成的误差即为舍入误差。

计算机通常使用固定数位的浮点数(如 16 位、32 位)进行计算或者存储。因此，数值计算必然存在相对应的舍入误差。与其他误差相比，舍入误差的影响相对较小，但选择双精度计算一般能够获得更好的模拟结果。

4. 人为误差

实际模拟的问题通常包含各种复杂因素，为便于数值模拟，通常人为地进行一定简化，由人为简化所带来的误差即为人为误差。CFD 常涉及的简化包括如下几种。

(1)几何模型的简化：模拟过程很难实现桥梁细小构件或局部尺寸的精细模拟，为简化计算或缩短数值模拟所耗费的时间，往往人为对模型尺寸进行一定简化。简化程度依赖于计算人员的已有经验，由此不可避免地引入一些误差。

(2)物理模型的近似：CFD 模拟本身是一个瞬态流场问题，但为了方便，通常将其近似为稳态流场进行求解，在受计算资源和时间限制的情况下通常采用这种方法。

(3)边界条件的近似：实际来流中存在湍流，若想精确模拟边界的影响存在较大的困难，因此有时常忽略该因素的影响并直接开展均匀流作用下的数值模拟。

2.2.5　误差的控制

1. 网格质量

网格质量通常对解的收敛性和准确性有较大影响。例如，高扭曲率的网格会影响计算收敛性，甚至因为产生较大源项而导致发散。让 CFD 从业者最头疼的问题通常是高质量的网格划分，这甚至占据整个仿真任务 70% 的时间，因此有必要提高计算区域的网格质量。

2. 空间和时间的无关性

实际数值计算应对计算结果进行网格密度和时间步长的无关性验证，即不断改变网格的疏密和时间步长，观察计算结果的变化。若其变化幅度在允许范围内，通常认为计算结果具有空间与时间独立性。一般预先对划分相对粗糙的网格进行初步计算，并评估计算结果，从而在流场趋势稳定的情况下逐步加密网格，并通过多次计算后达到较好的分析结果。若有试验数据，则可进一步开展有效性验证。

3. 合适的湍流模型

经过几十年的发展，对于分离不大的稳定流动，RANS 已经能较好应对。然而，对于分离现象明显的湍流流动，RANS 有时得到的结果并不能完全令人满意。与此同时，针对大多数工程抗风需求，采用 LES 方法目前仍存在计算机算力不足等问题。因此，需采用合适的湍流模型以开展工程结构的 CFD 数值计算。

4. 高精度格式

对于大多数工程问题的数值模拟，推荐选取具有二阶或更高阶精度的格式进行计算。通常，更高阶精度的格式会造成数值求解不稳定性或不收敛等问题，因此实际操作中可采用一阶格式先进行求解，待求解结果基本稳定后再转换到更高阶的格式进一步计算。

2.3　计算流体力学方法

流体动力学计算中，较常用的方法主要有有限差分法、有限体积法、有限元法和涡方法。

2.3.1　有限差分法

有限差分法是应用最早、最经典的 CFD 方法，它将求解域划分为差分网格，用有限网格节点代替连续求解域，然后将偏微分方程的导数用差商代替，推导出含有离散点上有限个未知数的差分方程组。差分方程组的解，就是微分方程定解问题的数值近似解。它是一种将微分问题直接变为代数问题的近似解法。这种方法发展较早，比较成熟，多用于求解双曲型和抛物型问题。在此基础发展起来的方法有 PIC（Particle-in-Cell）法、MAC（Marker-and-Cell）法以及有限分析法（Finite Analytic Method）等。有限差分法的主要缺点是对复杂区域的适应性相对较差，且数值解的守恒性难以保证。

1. 差商近似

计算区域可离散成多个点与网格，如图 2.16 所示。x 方向网格的间距为 dx，y 方向网格的间距为 dy。为方便起见，假设网格呈均匀分布，即 dx 和 dy 都为常数。事实上，均匀的网格可以大大简化方程的推导和分析、方便程序的编写、节省计算的时间、降低存储的要求以及提高计算的精度。在实际分析中，由于物理区域几何形状的复杂和流动梯度的变化，网格不可能也不应该呈均匀分布。然而，通过坐标变换，可将实际不规则的物理区域变换成规则的计算区域，如图 2.17 所示。在计算区域里，可采用均匀网格，同时注意相应物理区域的变量也要同步变换成计算区域的变量。

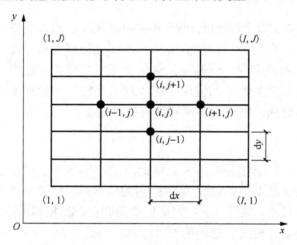

图 2.16　网格点布置示意图

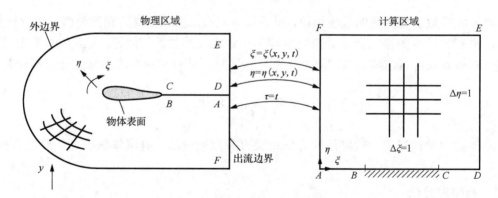

图 2.17　物理区域和计算区域的变换

在差分法里，需采用差商代替偏微分。设 u_{ij} 表示图 2.16 中网格点 (i,j) 上 x 方向的速度分量，则点 $(i+1,j)$ 上的速度 $u_{i+1,j}$ 可通过在点 (i,j) 上进行泰勒级数展开而得到，即

$$u_{i+1,j} = u_{i,j} + \left(\frac{\partial u}{\partial x}\right)_{i,j}\Delta x + \left(\frac{\partial^2 u}{\partial x^2}\right)_{i,j}\frac{\Delta x^2}{2!} + \left(\frac{\partial^3 u}{\partial x^3}\right)_{i,j}\frac{\Delta x^3}{3!} + \cdots \tag{2.9}$$

　　显然，如果式(2.9)中的项数无限多，并且 Δx 趋近于 0 时级数收敛，那么 $u_{i+1,j}$ 是精确的。由式(2.9)可得

$$\left(\frac{\partial u}{\partial x}\right)_{i,j} = \frac{u_{i+1,j} - u_{i,j}}{\Delta x} - \left(\frac{\partial^2 u}{\partial x^2}\right)_{i,j}\frac{\Delta x}{2!} - \left(\frac{\partial^3 u}{\partial x^3}\right)_{i,j}\frac{\Delta x^2}{3!} + \cdots = \frac{u_{i+1,j} - u_{i,j}}{\Delta x} + \text{T.E.} \tag{2.10}$$

式中，T.E.表示截断误差(Truncation Error)。如果 Δx 足够小，显然 T.E.的值也很小，也就是可以近似忽略 T.E.。这时可以用代数有限差商 $(u_{i+1,j} - u_{i,j})/\Delta x$ 作为偏导数的近似求解，即

$$\left(\frac{\partial u}{\partial x}\right)_{i,j} \approx \frac{u_{i+1,j} - u_{i,j}}{\Delta x} \tag{2.11}$$

式中，忽略的 T.E.里的最低阶项包含 Δx 的一次幂。一般定义截断误差的阶数为：截断误差中最低阶导数项中差分步长 Δx 的幂次数，所以称有限差分表达式(2.11)具有一阶精度，写为

$$\left(\frac{\partial u}{\partial x}\right)_{i,j} = \frac{u_{i+1,j} - u_{i,j}}{\Delta x} + O(\Delta x) \tag{2.12}$$

　　因式(2.12)是利用点(i,j)前面的点$(i+1,j)$来计算的，所以称为向前偏心差分，简称前差。同样，点$(i-1,j)$上的速度$u_{i-1,j}$也可以通过在点(i,j)上进行泰勒级数展开而得到，即

$$u_{i-1,j} = u_{i,j} + \left(\frac{\partial u}{\partial x}\right)_{i,j}(-\Delta x) + \left(\frac{\partial^2 u}{\partial x^2}\right)_{i,j}\frac{(-\Delta x)^2}{2!} + \left(\frac{\partial^3 u}{\partial x^3}\right)_{i,j}\frac{(-\Delta x)^3}{3!} + \cdots \tag{2.13}$$

由此可得

$$\left(\frac{\partial u}{\partial x}\right)_{i,j} = \frac{u_{i,j} - u_{i-1,j}}{\Delta x} + O(\Delta x) \tag{2.14}$$

　　式(2.14)也是一阶精度差分，因为它是利用点(i,j)后面的点$(i-1,j)$来计算的，所以称为向后偏心差分，简称后差。

　　2. 差分格式及其构造

　　一阶计算精度较低，一般 CFD 计算都要求具有二阶计算精度。为了构造二阶精度，将式(2.9)减去式(2.13)得

$$u_{i+1,j} - u_{i-1,j} = 2\left(\frac{\partial u}{\partial x}\right)_{i,j}\Delta x + 2\left(\frac{\partial^3 u}{\partial x^3}\right)_{i,j}\frac{\Delta x^3}{3!} + \cdots \tag{2.15}$$

式(2.15)可写为

$$\left(\frac{\partial u}{\partial x}\right)_{i,j} = \frac{u_{i+1,j} - u_{i-1,j}}{2\Delta x} + O\left(\Delta x^2\right) \tag{2.16}$$

因为式(2.16)中截断误差的最低阶导数项中包含 Δx^2，也就是说它具有二阶精度，所以式(2.16)称为二阶差分。

类似可得

三点向前偏心差分　　　$\dfrac{\partial u}{\partial x} = \dfrac{-3u_{i,j} + 4u_{i+1,j} - u_{i+2,j}}{2\Delta x} + O\left(\Delta x^2\right)$ \quad(2.17)

三点向后偏心差分　　　$\dfrac{\partial u}{\partial x} = \dfrac{3u_{i,j} - 4u_{i-1,j} + u_{i-2,j}}{2\Delta x} + O\left(\Delta x^2\right)$ \quad(2.18)

同样，二阶偏导数的三点差分表达式为

中心差　　　$\dfrac{\partial^2 u}{\partial x^2} = \dfrac{u_{i+1,j} - 2u_{i,j} + u_{i-1,j}}{\Delta x^2} + O\left(\Delta x^2\right)$ \quad(2.19)

前差　　　$\dfrac{\partial^2 u}{\partial x^2} = \dfrac{u_{i,j} - 2u_{i+1,j} + u_{i+2,j}}{\Delta x^2} + O\left(\Delta x^2\right)$ \quad(2.20)

后差　　　$\dfrac{\partial^2 u}{\partial x^2} = \dfrac{u_{i,j} - 2u_{i-1,j} + u_{i-2,j}}{\Delta x^2} + O\left(\Delta x^2\right)$ \quad(2.21)

3. 工程算例

日本 Kurodo 在 1997 年采用有限差分法基于采用隐式迎风格式研究了扁平箱梁的绕流流场，较好地获得了静气动力系统分布特征。图 2.18 描述了大贝尔特大桥的主梁断面与网格划分。

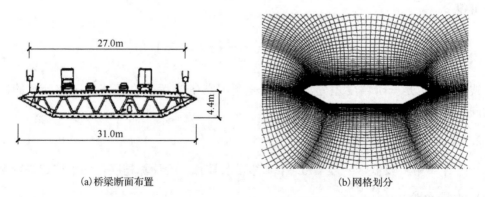

(a)桥梁断面布置　　　　　　　　　　　　　　(b)网格划分

图 2.18　大贝尔特大桥的主梁断面及网格划分

本算例通过有限差分法对大贝尔特东桥箱梁截面模型绕流进行了数值模拟。将计算的静力三分力系数与风洞试验测量值进行了对比，如图 2.19 所示，阻力系数和扭矩系数的计算值与试验值吻合较好。升力系数在正攻角范围内也与试验值吻合较好，但在负攻角时稍大。造成该差异的主要原因可能是计算过程中对主梁断面进行了一定的简化，如侧栏杆和防撞护栏等。

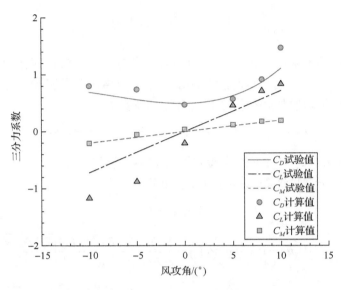

图 2.19　主梁三分力系数

2.3.2　有限体积法

有限体积法是将计算区域划分为一系列控制体积，将待求微分方程对每个控制体积积分得出离散方程。有限体积法的关键是在导出离散方程的过程中，需对面上被求函数本身及其导数的分布做出某种形式的假设，这种构成方式就是有限体积法中的离散格式。采用有限体积法导出的离散方程可保证其守恒特性，且离散方程系数物理意义明确、计算量相对较小。1980 年，Patanker 在其专著 *Numerical Heat Transfer and Fluid Flow* 中对有限体积法进行了全面的阐述。此后，该方法得到了广泛应用，是目前 CFD 应用最广泛的一种方法。当然，该方法仍在不断研究和扩展，例如，Chow 提出了适用于任意多边形非结构网格的扩展有限体积法。有限体积法由于原理简单，物理意义明确，且较容易编制出通用求解程序，在 CFD 领域得到了大量应用。传统的求解模块大都基于结构化网格进行编程，该方法划分网格块、空间离散格式方便，但不利于求解复杂边界的问题。非结构化风格可较好地避免这一缺点，由于划分网格的任意性，非结构化网格理论上可适应任意复杂的边界，大大拓展了其应用领域。

1. 控制方程

通常认为，非稳态连续方程和 N-S 方程对于湍流的瞬时运动依然是适用的。考虑不可压流动和黏性为常数，在笛卡儿坐标系下，流体瞬时的控制方程可表示为

$$\nabla \cdot (\boldsymbol{u}) = 0 \tag{2.22}$$

$$\frac{\partial u}{\partial t} + \nabla \cdot (u\boldsymbol{u}) = \nu \, \nabla \cdot (\operatorname{grad} u) - \frac{1}{\rho}\frac{\partial p}{\partial x} \tag{2.23}$$

$$\frac{\partial v}{\partial t} + \nabla \cdot (v\boldsymbol{u}) = \nu \, \nabla \cdot (\mathrm{grad}\ v) - \frac{1}{\rho}\frac{\partial p}{\partial y} \tag{2.24}$$

$$\frac{\partial w}{\partial t} + \nabla \cdot (w\boldsymbol{u}) = \nu \, \nabla \cdot (\mathrm{grad}\ w) - \frac{1}{\rho}\frac{\partial p}{\partial z} \tag{2.25}$$

为了考虑脉动的影响，目前广泛采用的方法是时间平均法，将湍流运动看成两个流动的叠加，即时间平均流动和瞬时脉动流动。这样就将脉动分离出来，便于处理和进一步讨论。现在，用平均值与脉动值之和代替流动变量，即

$$u = \overline{u} + u', \quad v = \overline{v} + v', \quad w = \overline{w} + w', \quad p = \overline{p} + p' \tag{2.26}$$

将式(2.26)代入瞬时状态下的连续方程(2.22)和动量方程 (2.23)～方程(2.25)，并对时间取平均，得到湍流时均流动的控制方程如下：

$$\nabla \cdot (\overline{\boldsymbol{u}}) = 0 \tag{2.27}$$

$$\frac{\partial \overline{u}}{\partial t} + \nabla \cdot (\overline{u}\overline{\boldsymbol{u}}) = \nu \, \nabla \cdot (\mathrm{grad}\ \overline{u}) - \frac{1}{\rho}\frac{\partial \overline{p}}{\partial x} + \left(-\frac{\partial \overline{u'^2}}{\partial x} - \frac{\partial \overline{u'v'}}{\partial y} - \frac{\partial \overline{u'w'}}{\partial z} \right) \tag{2.28}$$

$$\frac{\partial \overline{v}}{\partial t} + \nabla \cdot (\overline{v}\overline{\boldsymbol{u}}) = \nu \, \nabla \cdot (\mathrm{grad}\ \overline{v}) - \frac{1}{\rho}\frac{\partial \overline{p}}{\partial y} + \left(-\frac{\partial \overline{u'v'}}{\partial x} - \frac{\partial \overline{v'^2}}{\partial y} - \frac{\partial \overline{v'w'}}{\partial z} \right) \tag{2.29}$$

$$\frac{\partial \overline{w}}{\partial t} + \nabla \cdot (\overline{w}\overline{\boldsymbol{u}}) = \nu \, \nabla \cdot (\mathrm{grad}\ \overline{w}) - \frac{1}{\rho}\frac{\partial \overline{p}}{\partial z} + \left(-\frac{\partial \overline{u'w'}}{\partial x} - \frac{\partial \overline{v'w'}}{\partial y} - \frac{\partial \overline{w'^2}}{\partial z} \right) \tag{2.30}$$

方程(2.27)是时均形式的连续方程，方程(2.28)～方程(2.30)是时均形式的 N-S 方程。由于采用的是 Reynolds 平均法，因此方程也被称为 Reynolds 时均的 N-S 方程，简称 RANS。为了便于后续分析，引入张量中的指标符号重写方程(2.27)～方程(2.30)如下：

$$\frac{\partial \rho}{\partial t} + \frac{\partial}{\partial x_i}(\rho u_i) = 0 \tag{2.31}$$

$$\frac{\partial (\rho u_i)}{\partial t} + \frac{\partial}{\partial x_j}(\rho u_i u_j) = \frac{\partial}{\partial x_j}\left(\mu \frac{\partial u_i}{\partial x_j} - \rho \overline{u_i' u_j'} \right) - \frac{\partial p}{\partial x_i} + S_i \tag{2.32}$$

可以看出，时均流动方程多出与 $-\rho\overline{u_i' u_j'}$ 有关的项，通常定义该项为 Reynolds 应力，即

$$\tau_{ij} = -\rho \overline{u_i' u_j'} \tag{2.33}$$

式中，τ_{ij} 实际对应 6 个不同的 Reynolds 应力项，即 3 个正应力和 3 个切应力。新增的 6 个 Reynolds 应力使得方程组不封闭，必须引入新的湍流模型才能使方程组(2.32)、方程组(2.33)封闭。

在涡粘模型方法中，不直接处理 Reynolds 应力项，而是引入湍动黏度，或称涡粘系数，然后把湍流应力表示成湍动黏度的函数，整个计算的关键在于确定湍动黏度。

湍动黏度的提出来源于 Boussinesq 提出的涡粘假设，该假设建立了 Reynolds 应力相对于平均速度梯度的关系，即

$$\overline{\rho u_i' u_j'} = \mu_{\mathrm{t}} \left(\frac{\partial u_i}{\partial x_j} + \frac{\partial u_j}{\partial x_i} \right) - \frac{2}{3} \left(\rho k + \mu_{\mathrm{t}} \frac{\partial u_i}{\partial x_i} \right) \delta_{ij} \tag{2.34}$$

式中，μ_{t} 为湍动黏度；u_i 为时均速度；δ_{ij} 为 Kronecker delta 符号（当 $i=j$ 时，$\delta_{ij}=1$；当 $i\neq j$ 时，$\delta_{ij}=0$）；k 为湍动能：

$$k = \frac{\overline{u_i' u_j'}}{2} = \frac{1}{2} \left(\overline{u'^2} + \overline{v'^2} + \overline{w'^2} \right) \tag{2.35}$$

湍动黏度 μ_{t} 是空间坐标的函数，取决于流动状态，而不是物性参数，这和流体动力黏性系数 μ 不同。这里的下标 t 表示湍流流动。

可见，引入 Boussinesq 假设后，计算湍流流动的关键就在于如何确定 μ_{t}。涡粘模型，就是把 μ_{t} 与湍流时均参数联系起来的关系式。根据确定 μ_{t} 的微分方程数目，涡粘模型包括：零方程模型、一方程模型和两方程模型。

目前，两方程模型在工程中应用最为广泛，最基本的两方程模型是标准 k-ε 模型，即分别引入关于湍动能 k 和耗散率 ε 的方程。此外，还有各种改进的 k-ε 模型，如低 Re 数 k-ε 模型、非线性 k-ε 模型、多尺度 k-ε 模型等。

标准 k-ε 模型常见形式为

$$\frac{\partial (\rho k)}{\partial t} + \frac{\partial (\rho k u_i)}{\partial x_i} = \frac{\partial}{\partial x_j} \left[\left(\mu + \frac{\mu_{\mathrm{t}}}{\sigma_k} \right) \frac{\partial k}{\partial x_j} \right] + G_k - \rho \varepsilon \tag{2.36}$$

$$\frac{\partial (\rho \varepsilon)}{\partial t} + \frac{\partial (\rho \varepsilon u_i)}{\partial x_i} = \frac{\partial}{\partial x_j} \left[\left(\mu + \frac{\mu_{\mathrm{t}}}{\sigma_\varepsilon} \right) \frac{\partial \varepsilon}{\partial x_j} \right] + C_{1\varepsilon} \frac{\varepsilon}{k} G_k - C_{2\varepsilon} \rho \frac{\varepsilon^2}{k} \tag{2.37}$$

式中，G_k 为由平均速度梯度引起的湍动能 k 的产生项，由式(2.38)计算：

$$G_k = \mu_{\mathrm{t}} \left(\frac{\partial u_i}{\partial x_j} + \frac{\partial u_j}{\partial x_i} \right) \frac{\partial u_i}{\partial x_j} \tag{2.38}$$

此时，采用标准 k-ε 模型求解湍流问题时，控制方程包括连续性方程、动量方程、能量方程及 k 方程、ε 方程，这些方程组便可组成一个封闭的形式。

2. 数值算例

1) 黄河四桥主梁断面静气动参数模拟

以黄河四桥成桥状态的主梁断面为例，开展了桥梁三分力系数的数值模拟，获得了

主梁断面阻力系数、升力系数和扭矩系数随风攻角的变化规律。主梁断面宽度为 30.5m，高度为 3.5m，其断面形式如图 2.20 所示。数值模拟过程中，对于桥面附属结构部分只考虑贯通全桥的构件，忽略非贯通构件对气动力的影响，其余具体参数详见表 2.4。

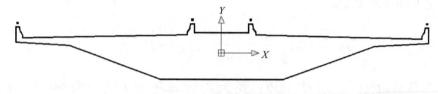

图 2.20　桥梁断面形式

表 2.4　参数数值

参数	取值
计算软件	商业软件 Fluent
计算方法	有限体积法
空间离散格式	二阶中心差分
时间离散格式	二阶完全隐式
压力、速度耦合	SIMPLEC 算法
湍流模型	雷诺平均 Realizable k-ε
雷诺数	10^6
网格数量	二维 9.3×10^4

成桥状态主梁断面三分力系数及典型流场分布分别如图 2.21、图 2.22 所示。从计算结果来看，通过 Fluent 软件获得的主梁断面气动力系数能够满足工程使用的需要，有限体积方法能够较好地模拟出流场旋涡脱落及压力、速度分布。

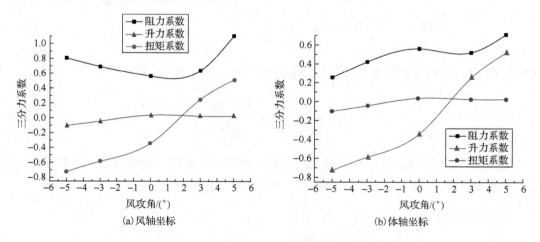

图 2.21　成桥状态主梁断面三分力系数

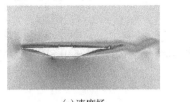
(a)速度场

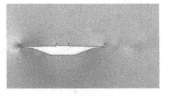
(b)压力场

图 2.22　成桥状态 0°攻角速度场、压力场分布

2)矮寨大桥主梁静气动参数模拟

采用 Fluent 模拟了矮寨大桥主梁断面的气动阻力系数、升力系数和扭矩系数。矮寨大桥主梁采用钢桁梁,故需对其主梁断面进行适当简化,如图 2.23 所示。主梁断面的宽度为 27m,高度为 7.5m,长度为 1m。由于桁架桥梁主梁为空间构件拼装而成,为了精确获取断面的气动参数,理论上应建立三维模型进行流场模型;为了降低模拟难度和工作量,本算例近似选取二维断面进行模拟,主梁构件重点选取对断面流场影响较大的构件。断面三分力系数计算结果与速度场分布情况如图 2.24、图 2.25 所示。结合数值模拟结果可以看出,针对复杂的桥梁断面形式,模拟的静气动参数结果较为合理,流场显示复杂外形下气流的旋涡脱落及相互作用都能被较好捕捉。

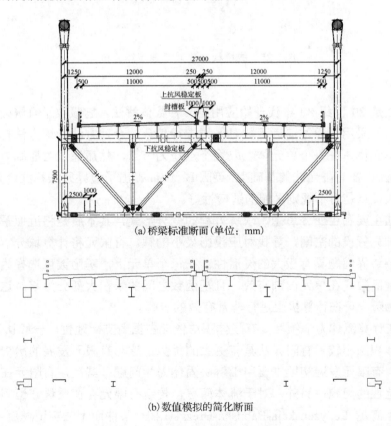
(a)桥梁标准断面(单位:mm)

(b)数值模拟的简化断面

图 2.23　主梁断面布置及简化

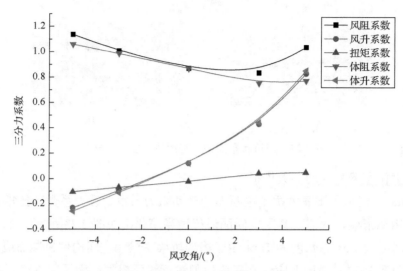

图 2.24　主梁断面三分力系数

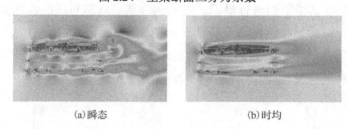

(a)瞬态　　　　　　　　　　(b)时均

图 2.25　成桥状态 0°攻角速度场分布

2.3.3　有限元法

有限元法是 20 世纪 80 年代开始应用的一种数值解法，它吸收了有限差分法中离散处理的内核，又采用了通过逼近函数对区域进行积分的合理方法。该方法把计算区域划分成一系列单元体，在每个单元体上取数个点作为节点，然后通过对控制方程作积分来获得离散方程组。在有限元法的基础上，英国 Brebbia 提出了边界元法和混合元法等方法，该方法的最大优点是对不规则区域的适应性好。

有限元法主要利用变分思想，求解方程的变分形式，其本质是将近似解得到的残差正交投影到预先假设的空间，寻找对应投影最小的解。有限元将计算域分解为较小的单元，对于复杂边界问题具有极大的灵活性。在每个单元上，基函数可选择为相对低阶的多项式，该基函数只在单元内部有效，且基函数之间的乘积大部分为零，这样导致求解的矩阵非常稀疏，可在计算机上进行非常有效的求解。

然而，在计算流体力学领域，有限体积法依然占据着支配地位。一般认为，在 CFD 领域，有限体积法相较于有限元法具有更大的优势。这与有限元发展的历史存在一定的关系：首先，有限元发展初期主要用于解决固体力学问题；其次，有限元在处理流体问题上存在稳定性的问题；另外，对于流体而言，传统有限元存在质量守恒问题，即传统的有限元因不满足 Ladyzenskaja-Babuska-Brezzi(LBB)条件而无法实现速度-压强混合求解的稳定性。

解决上述问题的方法有两种：一种是采用 LBB 稳定单元，即速度和压强进行不同阶次的插值；另一种是对 N-S 方程的弱积分形式进行修改，增加两个稳定项，即 SUPG（Streamline Upwind Petrov-Galerkin）和 PSPG（Pressure Stabilized Petrov-Galerkin）项，分别用于处理速度和压强的稳定性问题。在这种情况下，可采用传统的单元形式，得到稳定的数值解。在 Hughes 等开始系统地研究 SUPG 等技术，并将其应用于对流扩散方程及 N-S 方程后，有限元法在 CFD 领域也逐渐蓬勃发展。例如，AcuSolve 是完全基于有限元的商用软件，LS-DYNA 近些年发布的不可压缩流求解器 ICFD 也是基于有限元法。

因此，有限元法和有限体积法一样，都适用于流体问题的求解。实际上，相对于有限体积法，有限元的精确度、对几何边界处理的灵活性更为优越。同时，两种方法内在还存在一定的相关性。下面将简要介绍有限元法在计算流体力学问题中的主要处理方法。

1. 控制方程

N-S 方程的表述如下，记流体物理域为 $\Omega_t \in \mathbb{R}^{n_{sd}}$，$n_{sd}$ 代表空间维度，对应的边界记为 Γ_t，在时间 $t \in (0, T)$ 范围内，有

$$\frac{\partial(\rho \boldsymbol{u})}{\partial t} + \nabla \cdot (\rho \boldsymbol{u} \otimes \boldsymbol{u} - \boldsymbol{\sigma}) - \rho \boldsymbol{f} = 0 \tag{2.39}$$

$$\nabla \cdot \boldsymbol{u} = 0 \tag{2.40}$$

式中，ρ 为流体密度场；$\boldsymbol{u}$ 为速度场；$\boldsymbol{f}$ 为外部作用；$\boldsymbol{\sigma}$ 为应力张量。对于不可压缩流体，即 ρ 为常数的情况，方程 (2.39) 可表述如下：

$$\rho \left(\frac{\partial \boldsymbol{u}}{\partial t} + \boldsymbol{u} \cdot \nabla \boldsymbol{u} - \boldsymbol{f} \right) + \nabla p - \mu \Delta \boldsymbol{u} = 0 \tag{2.41}$$

式中，p 为压强；μ 为动力黏度。

对应方程的强制边界条件（或称 Dirichlet 边界条件，用下标 D 表示）及自然边界条件（或称 Neumann 边界条件，用下标 N 表示）为（图 2.26）

$$u_i = g_i \left(\Gamma_t \right)_{\mathrm{D}i} \tag{2.42}$$

$$\sigma_{ij} n_j = h_i \left(\Gamma_t \right)_{\mathrm{N}i} \tag{2.43}$$

式中，下标 i 代表某一方向的分量；$\left(\Gamma_t \right)_{\mathrm{D}i}$、$\left(\Gamma_t \right)_{\mathrm{N}i}$ 为边界 Γ_t 的子集；n_j 为边界单位向外法向量在某一方向上的分量；g_i 和 h_i 为给定的边界函数。

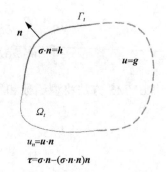

图 2.26　流体物理域及其边界

对于不可压缩流，可得方程(2.39)、方程(2.40)的弱形式如下：

$$\int_{\Omega_t} \boldsymbol{w} \cdot \rho \left(\frac{\partial \boldsymbol{u}}{\partial t} + \boldsymbol{u} \cdot \nabla \boldsymbol{u} - \boldsymbol{f} \right) \mathrm{d}\Omega + \int_{\Omega_t} \boldsymbol{\varepsilon}(\boldsymbol{w}) : \boldsymbol{\sigma}(\boldsymbol{u}, p) \mathrm{d}\Omega - \int_{(\Gamma_t)_{\mathrm{N}}} \boldsymbol{w} \cdot \boldsymbol{h} \mathrm{d}\Gamma + \int_{\Omega_t} q \nabla \cdot \boldsymbol{u} \mathrm{d}\Omega = 0 \quad (2.44)$$

式中，$\boldsymbol{\varepsilon}$ 为应变张量；$\boldsymbol{w}$ 为权函数；$\boldsymbol{h}$ 为边界函数。

方程(2.44)的任意拉格朗日-欧拉(Arbitrary Lagrangian-Eulerian Analysis，ALE)方程形式如下：

$$\frac{1}{\hat{J}} \left(\hat{J} \rho u_i \right)_{,t} \bigg|_{\hat{x}} + \left[\rho u_i \left(u_j - \hat{u}_j \right) - \sigma_{ij} \right]_{,j} - \rho f_i = 0 \quad (2.45)$$

将方程(2.45)写为矢量形式，则

$$\frac{1}{\hat{J}} \frac{\partial \left(\hat{J} \rho \boldsymbol{u} \right)}{\partial t} \bigg|_{\hat{x}} + \nabla \cdot \left(\rho \boldsymbol{u} \otimes (\boldsymbol{u} - \hat{\boldsymbol{u}}) - \boldsymbol{\sigma} \right) - \rho \boldsymbol{f} = \boldsymbol{0} \quad (2.46)$$

式(2.46)是基于 ALE 方程描述的流体动量平衡方程的守恒形式。当 ρ 为常数时，可得

$$\rho \left(\frac{\partial \boldsymbol{u}}{\partial t} \bigg|_{\hat{x}} + (\boldsymbol{u} - \hat{\boldsymbol{u}}) \cdot \nabla \boldsymbol{u} - \boldsymbol{f} \right) - \nabla \cdot \boldsymbol{\sigma} = \boldsymbol{0} \quad (2.47)$$

2. 求解流体方程的稳定化方法

SUPG 稳定化方法以其较好的准确性和稳定性得到高度认可。多尺度变分方法(variational method)以 SUPG 为基础，构建亚格子尺度模型的数学框架。Bazilevs 在该理论框架下，提出了基于残差的变分多尺度(Residual-Based Variational Multiscale，RBVMS)方法，并先后应用到各类流体问题。2006 年，Bazilevs 等采用弱边界条件的方法来保证流固耦合计算的稳定性。下面对该方法进行简要介绍。

流体控制方程的弱形式可写为

$$\int_{\Omega} \boldsymbol{w} \cdot \rho \left(\frac{\partial \boldsymbol{u}}{\partial t} + \boldsymbol{u} \cdot \nabla \boldsymbol{u} - \boldsymbol{f} \right) \mathrm{d}\Omega + \int_{\Omega} \boldsymbol{\varepsilon}(\boldsymbol{w}) : \boldsymbol{\sigma}(\boldsymbol{u}, p) \mathrm{d}\Omega$$
$$- \int_{\Gamma_{\mathrm{N}}} \boldsymbol{w} \cdot \boldsymbol{h} \mathrm{d}\Gamma + \int_{\Omega} q \nabla \cdot \boldsymbol{u} \mathrm{d}\Omega = 0 \quad (2.48)$$

RBVMS 方法将型函数和罚函数分解成粗尺度和细尺度两个函数空间，即

$$\mathcal{S}_u = \mathcal{S}_u^{\mathrm{h}} \oplus \mathcal{S}_u' \quad (2.49)$$

$$\mathcal{S}_p = \mathcal{S}_p^{\mathrm{h}} \oplus \mathcal{S}_p' \quad (2.50)$$

$$\mathcal{V}_u = \mathcal{V}_u^{\mathrm{h}} \oplus \mathcal{V}_u' \quad (2.51)$$

$$\mathcal{V}_p = \mathcal{V}_p^{\mathrm{h}} \oplus \mathcal{V}_p' \quad (2.52)$$

对应地，函数空间 $\mathcal{S}_u$、$\mathcal{S}_p$、$\mathcal{V}_u$ 及 $\mathcal{V}_p$ 中的函数可表示为

$$\boldsymbol{u} = \boldsymbol{u}^{\mathrm{h}} + \boldsymbol{u}' \quad (2.53)$$

$$p = p^{\mathrm{h}} + p' \tag{2.54}$$

$$\boldsymbol{w} = \boldsymbol{w}^{\mathrm{h}} + \boldsymbol{w}' \tag{2.55}$$

$$q = q^{\mathrm{h}} + q' \tag{2.56}$$

式中，上标 h 对应的是粗尺度的函数空间，上标 ′ 对应的是细尺度的函数空间。令 $\boldsymbol{w} = \boldsymbol{w}^{\mathrm{h}}$、$q = q^{\mathrm{h}}$，并将式 (2.53)、式 (2.54) 代入方程 (2.48)，细尺度的速度场和压力场可表示如下：

$$\boldsymbol{u}' = -\frac{\tau_{\mathrm{SUPS}}}{\rho} \boldsymbol{r}_{\mathrm{M}}\left(\boldsymbol{u}^{\mathrm{h}}, p^{\mathrm{h}}\right) \tag{2.57}$$

$$p' = -\rho \nu_{\mathrm{LSIC}} r_{\mathrm{C}}\left(\boldsymbol{u}^{\mathrm{h}}\right) \tag{2.58}$$

式中，$\boldsymbol{r}_{\mathrm{M}}$ 和 r_{C} 分别为 N-S 动量方程和连续性方程的残差：

$$\boldsymbol{r}_{\mathrm{M}}\left(\boldsymbol{u}^{\mathrm{h}}, p^{\mathrm{h}}\right) = \rho\left(\frac{\partial \boldsymbol{u}^{\mathrm{h}}}{\partial t} + \boldsymbol{u}^{\mathrm{h}} \cdot \nabla \boldsymbol{u}^{\mathrm{h}} - \boldsymbol{f}^{\mathrm{h}}\right) - \nabla \cdot \boldsymbol{\sigma}\left(\boldsymbol{u}^{\mathrm{h}}, p^{\mathrm{h}}\right) \tag{2.59}$$

$$r_{\mathrm{C}}\left(\boldsymbol{u}^{\mathrm{h}}\right) = \nabla \cdot \boldsymbol{u}^{\mathrm{h}} \tag{2.60}$$

即细尺度速度与动量方程的残差成正比，而细尺度压力与连续性方程的残差成正比。对应的基于残差的多尺度变分方程可表示如下，求解 $\boldsymbol{u}^{\mathrm{h}} \in \mathcal{S}_u^{\mathrm{h}}$ 及 $p^{\mathrm{h}} \in \mathcal{S}_p^{\mathrm{h}}$，使得 $\forall \boldsymbol{w}^{\mathrm{h}} \in \mathcal{V}_u^{\mathrm{h}}$ 及 $\forall q^{\mathrm{h}} \in \mathcal{V}_p^{\mathrm{h}}$，满足如下方程：

$$
\begin{aligned}
&\underbrace{\int_{\Omega} \boldsymbol{w}^{\mathrm{h}} \cdot \rho\left(\frac{\partial \boldsymbol{u}^{\mathrm{h}}}{\partial t} + \boldsymbol{u}^{\mathrm{h}} \cdot \nabla \boldsymbol{u}^{\mathrm{h}} - \boldsymbol{f}^{\mathrm{h}}\right) \mathrm{d}\Omega}_{1} + \underbrace{\int_{\Omega} \boldsymbol{\varepsilon}\left(\boldsymbol{w}^{\mathrm{h}}\right) : \boldsymbol{\sigma}\left(\boldsymbol{u}^{\mathrm{h}}, p^{\mathrm{h}}\right) \mathrm{d}\Omega}_{2} \\
&- \underbrace{\int_{\Gamma_{\mathrm{N}}} \boldsymbol{w}^{\mathrm{h}} \cdot \boldsymbol{h}^{\mathrm{h}} \mathrm{d}\Gamma}_{3} + \underbrace{\int_{\Omega} q^{\mathrm{h}} \nabla \cdot \boldsymbol{u}^{\mathrm{h}} \mathrm{d}\Omega}_{4} \\
&+ \underbrace{\sum_{e=1}^{n_{\mathrm{el}}} \int_{K^e} \tau_{\mathrm{SUPS}}\left(\boldsymbol{u}^{\mathrm{h}} \cdot \nabla \boldsymbol{w}^{\mathrm{h}} + \frac{\nabla q^{\mathrm{h}}}{\rho}\right) \cdot \boldsymbol{r}_{\mathrm{M}}\left(\boldsymbol{u}^{\mathrm{h}}, p^{\mathrm{h}}\right) \mathrm{d}\Omega}_{5} \\
&+ \underbrace{\sum_{e=1}^{n_{\mathrm{el}}} \int_{K^e} \rho \nu_{\mathrm{LSIC}} \nabla \cdot \boldsymbol{w}^{\mathrm{h}} r_{\mathrm{C}}\left(\boldsymbol{u}^{\mathrm{h}}\right) \mathrm{d}\Omega}_{6} - \underbrace{\sum_{e=1}^{n_{\mathrm{el}}} \int_{K^e} \tau_{\mathrm{SUPS}} \boldsymbol{w}^{\mathrm{h}} \cdot \left[\boldsymbol{r}_{\mathrm{M}}\left(\boldsymbol{u}^{\mathrm{h}}, p^{\mathrm{h}}\right) \cdot \nabla \boldsymbol{u}^{\mathrm{h}}\right] \mathrm{d}\Omega}_{7} \\
&- \underbrace{\sum_{e=1}^{n_{\mathrm{el}}} \int_{K^e} \frac{\nabla \boldsymbol{w}^{\mathrm{h}}}{\rho} : \left[\tau_{\mathrm{SUPS}} \boldsymbol{r}_{\mathrm{M}}\left(\boldsymbol{u}^{\mathrm{h}}, p^{\mathrm{h}}\right)\right] \otimes \left[\tau_{\mathrm{SUPS}} \boldsymbol{r}_{\mathrm{M}}\left(\boldsymbol{u}^{\mathrm{h}}, p^{\mathrm{h}}\right)\right] \mathrm{d}\Omega}_{8} = 0
\end{aligned} \tag{2.61}
$$

稳定参数 τ_{SUPS} 和 ν_{LSIC} 表达式为

$$\tau_{\mathrm{SUPS}} = \left(\frac{4}{\Delta t^2} + \boldsymbol{u}^{\mathrm{h}} \cdot \boldsymbol{G} \boldsymbol{u}^{\mathrm{h}} + C_I \nu^2 \boldsymbol{G} : \boldsymbol{G}\right)^{-1/2} \tag{2.62}$$

$$\nu_{\mathrm{LSIC}} = \left(\operatorname{tr} \boldsymbol{G} \tau_{\mathrm{SUPS}}\right)^{-1} \tag{2.63}$$

式中，$\operatorname{tr}\boldsymbol{G}=\sum_{i=1}^{n_{sd}}G_{ii}$ 是单元度量张量 $\boldsymbol{G}$ 的迹。方程(2.61)中，型函数和罚函数可表示如下：

$$\boldsymbol{u}^{h}(\boldsymbol{x},t)=\sum_{\eta^{s}}\boldsymbol{u}_{A}(t)N_{A}(\boldsymbol{x}) \tag{2.64}$$

$$p^{h}(\boldsymbol{x},t)=\sum_{\eta^{s}}p_{A}(t)N_{A}(\boldsymbol{x}) \tag{2.65}$$

$$\boldsymbol{w}^{h}(\boldsymbol{x})=\sum_{\eta^{w}}\boldsymbol{w}_{A}N_{A}(\boldsymbol{x}) \tag{2.66}$$

$$q^{h}(\boldsymbol{x})=\sum_{\eta^{w}}q_{A}N_{A}(\boldsymbol{x}) \tag{2.67}$$

式中，型函数和罚函数的空间变化由基函数 N_{A} 决定。型函数的时间依赖性则内置到速度和压力的节点值 $\boldsymbol{u}_{A}(t)$ 和 $p_{A}(t)$ 中，而罚函数与时间无关。由于速度项和压力项采用的型函数为两组，将式(2.64)~式(2.67)代入方程(2.61)，则可得到关于动量和连续性方程的残差：

$$\boldsymbol{N}_{\mathrm{M}}=\left[\left(N_{\mathrm{M}}\right)_{A,i}\right] \tag{2.68}$$

$$\boldsymbol{N}_{\mathrm{C}}=\left[\left(N_{\mathrm{C}}\right)_{A}\right] \tag{2.69}$$

$$
\begin{aligned}
\left(N_{\mathrm{M}}\right)_{A,i}=&\underbrace{\int_{\Omega}N_{A}\boldsymbol{e}_{i}\cdot\rho\left(\frac{\partial\boldsymbol{u}^{h}}{\partial t}+\boldsymbol{u}^{h}\cdot\nabla\boldsymbol{u}^{h}-\boldsymbol{f}^{h}\right)\mathrm{d}\Omega}_{1}\\
&+\underbrace{\int_{\Omega}\boldsymbol{\varepsilon}\left(N_{A}\boldsymbol{e}_{i}\right):\boldsymbol{\sigma}\left(\boldsymbol{u}^{h},p^{h}\right)\mathrm{d}\Omega}_{2}-\underbrace{\int_{\Gamma_{\mathrm{N}}}N_{A}\boldsymbol{e}_{i}\cdot\boldsymbol{h}^{h}\mathrm{d}\Gamma}_{3}\\
&+\underbrace{\sum_{e=1}^{n_{el}}\int_{K^{e}}\tau_{\mathrm{SUPS}}\left(\boldsymbol{u}^{h}\cdot\nabla N_{A}\boldsymbol{e}_{i}\right)\cdot\boldsymbol{r}_{\mathrm{M}}\left(\boldsymbol{u}^{h},p^{h}\right)\mathrm{d}\Omega}_{5\_1}\\
&+\underbrace{\sum_{e=1}^{n_{el}}\int_{K^{e}}\rho\nu_{\mathrm{LSIC}}\left(\nabla\cdot N_{A}\boldsymbol{e}_{i}\right)r_{\mathrm{C}}\left(\boldsymbol{u}^{h}\right)\mathrm{d}\Omega}_{6}\\
&-\underbrace{\sum_{e=1}^{n_{el}}\int_{K^{e}}\tau_{\mathrm{SUPS}}N_{A}\boldsymbol{e}_{i}\cdot\left[\boldsymbol{r}_{\mathrm{M}}\left(\boldsymbol{u}^{h},p^{h}\right)\cdot\nabla\boldsymbol{u}^{h}\right]\mathrm{d}\Omega}_{7}\\
&-\underbrace{\sum_{e=1}^{n_{el}}\int_{K^{e}}\frac{\nabla N_{A}\boldsymbol{e}_{i}}{\rho}:\left[\tau_{\mathrm{SUPS}}\boldsymbol{r}_{\mathrm{M}}\left(\boldsymbol{u}^{h},p^{h}\right)\right]\otimes\left[\tau_{\mathrm{SUPS}}\boldsymbol{r}_{\mathrm{M}}\left(\boldsymbol{u}^{h},p^{h}\right)\right]\mathrm{d}\Omega}_{8}
\end{aligned} \tag{2.70}
$$

$$\left(N_{\mathrm{C}}\right)_{A}=\underbrace{\int_{\Omega}N_{A}\nabla\cdot\boldsymbol{u}^{h}\mathrm{d}\Omega}_{4}+\underbrace{\sum_{e=1}^{n_{el}}\int_{K^{e}}\tau_{\mathrm{SUPS}}\frac{\nabla N_{A}}{\rho}\cdot\boldsymbol{r}_{\mathrm{M}}\left(\boldsymbol{u}^{h},p^{h}\right)\mathrm{d}\Omega}_{5\_2} \tag{2.71}$$

方程中第 1、2 项与连续性方程对应，第 3 项对应方程的 Neumann 边界条件，第 4

项与连续性方程对应，第 5、6 项为流线迎风格式的稳定项，第 7、8 项为基于残差的计算稳定项。其中，e_i 是 i 方向上的基向量。令 $U = [u_B], \dot{U} = [\dot{u}_B], P = [p_B]$ 分别表示求解的速度、速度时间导数和压力对应的节点向量。方程 (2.61) 对应的离散形式 (2.70)、式 (2.71) 可写为向量形式：

$$N_M(U, \dot{U}, P) = 0 \tag{2.72}$$

$$N_C(U, \dot{U}, P) = 0 \tag{2.73}$$

3. 数值算例

以苏通大桥断面为原型断面，开展主梁断面的三分力数值模拟。雷诺数 $Re = 4.7 \times 10^5$，网格数量为 1.8×10^5，有限元插值函数采用二阶，积分点采用高斯积分点，单个单元积分点数为 9 个。对应的网格划分情况如图 2.27 所示。

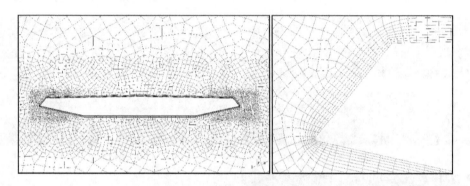

图 2.27　计算模型网格划分情况

断面三分力系数与相关文献的对比结果参见图 2.28，对应的流场流态图参见图 2.29。从计算结果可以看出，采用有限元方法在计算升力及阻力方面与其他结果吻合度较高，扭矩系数在各个文献中存在较大误差。总体来说，有限元方法可有效保证高雷诺数下的计算稳定性和精度。

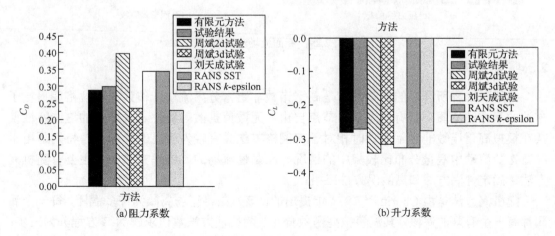

(a) 阻力系数　　　　　　　　　　(b) 升力系数

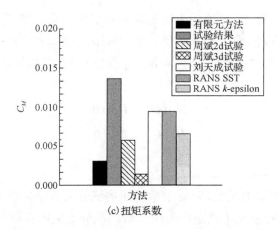

(c)扭矩系数

图 2.28　苏通大桥 0°风攻角下的三分力系数对比

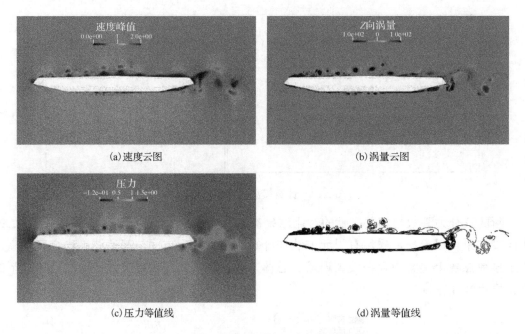

(a)速度云图　　　　　　　　　　　　　(b)涡量云图

(c)压力等值线　　　　　　　　　　　　(d)涡量等值线

图 2.29　断面流场流态图

2.3.4　涡方法

　　桥梁风工程所涉及的流动常常是高雷诺数非定常分离流动，作为一种拉格朗日粒子方法的涡方法本质上具有自适应、节点自由、无数值扩散等特性。涡方法的这些特性使其在模拟高雷诺数非定常流动时相对于有网格方法具有较为明显的优越性，特别适用于高雷诺数流动中涡量分布比较集中的情况。在黏性流动的二维涡方法中，主要有随机涡方法、确定性涡方法和离散涡方法三类。

　　随机涡方法是由 Chorin 于 1973 年提出的，该方法将流场离散为许多涡团，每一个涡团都有一个有限的涡核，其涡量按型函数分布。随机涡方法数值求解 N-S 方程分为三步：第一步，求解 Euler 方程以计算涡团的对流运动；第二步，给涡团位置叠加一个随机量以模拟涡量的黏性扩散；第三步，由固壁表面生成新涡团以满足无滑移边界条件。该方法较为简便，且易于实现，能适应复杂的几何外形，但其精度相对较低。

确定性涡方法采用非随机的确定性算法模拟涡元之间的扩散过程，从而使每个涡元的强度在运动过程中不断变化。这是目前所提出的确定性涡方法的共同特点，如粒子强度交换法、型函数求导法、Green 函数法等，这类方法的优点是精度较高。下面以离散涡方法为例展开进一步的论述。

离散涡方法是一种无网格自适应拉格朗日粒子方法。离散涡方法的空间离散格式是在势流场中的局部区域嵌入有限数目的离散涡，用来代表局部有旋区域连续分布的涡量，追踪涡元的生成、对流和扩散过程可以实现对整个流场的数值模拟。离散涡方法是采用拉格朗日随体方法来模拟流体的运动过程，物理量并非在网格点之间进行传输，而是随涡元在流场中的位置变更发生对流扩散，因此不需要计算网格。原则上，计算区域可以是无限的，不必加入人为的边界条件，这些都不同于常用的有限差分法与有限元法。应用离散涡方法时，涡量聚集的区域涡单元就多，反之涡单元就少，具有自适应的良好品质。由于该方法是无网格自适应方法，计算中不会出现物理量在网格上离散因略去高阶量而形成的数值黏性项，不会出现人工黏性耗散，不会带来失真的物理现象，可以避免网格雷诺数的限制，因此在模拟高雷诺数有分离的流动问题时具有很强的优势。处理黏性扩散项的涡方法有两类：第一类是随机涡方法，该方法用离散的涡团来逼近连续分布的涡量场，涡元扩散过程的模拟可让每个涡元的位置经历随机走步来模拟涡元的扩散，而涡元的强度不变；第二种方法是确定性涡方法，该方法采用非随机的确定性算法来模拟涡元之间的涡量扩散过程，其结果导致每个涡元的强度在运动过程中不断变化。

1. 控制方程

基于涡量定义 $\omega = \nabla \times u$，对以原始变量 $(u(x,t), p(x,t))$ 表示二维不可压缩黏性流体的动量方程取旋可得流体的涡量输送方程为

$$\frac{\partial \omega}{\partial t} + \boldsymbol{u} \cdot \nabla \omega = \nu \nabla^2 \omega, \quad \text{在 } V_i \text{ 内} \tag{2.74}$$

式中，ν 为流体的运动黏性系数；V_i 为流体域。

涡量定义描述了涡量场与速度场的关系，它与连续性方程构成柯西-黎曼（Cauchy-Riemann）方程，柯西-黎曼方程可以表示成泊松方程的形式：$\nabla^2 \boldsymbol{u} = -\nabla \times \omega$。引进流函数 $\Psi(\boldsymbol{u} = \nabla \times \Psi)$，同理也可得到以 Ψ 和 ω 表征涡量场与速度场关系的泊松方程：$\nabla^2 \Psi = -\omega$。

在涡方法中，速度场与涡量场的关系可表示成泊松方程的形式，泊松方程的解为 Biot-Savart 积分：

$$\begin{aligned} \boldsymbol{u}(x,t) &= \int (\nabla \times G)(x-x')\omega(x,t)\mathrm{d}x' + u_0(x,t) = \int K(x-x')\omega(x,t)\mathrm{d}x' + u_0(x,t) \\ &= \int K(x-x')\omega(x,t)\mathrm{d}x' + u_0(x,t) \end{aligned} \tag{2.75}$$

式中，$K = \nabla \times G$ 为 Biot-Savart 的核；G 为泊松方程的格林函数，$G(x-x') = -1/2\pi \cdot \lg|x-x'|$。$u_0(x,t)$ 包含了钝体运动及无穷远处边界条件的影响，因此根据 Biot-Savart 积分计算的速度，其远场边界条件自动满足。

在二维流场中，Biot-Savart 定律可以表示成

$$u(x,t) = -\frac{1}{2\pi}\int\frac{(x-x')\times\omega(x',t)e_z}{|x-x'|^2}\mathrm{d}x' + u_0(x,t) \tag{2.76}$$

式中，e_z 为垂直计算平面的单位矢量。

结合流动的初边值条件，可得以流函数与涡量、速度与涡量表示的黏性流体与运动钝体动力耦合问题求解的数学模型。

流动的运动学关系：

$$\nabla^2\Psi = -\omega \quad \text{或} \quad \nabla^2 u = -\nabla\times\omega, \quad \text{在}\,V_i\,\text{内} \tag{2.77}$$

初始涡量条件：

$$\omega(x,0) = \nabla\times u_0(x), \quad \text{在}\,V_i\,\text{内} \tag{2.78}$$

运动边界条件：

$$u(x_s,t)\cdot n = u_b(x_s,t)\cdot n, \quad \text{在}\,S\,\text{上} \tag{2.79}$$

$$u(x_s,t)\times n = u_b(x_s,t)\times n, \quad \text{在}\,S\,\text{上} \tag{2.80}$$

远场边界条件：

$$u \to U_\infty, \quad \text{在无穷远处} \tag{2.81}$$

式中，V_i、S 分别为流体域及钝体边界表面；U_∞ 为无穷远处的速度；$u_b(x_s,t)$ 为钝体在其边界 x_s 处的速度，$u_b(x_s) = u_h(x_c,t) + \Omega(t)e_z\times(x_c-x_s)$，$u_h(x_c,t)$ 为钝体竖向运动速度，$\Omega(t)$ 为钝体绕形心轴的扭转角速度；x_c 为钝体形心位置；n 为钝体边界外法向单位矢量。

式(2.79)和式(2.80)构成不可滑移边界条件。上述数学模型和原始 N-S 方程是等效的，其优点是使原始方程中的压力项消失，但对于有边界的流体域，需引入附加的运动约束，并将速度边界条件转变为涡量边界条件的形式。黏性不可压缩流体中固体的平动和旋转对涡量场的贡献如图 2.30 所示。

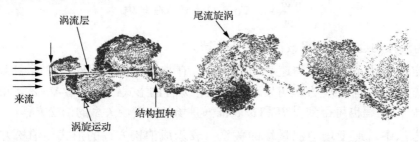

图 2.30　黏性不可压缩流体中固体的平动和旋转对涡量场的贡献

2. 数值算例

在苏通大桥主桥结构风荷载研究中，对桥塔的风荷载系数进行了精细化计算。图 2.31 为桥塔立面与塔柱流场计算风偏角示意图，图 2.32 为桥塔单塔柱风偏角为 300°时和双塔柱风偏角为 30°时断面流场，图 2.33 给出了桥塔单塔柱、双塔柱升力系数(C_V)和阻力系数(C_{Dx}、C_{Dy})随风攻角的变化。

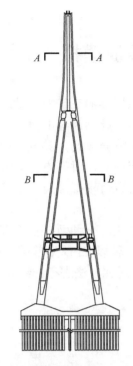

图 2.31　用于塔柱流场计算的桥塔

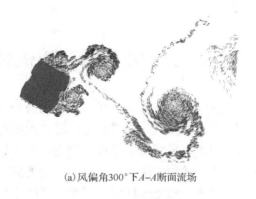

(a) 风偏角300°下A–A断面流场

(b) 风偏角30°下B–B断面流场

图 2.32　桥塔单塔柱、双塔柱流场

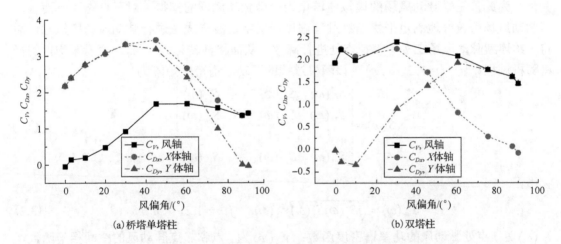

(a) 桥塔单塔柱　　　　　　　　　　　　　　(b) 双塔柱

图 2.33　桥塔单塔柱、双塔柱升力系数、阻力系数与风偏角关系

　　从数值模拟结果可以看出，离散涡方法能够较好地完成钝体断面的流场模拟，较为清晰地再现了流场演变、旋涡脱落的动态过程。

第3章　随机脉动风场数值模拟

为开展大跨度桥梁风振响应数值分析，须先准确模拟桥梁的三维随机脉动风场。对于边界层良态强风，其在基本时距内可视为常量平均风速与脉动风速的叠加，通常将脉动风速描述为平稳随机过程。然而，对于台风、雷暴风等特异风场，其风速由时变平均风速与随机脉动风速组成。特异风场的脉动风速具有时变均值、时变方差与时变频率，为典型的非平稳随机过程。因此，大跨度桥梁的脉动风场数值模拟涉及平稳风场与非平稳风场模拟。

三维脉动风场的数值模拟，从基本原理可分为两种方法：一种面向基于有限元的桥梁风振数值分析，通过谐波叠加模拟随机脉动风场；另一种以 CFD 为基础，模拟 CFD 入口湍流，从而服务于桥梁风振响应计算。本章将着重对两种方法进行详细介绍。

3.1　随机过程方法

3.1.1　平稳风场

良态强风的脉动风场模拟可针对顺风向、横风向及竖向独立开展，忽略三者间的相关性。为此，三维脉动风场的模拟便转化为一维脉动风场的模拟。对于良态强风而言，其脉动风场可较好地满足平稳随机过程假设。采用谐波合成法进行脉动风场模拟时，需将一维连续脉动风场在多个模拟点处进行离散，从而将其转化为一维 n 变量零均值的平稳随机过程 $\{f_j(t)\}$ $(j=1, 2, \cdots, n)$。该随机过程的互功率谱密度矩阵为

$$S(\omega) = \begin{bmatrix} S_{11}(\omega) & S_{12}(\omega) & \cdots & S_{1n}(\omega) \\ S_{21}(\omega) & S_{22}(\omega) & \cdots & S_{2n}(\omega) \\ \vdots & \vdots & & \vdots \\ S_{n1}(\omega) & S_{n2}(\omega) & \cdots & S_{nn}(\omega) \end{bmatrix} \tag{3.1}$$

式中，

$$S_{jk}(\omega) = \sqrt{S_j(\omega)S_k(\omega)}\gamma_{jk}(\omega), \quad j,k = 1,2,\cdots, n \tag{3.2}$$

$S_j(\omega)$ 为 j 点处脉动风的功率谱密度函数；$\gamma_{jk}(\omega)$ 为 j 点和 k 点脉动风的空间相干函数，通常采用 Davenport 空间相干函数。

Davenport 在强风观测中发现，空间两点处脉动风速的空间相关性随着两点距离的增大而减小，且其衰减形式表现为指数衰减规律，从而提出了 Davenport 空间相干函数：

$$\gamma_{ij}(\omega) = \exp\left(-\frac{n\sqrt{C_x^2(x_i - x_j)^2 + C_z^2(z_i - z_j)^2}}{(U_i + U_j)/2}\right) \tag{3.3}$$

式中，U_i 和 U_j 分别为 i 点和 j 点的平均风速；x_i 和 x_j、z_i 和 z_j 为 i 点和 j 点的水平坐标和

垂直坐标；n 为脉动风的自然频率；C_x 和 C_z 分别为水平和竖向衰减因子，Simiu 建议 $C_x=10$、$C_z=16$。

　　由互谱密度矩阵和脉动风的空间相干函数表达式可知，脉动风谱的互谱密度矩阵为对称矩阵，将其进行 Cholesky 分解可得下三角矩阵 $\boldsymbol{H}$ 与上三角矩阵 $\boldsymbol{H}^*$，即

$$S(\omega) = H(\omega)H^*(\omega) \tag{3.4}$$

式中，$\boldsymbol{H}$ 与 $\boldsymbol{H}^*$ 互为共轭转置矩阵，其中 $\boldsymbol{H}$ 的表达式为

$$H(\omega) = \begin{bmatrix} H_{11}(\omega) & 0 & \cdots & 0 \\ H_{21}(\omega) & H_{22}(\omega) & \cdots & 0 \\ \vdots & \vdots & & \vdots \\ H_{n1}(\omega) & H_{n2}(\omega) & \cdots & H_{nn}(\omega) \end{bmatrix} \tag{3.5}$$

　　根据 Deodatis 提出的双索引频率法，第 j 点的脉动风速时程 $f_j(t)$ 可表示为

$$f_j(t) = 2\sqrt{\Delta\omega} \sum_{m=1}^{j} \sum_{l=1}^{N} \left| H_{jm}(\omega_{ml}) \right| \cos\left[\omega_{ml}t - \theta_{jm}(\omega_{ml}) + \phi_{ml} \right], \quad j=1,2,\cdots,n \tag{3.6}$$

式中，N 为频率分段数；$\Delta\omega=\omega_{up}/N$ 为频率增量，ω_{up} 为上限截止频率；ϕ_{ml} 是在 $[0, 2\pi]$ 内均匀分布且相互独立的随机相位角；ω_{ml} 为双索引频率，可按式 (3.7) 计算；$H_{jm}(\omega_{ml})$ 是矩阵 $\boldsymbol{H}$ 中第 j 行 m 列对应的元素；$\theta_{jm}(\omega_{ml})$ 为 $H_{jm}(\omega_{ml})$ 的相位角，可按式 (3.8) 计算。

$$\omega_{ml} = (l-1)\Delta\omega + \frac{m}{n}\Delta\omega, \quad l=1,2,\cdots,N \tag{3.7}$$

$$\theta_{jm}(\omega_{ml}) = \arctan\left\{ \frac{\mathrm{Im}[H_{jm}(\omega_{ml})]}{\mathrm{Re}[H_{jm}(\omega_{ml})]} \right\} \tag{3.8}$$

式中，$\mathrm{Im}[\cdot]$ 和 $\mathrm{Re}[\cdot]$ 分别表示虚部和实部。据分析，当 $\Delta\omega$ 接近零，即 N 趋向于无穷大时，式 (3.6) 模拟的脉动风速时程可与目标谱及相关函数吻合。

　　由于计算机仅能处理离散数据点，脉动风速无法按照时间的连续函数进行模拟，脉动风速也需按时间坐标进行离散。只要时间步长 Δt 足够小，所模拟的脉动风速即可反映其连续函数的特征。式 (3.6) 中的 t 可表示为

$$t = p\Delta t, \quad p = 0,1,\cdots,nM-1 \tag{3.9}$$

所模拟的脉动风速的周期为

$$T_0 = \frac{2\pi n}{\Delta\omega} = \frac{2\pi nN}{\omega_{up}} \tag{3.10}$$

$$T_0 = nM\Delta t \tag{3.11}$$

将式 (3.11) 代入式 (3.10) 可得

$$\Delta\omega\Delta t = \frac{2\pi}{M} \tag{3.12}$$

为了避免频率混淆现象，时间步长 Δt 需满足

$$\Delta t \leqslant \frac{\pi}{\omega_{\text{up}}} \tag{3.13}$$

从而 M 和 N 自然满足如下关系：

$$M \geqslant 2N \tag{3.14}$$

通过式 (3.6) 模拟的脉动风速时程具有各态历经性。对于给定互功率谱密度矩阵的一维多变量平稳脉动风场，脉动风速的模拟需选择合适的 N 和 ω_{up}。虽然式 (3.6) 模拟的随机风场可满足目标统计特性，但其模拟效率随着模拟点及样本时长的增加显著降低。为此，在谐波合成法中融入快速傅里叶变换 (Fast Fourier Transform，FFT) 技术，可有效提高模拟效率。

从复数的角度来看，式 (3.6) 可变换为

$$f_j(p\Delta t) = \text{Re}\left\{ 2\sqrt{\Delta\omega} \sum_{m=1}^{j} h_{jm}(p\Delta t) \exp\left[i\left(\frac{m}{n}\Delta\omega\right)(p\Delta t) \right] \right\}, \quad j=1,2,\cdots,n \tag{3.15}$$

式中，$h_{jm}(p\Delta t)$ 可由式 (3.16) 计算：

$$h_{jm}(p\Delta t) = \begin{cases} g_{jm}(p\Delta t), & p=0,1,\cdots,M-1 \\ g_{jm}[(p-M)\Delta t], & p=M,M+1,\cdots,2M-1 \\ \vdots \\ g_{jm}\{[p-(n-1)M]\Delta t\}, & p=(n-1)M,(n-1)M+1,\cdots,nM-1 \end{cases} \tag{3.16}$$

式中，j=1, 2, $\cdots$, n, m=1, 2, $\cdots$, n, $j \geqslant m$；$g_{jm}(p\Delta t)$ 可按式 (3.17) 计算：

$$g_{jm}(p\Delta t) = \sum_{l=0}^{M-1} B_{jm} \exp[i(l\Delta\omega)(p\Delta t)], \quad p=0,1,\cdots,M-1 \tag{3.17}$$

$$B_{jm} = 2\left| H_{jm}\left(l\Delta\omega + \frac{m}{n}\Delta\omega\right) \right| \sqrt{\Delta\omega} \exp\left[-i\theta_{jm}\left(l\Delta\omega + \frac{m}{n}\Delta\omega\right) \right] \exp(i\phi_{ml}) \tag{3.18}$$

将式 (3.12) 代入式 (3.17) 可得

$$g_{jm}(p\Delta t) = \sum_{l=0}^{M-1} B_{jm} \exp\left(ilp\frac{2\pi}{M} \right), \quad p=0,1,\cdots,M-1 \tag{3.19}$$

显然，对长度为 M 的序列 $\{B_{jm}\}$ 进行 FFT，即可获得 $g_{jm}(p\Delta t)$。再结合式 (3.15) 和式 (3.16)，即可得到各模拟点一个周期 T 的脉动风速时程。

采用上述方法，对图 3.1 所示的三塔悬索桥主梁竖向脉动风场进行模拟。该悬索桥采用双主跨，每个主跨均为 1080m。主梁均匀布置 28 个模拟点，相邻模拟点的间距为 80m。

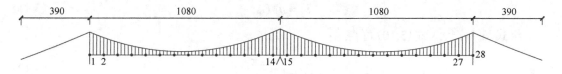

图 3.1　三塔悬索桥主梁竖向脉动风场模拟点分布(单位：m)

采用 Panofsky 谱作为目标风谱，其表达式为

$$\frac{n_s S(n_s)}{u_*^2} = \frac{6f}{(1+4f)^2} \tag{3.20}$$

式中，n_s 为脉动风的频率；$f = n_s z / U(z)$ 为莫宁坐标，$U(z)$ 为高度 z 处的平均风速；u_* 为摩阻速度，按照《公路桥梁抗风设计规范》（JTG/T 3360-01—2018）建议公式进行计算：

$$u_* = \frac{kU(z)}{\ln\left(\dfrac{z}{z_0}\right)} \tag{3.21}$$

式中，k 为冯卡门系数，取 0.4；z_0 为地面粗糙高度，对于 A 类地表取 0.01。

主梁竖向脉动风场模拟所采用的其余参数见表 3.1。

表 3.1　三塔悬索桥主梁竖向脉动风场模拟参数

参数	取值
平均风速	12.8m/s
相干函数 $\gamma(\omega)$	Davenport 相干函数
衰减因子 C_x	16
截止频率 ω_u	π
频率分段数 N	3600
频率增量 $\Delta\omega$	8.722×10^{-4} Hz
时间间距 Δt	1s

基于上述参数，采用谐波合成法开展了三塔悬索桥主梁 28 个模拟点竖向脉动风速（V）的数值模拟。以 8 号、16 号、24 号模拟点为例，其脉动风速时程如图 3.2 所示。

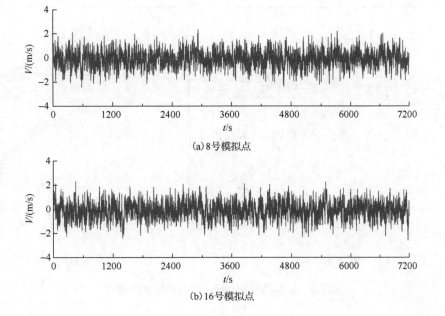

(a) 8 号模拟点

(b) 16 号模拟点

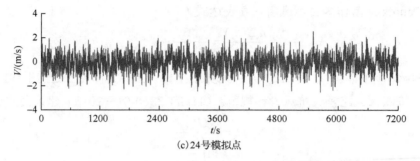

(c) 24号模拟点

图 3.2　代表性模拟点处脉动风速时程图

为验证所模拟脉动风场的准确性，从功率谱与相关函数两个角度分别对其进行检验。模拟脉动风速功率谱密度(S)、相干函数与目标值的对比分别如图 3.3 和图 3.4 所示。在图 3.4 中，$R_{j,k}$ 表示模拟点 j 脉动风速与模拟点 k 脉动风速之间的互相关函数。若 j 与 k 相等，则表示自相关函数。由图可知，主梁各点所模拟脉动风速的功率谱密度与目标谱表现一致，自/互相关函数均能与目标值吻合较好。因此，基于谐波合成法模拟的平稳脉动风场具有较高的准确性。

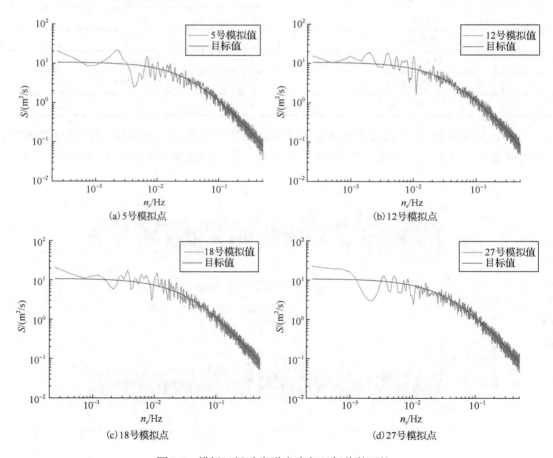

图 3.3　模拟风场功率谱密度与目标值的对比

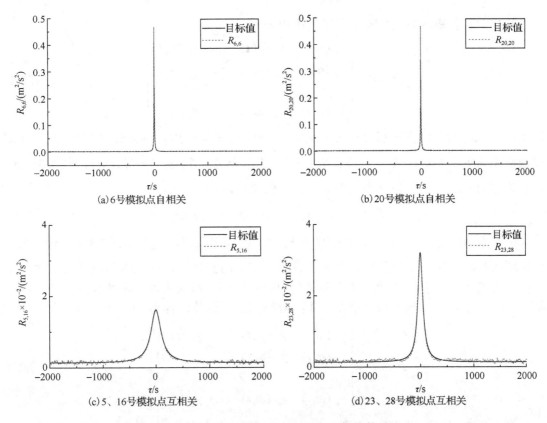

图 3.4　模拟风场自/互相关函数与目标值的对比

随着模拟点数量的增加，互谱密度矩阵的 Cholesky 分解次数迅速提升，严重制约了谐波合成法的模拟效率。国内外学者相继对插值、解析表达等方式进行了改进，从而有效提高了平稳脉动风场的模拟效率。

3.1.2　非平稳风场

特异风具有突出的非平稳特性，其脉动风场不再满足平稳随机过程假设，故需将其视为非平稳随机过程进行模拟。对空间中的 n 个模拟点，该随机脉动风场可表示为一维 n 变量零均值非平稳随机过程 $V(t)=[V_1(t), V_2(t), \cdots, V_n(t)]^{\mathrm{T}}$。描述 $V(t)$ 的互相关函数矩阵为

$$\boldsymbol{R}(t,t+\tau) = \begin{bmatrix} R_{11}(t,t+\tau) & R_{12}(t,t+\tau) & \ldots & R_{1n}(t,t+\tau) \\ R_{21}(t,t+\tau) & R_{22}(t,t+\tau) & \ldots & R_{2n}(t,t+\tau) \\ \vdots & \vdots & & \vdots \\ R_{n1}(t,t+\tau) & R_{n2}(t,t+\tau) & \ldots & R_{nn}(t,t+\tau) \end{bmatrix} \tag{3.22}$$

式中，$\boldsymbol{R}(t,t+\tau)$ 为互相关函数矩阵；$R_{jk}(t,t+\tau)$ $(j,k=1,2,\cdots,n)$ 为第 j 点与第 k 点脉动风速的互相关函数（$j{\neq}k$）或自相关函数（$j{=}k$）；t 为时间；τ 为滞后时间。因为非平稳随机过程不具有各态历经性，所以互相关函数是时间和滞后时间的联合函数。

互相关函数矩阵对应的互演变谱密度矩阵为

$$S(\omega,t) = \begin{bmatrix} S_{11}(\omega,t) & S_{12}(\omega,t) & \dots & S_{1n}(\omega,t) \\ S_{21}(\omega,t) & S_{22}(\omega,t) & \dots & S_{2n}(\omega,t) \\ \vdots & \vdots & & \vdots \\ S_{n1}(\omega,t) & S_{n2}(\omega,t) & \dots & S_{nn}(\omega,t) \end{bmatrix} \tag{3.23}$$

式中，$S(\omega,t)$ 为互演变谱密度矩阵；$S_{jk}(\omega,t)$ 为互演变谱密度，可按式(3.24)计算；互演变谱密度满足 $S_{jj}(\omega,t) = S_{jj}(-\omega,t)$、$S_{jk}(\omega,t) = S_{jk}^*(-\omega,t)$、$S_{jk}(\omega,t) = S_{kj}^*(\omega,t)$，因此 $S(\omega,t)$ 为非负定 Hermitian 矩阵，*为共轭算子；ω 为圆频率。

$$S_{jk}(\omega,t) = \sqrt{S_{jj}(\omega,t)S_{kk}(\omega,t)}\ \gamma_{jk}(\omega,t) \tag{3.24}$$

式中，$S_{jj}(\omega,t)$、$S_{kk}(\omega,t)$ 分别为 $V_j(t)$ 与 $V_k(t)$ 的演变谱密度；$\gamma_{jk}(\omega,t)$ 为时变相干函数。已有现场实测表明，特异风的相干函数具有明显的时变特征，因此将其表示为时间与频率的联合函数。若忽略脉动风速相干函数的时变特征，即认为相干函数为时不变函数，则 $\gamma_{jk}(\omega,t) = \gamma_{jk}(\omega)$。与互演变谱密度矩阵对应的相干函数矩阵为

$$\varGamma(\omega,t) = \begin{bmatrix} \gamma_{11}(\omega,t) & \gamma_{12}(\omega,t) & \dots & \gamma_{1n}(\omega,t) \\ \gamma_{21}(\omega,t) & \gamma_{22}(\omega,t) & \dots & \gamma_{2n}(\omega,t) \\ \vdots & \vdots & & \vdots \\ \gamma_{n1}(\omega,t) & \gamma_{n2}(\omega,t) & \dots & \gamma_{nn}(\omega,t) \end{bmatrix} \tag{3.25}$$

将式(3.24)写成矩阵形式，则

$$S(\omega,t) = S_d(\omega,t)\varGamma(\omega,t)S_d(\omega,t) \tag{3.26}$$

$$S_d(\omega,t) = \begin{bmatrix} \sqrt{S_{11}(\omega,t)} & 0 & \dots & 0 \\ 0 & \sqrt{S_{22}(\omega,t)} & \dots & 0 \\ \vdots & \vdots & & \vdots \\ 0 & 0 & \dots & \sqrt{S_{nn}(\omega,t)} \end{bmatrix} \tag{3.27}$$

通过 Cholesky 分解，互演变谱密度矩阵可分解为

$$S(\omega,t) = H(\omega,t)H^{T*}(\omega,t) \tag{3.28}$$

式中，T 为矩阵转置算子；$H(\omega,t)$ 为下三角矩阵(简称 H 矩阵)：

$$H(\omega,t) = \begin{bmatrix} H_{11}(\omega,t) & 0 & \dots & 0 \\ H_{21}(\omega,t) & H_{22}(\omega,t) & \dots & 0 \\ \vdots & \vdots & & \vdots \\ H_{n1}(\omega,t) & H_{n2}(\omega,t) & \dots & H_{nn}(\omega,t) \end{bmatrix} \tag{3.29}$$

式中，对角线元素 $H_{jj}(\omega,t) = H_{jj}(-\omega,t)$；非对角线元素 $H_{jk}(\omega,t) = H_{jk}^*(-\omega,t)$。

根据 Cholesky 的定义，并结合式(3.26)、式(3.28)可写成

$$S(\omega,t) = S_d(\omega,t)X(\omega,t)X^{T*}(\omega,t)S_d(\omega,t) \tag{3.30}$$

从而有

$$\boldsymbol{\Gamma}(\omega,t) = \boldsymbol{X}(\omega,t)\boldsymbol{X}^{\mathrm{T}^*}(\omega,t) \tag{3.31}$$

因此，对互演变谱密度矩阵的 Cholesky 分解转化为对相干函数矩阵 $\boldsymbol{\Gamma}(\omega,t)$ 的 Cholesky 分解。故存在

$$\boldsymbol{H}(\omega,t) = \boldsymbol{S}_d(\omega,t)\boldsymbol{X}(\omega,t) \tag{3.32}$$

若将互演变谱密度矩阵中的元素写成极坐标形式，则

$$H_{jk}(\omega,t) = \left| H_{jk}(\omega,t) \right| \mathrm{e}^{\mathrm{i}\theta_{jk}(\omega,t)} \tag{3.33}$$

式中，$\theta_{jk}(\omega,t)$ 为 $H_{jk}(\omega,t)$ 的相位，可按式(3.34)计算：

$$\theta_{jk}(\omega,t) = \arctan\left(\frac{\mathrm{Im}\left[H_{jk}(\omega,t) \right]}{\mathrm{Re}\left[H_{jk}(\omega,t) \right]} \right) \tag{3.34}$$

式中，相位角 $\theta_{jk}(\omega,t)$ 的取值区间为 $(-\pi/2, \pi/2)$。

在此基础上，任意点的非平稳脉动风速可通过式(3.35)生成：

$$
\begin{aligned}
V_j(t) &= 2\sqrt{\Delta\omega}\sum_{m=1}^{j}\sum_{l=1}^{N}\left| H_{jm}(\omega_l,t) \right|\cos\left[\omega_l t - \theta_{jm}(\omega_l,t) + \phi_{ml} \right] \\
&= 2\sqrt{\Delta\omega}\,\mathrm{Re}\left[\sum_{m=1}^{j}\sum_{l=1}^{N}H_{jm}(\omega_l,t)\mathrm{e}^{\mathrm{i}(\omega_l t+\phi_{ml})} \right]
\end{aligned} \tag{3.35}
$$

式中，$V_j(t)$ 为模拟点 j 处的脉动风速；$\omega_l = l\Delta\omega$ $(l=1, 2, \cdots, N)$ 为索引频率；ϕ_{ml} 为在$[0, 2\pi]$内服从均匀分布的随机相位角；$\Delta\omega$ 为频率增量，其定义为截止频率 ω_{u} 与频率分段数 N 的商。

由于 $H_{jm}(\omega,t)$ 为频率与时间的联合函数(简称时频谱)，式(3.35)无法直接采用 FFT 替代三角级数求和。因此，可将时频谱对时间和频率进行解耦，即

$$H_{jm}(\omega,t) \approx \sum_{r=1}^{N_R}a_r^{jm}(t)\varphi_r^{jm}(\omega) \tag{3.36}$$

式中，N_R 为模型的阶数；$a_r^{jm}(t)$ 为时间的函数；$\varphi_r^{jm}(\omega)$ 为频率的函数。

将式(3.36)代入式(3.35)，可得

$$V_j(t) = 2\sqrt{\Delta\omega}\,\mathrm{Re}\left[\sum_{m=1}^{j}\sum_{r=1}^{N_R}a_r^{jm}(t)\sum_{l=1}^{N}\varphi_r^{jm}(\omega_l)\mathrm{e}^{\mathrm{i}(\omega_l t+\phi_{ml})} \right] \tag{3.37}$$

对式(3.37)可调用 FFT，其具体实施步骤为：将时间 t 离散为等间距时刻点 $\{\Delta t, 2\Delta t, \cdots, p\Delta t, \cdots, M\Delta t\}$（$M=2N$），式(3.36)转化为

$$V_j(p\Delta t) = 2\sqrt{\Delta\omega}\,\mathrm{Re}\left[\sum_{m=1}^{j}\sum_{r=1}^{N_R}a_r^{jm}(p\Delta t)B_r^{jm}(p\Delta t) \right] \tag{3.38}$$

$$B_r^{jm}(p\Delta t) = \sum_{l=1}^{N}\left[\varphi_r^{jm}(l\Delta\omega)\mathrm{e}^{\mathrm{i}\phi_{ml}} \right]\mathrm{e}^{\mathrm{i}lp\frac{2\pi}{M}} \tag{3.39}$$

显然，式(3.39)满足 FFT 的基本条件，但需对其进行如下变换：

$$B_r^{jm}(p\Delta t) = \sum_{l=1}^{M}\left[b_r^{jm}(l\Delta\omega)\right]\mathrm{e}^{\mathrm{i}lp\frac{2\pi}{M}} \tag{3.40}$$

$$b_r^{jm}(l\Delta\omega) = \begin{cases} \varphi_r^{jm}(l\Delta\omega), & l=1,\,2,\cdots,\,N \\ 0, & l=N+1,\,N+2,\cdots,\,M \end{cases} \tag{3.41}$$

因此，对式(3.40)调用 FFT 即可直接获得式(3.38)中的 $B_r^{jm}(p\Delta t)$，可使谐波叠加的效率显著提升。对于第 j 个模拟点的脉动风速，共需调用 $j\times N_R$ 次 FFT。

为了防止模拟的脉动风场中发生频率混叠，时间步长需满足下述条件：

$$\Delta t \leqslant \frac{2\pi}{2\omega_{\mathrm{u}}} \tag{3.42}$$

1. 时频谱解耦方法

时频谱解耦是非平稳脉动风场模拟能够调用 FFT 技术的关键。目前较为常用的解耦方法包括正交多项式法、小波频谱叠加法和本征正交分解(Proper Orthogonal Decomposition，POD)法。

1) 正交多项式法

Li 和 Kareem 提出采用三角函数、Legendre 多项式等正交多项式作为时频谱解耦的基函数。以三角函数为例，对该方法进行详细说明。

采用余弦函数作为时间函数，可得

$$a_r^{jm}(t) = \cos\left[\frac{\pi(r-1)t_p}{t_{\max}}\right] \tag{3.43}$$

式中，$t_p = p\Delta t\ (p=1,\,2,\cdots,M)$；$t_{\max} = 1/2N_R\Delta t$。

将式(3.43)代入式(3.36)可得

$$H_{jm}(\omega,t) \approx \sum_{r=1}^{N_R}\varphi_r^{jm}(\omega)\cos\left[\frac{\pi(r-1)t_p}{t_{\max}}\right] \tag{3.44}$$

根据三角函数的正交特性，频率函数可通过式(3.45)计算：

$$\varphi_r^{jm}(\omega) = \frac{2}{M}\sum_{p=1}^{M}H_{jm}(\omega,t_p)\cos\left[\frac{\pi(r-1)t_p}{t_{\max}}\right] \tag{3.45}$$

2) 小波频谱叠加法

Spanos 与 Failla 建立了基于小波变换的非平稳随机过程演变谱确定方法，其假设演变谱密度可以表示为

$$S(\omega,t) = \sum_{r=1}^{N_R}c_r(t)\left|\psi(a_r\omega)\right|^2 \tag{3.46}$$

式中，$\psi(a_r\omega)$ 为小波函数的频谱；a_r 为小波变换的尺度因子；$c_r(t)$ 为关于时间的乘积系数；N_R 为考虑小波尺度的总数。

若采用 Spanos 与 Failla 提出的方法对实测脉动风速的演变谱密度进行估计，可以获

得解耦后的演变谱密度。若不考虑相干函数的时变特征，通过式(3.46)即可直接获得解耦后的 **H** 矩阵。若考虑相干函数的时变特征或根据给定的演变谱密度进行非平稳脉动风速模拟，则难以直接获得时频谱的解耦表达。为此，需通过优化的方法确定时间系数。

将式(3.46)写成矩阵形式，则

$$S(\omega,t) = \boldsymbol{c}_r(t)\boldsymbol{\psi}(\omega) \tag{3.47}$$

式中，$\boldsymbol{c}_r(t) = [c_1(t),\ c_2(t),\ \cdots,\ c_{N_R}(t)]$；$\boldsymbol{\psi}(\omega) = \left[\left|\psi(a_1\omega)\right|^2,\ \left|\psi(a_2\omega)\right|^2,\ \cdots,\ \left|\psi(a_{N_R}\omega)\right|^2\right]^T$。

待选定小波基函数后，矩阵 $\boldsymbol{c}_r(t)$ 中的系数可视为待定参数，通过优化确定各时刻小波乘积系数的值。优化的目标函数可取为

$$\min\left\|S(\omega,t) - \boldsymbol{c}_r(t)\boldsymbol{\psi}(\omega)\right\| \tag{3.48}$$

式中，$\|\cdot\|$ 表示矩阵的范数。式(3.47)可视为时频谱的降阶表达，在数学上等效于非负矩阵分解。然而，优化过程通常涉及大量的迭代，因此小波乘积系数的确定较为耗时。

3) 本征正交分解法

对于 $S(\omega,t)$，将其离散型式统一表达为矩阵形式，即

$$\boldsymbol{\rho} = \begin{bmatrix} \rho(\Delta\omega,\Delta t) & \rho(\Delta\omega,2\Delta t) & \cdots & \rho(\Delta\omega,M\Delta t) \\ \rho(2\Delta\omega,\Delta t) & \rho(2\Delta\omega,2\Delta t) & \cdots & \rho(2\Delta\omega,M\Delta t) \\ \vdots & \vdots & & \vdots \\ \rho(N\Delta\omega,\Delta t) & \rho(N\Delta\omega,2\Delta t) & \cdots & \rho(N\Delta\omega,M\Delta t) \end{bmatrix} \tag{3.49}$$

式中，$\boldsymbol{\rho}$ 代表 $S(\omega,t)$。

对于一组最优正交基 $\boldsymbol{\Phi} = [\Phi_1,\ \Phi_2,\ \cdots,\ \Phi_N]$，$\boldsymbol{\rho}$ 在 $\boldsymbol{\Phi}$ 上的投影可以达到最大值，则

$$\boldsymbol{\rho} = \boldsymbol{\Phi}A^T = \sum_{r=1}^{N} \boldsymbol{\Phi}_r \boldsymbol{a}_r^T \tag{3.50}$$

式中，$A = [a_1,\ a_2,\ \cdots,\ a_N]$；$\boldsymbol{a}_r = [a_r(\Delta t),\ a_r(2\Delta t),\ \cdots,\ a_r(M\Delta t)]^T$ 为时间函数的离散型式；$\boldsymbol{\Phi}_r = [\Phi_r(\Delta\omega),\ \Phi_r(2\Delta\omega),\ \cdots,\ \Phi_r(N\Delta\omega)]^T$ 为频率函数的离散型式。

该正交基的求解可转化为矩阵特征向量的提取，即

$$\boldsymbol{R}\boldsymbol{\Phi}_r = \lambda_r\boldsymbol{\Phi}_r,\quad r=1,\ 2,\ \cdots,\ N \tag{3.51}$$

式中，

$$\boldsymbol{R} = \frac{1}{M}\boldsymbol{\rho}\boldsymbol{\rho}^T \tag{3.52}$$

根据式(3.51)计算出特征值与特征向量后，确定 $\boldsymbol{a}_r$ 即可获得矩阵 $\boldsymbol{\rho}$ 的解耦表达。根据正交基的正交特性可得

$$\boldsymbol{a}_r = \boldsymbol{\Phi}_r^T\boldsymbol{\rho} \tag{3.53}$$

由于仅部分特征向量对应较大的特征值，因此将这些特征值从大到小依次排列为 $\{\lambda_1,\ \lambda_2,\ \cdots,\ \lambda_{N_R}\}$，其对应的特征向量可形成矩阵 $\boldsymbol{\Phi}' = [\boldsymbol{\Phi}_1,\ \boldsymbol{\Phi}_2,\ \cdots,\ \boldsymbol{\Phi}_{N_R}]$，从而式(3.50)可简化为

$$\boldsymbol{\rho} \approx \boldsymbol{\Phi}'\boldsymbol{A}'^{\mathrm{T}} = \sum_{r=1}^{N_R} \boldsymbol{\Phi}_r \boldsymbol{a}_r^{\mathrm{T}} \tag{3.54}$$

式中，$\boldsymbol{A}' = [a_1, a_2, \cdots, a_{N_R}]$。由于特征值较大的模态相对较少，因此采用很少的模态即可实现时频谱解耦。

2. 基于二维插值的非平稳脉动风场模拟方法

虽然谐波叠加合成法的模拟效率已通过 FFT 技术显著提升，但大量的 Cholesky 分解使得风场模拟仍然耗费大量时间。根据前文所述多变量非平稳风场模拟方法，若相干函数时变特征明显，则共需进行 $n(n+1)/2$ 次时频谱解耦及 $M \times N = 2N^2$ 次 Cholesky 分解。显然，时频谱解耦耗时与模拟点数相关，而 Cholesky 分解耗时与频率分段数相关。因此，当所模拟样本时间较长或样本采样频率较高时，Cholesky 分解耗时逐渐在总耗时中占据主导地位。针对这一问题，Tao 等提出了基于二维 Hermite 插值的非平稳风场模拟方法，该方法基于传统方法在互演变谱密度矩阵分解中引入二维插值，从而在显著降低 Cholesky 分解次数的同时实现了时频谱解耦。

由于演变谱密度模型通常为时间与频率的连续函数，$\boldsymbol{H}$ 矩阵中的任意元素也为时间与频率的连续函数，因此可采用二维 Hermite 插值对其进行插值近似。假设插值点对应的时间坐标按从小到大顺序依次为 $t_1, t_2, \cdots, t_p$（p 为整数且 $p \leqslant M$），插值点对应的频率坐标按从小到大顺序依次为 $\omega_1, \omega_2, \cdots, \omega_q$（$q$ 为整数且 $q \leqslant N$），从而插值点的位置可表示为 (t_{k1}, ω_{k2})（$k_1 = 1, 2, \cdots, p; k_2 = 1, 2, \cdots, q$）。在各插值点处建立互谱密度矩阵，并对互谱密度矩阵进行 Cholesky 分解，从而获得 $\boldsymbol{H}(t_{k1}, \omega_{k2})$。在此基础上，可通过二维插值对 $\boldsymbol{H}$ 矩阵中的任意元素 $H_{jm}(\omega, t)$ 进行近似。考虑 Hermite 插值的连续性与可导性，本章采用二维 Hermite 插值进行插值近似，其基本原理如图 3.5 所示。

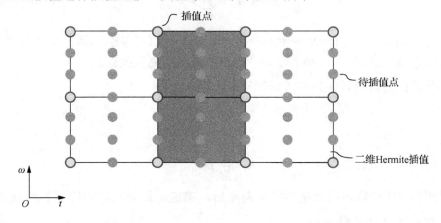

图 3.5　时频谱二维 Hermite 插值的基本原理

对于任意四个相邻的插值点 (t_c, ω_b)、(t_{c+1}, ω_b)、(t_c, ω_{b+1})、(t_{c+1}, ω_{b+1})（$1 \leqslant c \leqslant p-1$，$1 \leqslant b \leqslant q-1$），其对应的函数值分别为 $H_{jm}(\omega_b, t_c)$、$H_{jm}(\omega_b, t_{c+1})$、$H_{jm}(\omega_{b+1}, t_c)$、$H_{jm}(\omega_{b+1}, t_{c+1})$，从而 $H_{jm}(\omega, t)$ 可表示为

$$H_{jm}(\omega,\ t) \approx \sum_{A=c}^{c+1}\sum_{B=b}^{b+1}\left[H_{jm}(\omega_B,t_A)g_A(t)g_B(\omega) + \frac{\partial H_{jm}(\omega_B,t_A)}{\partial t}\widehat{g}_A(t)g_B(\omega)\right.$$

$$\left. + \frac{\partial H_{jm}(\omega_B,t_A)}{\partial \omega}g_A(t)\breve{g}_B(\omega) + \frac{\partial H_{jm}(\omega_B,t_A)}{\partial \omega \partial t}\widehat{g}_A(t)\breve{g}_B(\omega) \right], \tag{3.55}$$

$$t_c \leqslant t \leqslant t_{c+1}, \omega_b \leqslant \omega \leqslant \omega_{b+1}$$

$$g_A(t) = \left[1 - 2(t - t_A)L_A'(t_A)\right]L_A^2(t) \tag{3.56}$$

$$g_B(\omega) = \left[1 - 2(\omega - \omega_B)L_B'(\omega_B)\right]L_B^2(\omega) \tag{3.57}$$

$$\widehat{g}_A(t) = (t - t_A)L_A^2(t) \tag{3.58}$$

$$\breve{g}_B(\omega) = (\omega - \omega_B)L_B^2(\omega) \tag{3.59}$$

式中，$L_A(\cdot)$ 和 $L_B(\cdot)$ 为 Lagrange 多项式，可分别按式(3.60)和式(3.61)计算：

$$L_A(t) = \prod_{\substack{r=c \\ r \neq A}}^{c+1}\frac{t - t_r}{t_A - t_r} \tag{3.60}$$

$$L_B(\omega) = \prod_{\substack{r=b \\ r \neq B}}^{b+1}\frac{\omega - \omega_r}{\omega_B - \omega_r} \tag{3.61}$$

由于式(3.55)中存在 12 个未知的偏导数，因此需引入 12 个边界条件。若需获得 12 个边界条件的准确值，则需在每个插值点附近增加 12 个邻近点，这便导致 Cholesky 分解次数由 4 次增加为 16 次。为避免增加额外的 Cholesky 分解次数，采用 Hermite 插值的降阶表达。对于关于频率或时间的一阶偏导数，分别采用式(3.62)和式(3.68)所述加权差商进行代替。

$$\frac{\partial H_{jm}(\omega_B,t_A)}{\partial \omega} = \begin{cases} 0, & \operatorname{sgn}(K_{B-1}^{\mathrm{I}}) \neq \operatorname{sgn}(K_B^{\mathrm{I}}) \\ w_{B-1}^{\mathrm{I}}K_{B-1}^{\mathrm{I}} + w_B^{\mathrm{I}}K_B^{\mathrm{I}}, & \operatorname{sgn}(K_{B-1}^{\mathrm{I}}) = \operatorname{sgn}(K_B^{\mathrm{I}}) \end{cases} \tag{3.62}$$

式中，$\operatorname{sgn}(\cdot)$ 为奇函数，提取实数的正负号；K_υ^{I} $(\upsilon = B-1, B)$ 为区间 $[\omega_{\upsilon-1}, \omega_\upsilon]$ $(1 \leqslant \upsilon \leqslant q-1)$ 内的斜率，按式(3.63)计算；w_{B-1}^{I} 和 w_B^{I} 为权系数，分别通过式(3.64)和式(3.65)计算。

$$K_\upsilon^{\mathrm{I}} = \frac{H_{jm}(\omega_\upsilon,t_A) - H_{jm}(\omega_{\upsilon-1},t_A)}{\omega_\upsilon - \omega_{\upsilon-1}} \tag{3.63}$$

$$w_{B-1}^{\mathrm{I}} = \frac{\omega_{B+1} - 2\omega_B + \omega_{B-1}}{3(\omega_{B+1} - \omega_B)} \tag{3.64}$$

$$w_B^{\mathrm{I}} = \frac{2\omega_{B+1} - \omega_B - \omega_{B-1}}{3(\omega_{B+1} - \omega_B)} \tag{3.65}$$

对于端部关于频率的插值点，其一阶偏导数可通过式(3.66)近似获得

$$\frac{\partial H_{jm}(\omega_1,t_A)}{\partial \omega} = \frac{\omega_3 + \omega_2 - 2\omega_1}{\omega_3 - \omega_1}K_1^{\mathrm{I}} - \frac{\omega_2 - \omega_1}{\omega_3 - \omega_1}K_2^{\mathrm{I}} \tag{3.66}$$

$$\frac{\partial H_{jm}(\omega_q, t_A)}{\partial \omega} = \frac{2\omega_q - \omega_{q-1} - \omega_{q-2}}{\omega_q - \omega_{q-2}} K_{q-1}^{\mathrm{I}} - \frac{\omega_q - \omega_{q-1}}{\omega_q - \omega_{q-2}} K_{q-2}^{\mathrm{I}} \tag{3.67}$$

时频谱关于时间的偏导数可按式(3.68)估计:

$$\frac{\partial H_{jm}(\omega_B, t_A)}{\partial t} = \begin{cases} 0, & \mathrm{sgn}(K_{A-1}^{\mathrm{II}}) \neq \mathrm{sgn}(K_A^{\mathrm{II}}) \\ w_{A-1}^{\mathrm{II}} K_{A-1}^{\mathrm{II}} + w_A^{\mathrm{II}} K_A^{\mathrm{II}}, & \mathrm{sgn}(K_{A-1}^{\mathrm{II}}) = \mathrm{sgn}(K_A^{\mathrm{II}}) \end{cases} \tag{3.68}$$

式中,K_υ^{II} ($\upsilon = A-1, A$) 为区间$[t_{\upsilon-1}, t_\upsilon]$ ($1 \leqslant \upsilon \leqslant q-1$) 内的斜率,按式(3.69)计算;$w_{A-1}^{\mathrm{II}}$ 和 w_A^{II} 为权系数,分别通过式(3.70)和式(3.71)计算。

$$K_\upsilon^{\mathrm{II}} = \frac{H_{jm}(\omega_B, t_\upsilon) - H_{jm}(\omega_B, t_{\upsilon-1})}{t_\upsilon - t_{\upsilon-1}} \tag{3.69}$$

$$w_{A-1}^{\mathrm{II}} = \frac{t_{A+1} - 2t_A + t_{A-1}}{3(t_{A+1} - t_A)} \tag{3.70}$$

$$w_A^{\mathrm{II}} = \frac{2t_{A+1} - t_A - t_{A-1}}{3(t_{A+1} - t_A)} \tag{3.71}$$

对于端部关于时间的插值点,其一阶偏导数可通过式(3.72)和式(3.73)近似获得

$$\frac{\partial H_{jm}(\omega_B, t_1)}{\partial t} = \frac{t_3 + t_2 - 2t_1}{t_3 - t_1} K_1^{\mathrm{II}} - \frac{t_2 - t_1}{t_3 - t_1} K_2^{\mathrm{II}} \tag{3.72}$$

$$\frac{\partial H_{jm}(\omega_B, t_p)}{\partial t} = \frac{2t_p - t_{p-1} - t_{p-2}}{t_p - t_{p-2}} K_{p-1}^{\mathrm{II}} - \frac{\omega_p - \omega_{p-1}}{\omega_p - \omega_{p-2}} K_{p-2}^{\mathrm{II}} \tag{3.73}$$

若忽略式(3.55)中的混合偏导数,并采用前文所推导的一阶差商代替偏导数,则式(3.55)可简化为

$$H_{jm}(\omega, t) \approx \sum_{A=c}^{c+1} \sum_{B=b}^{b+1} \left\{ \left[H_{jm}(\omega_B, t_A) g_A(t) + \frac{\partial H_{jm}(\omega_B, t_A)}{\partial t} \hat{g}_A(t) \right] g_B(\omega) \right.$$
$$\left. + \frac{\partial H_{jm}(\omega_B, t_A)}{\partial \omega} g_A(t) \breve{g}_B(\omega) \right\}, \quad t_c \leqslant t \leqslant t_{c+1}, \omega_b \leqslant \omega \leqslant \omega_{b+1} \tag{3.74}$$

通过对式(3.74)分析可知,时频谱的二维 Hermite 插值函数即为8项时间函数与频率函数乘积的和,因此已实现了对时频谱的解耦。由于二维 Hermite 插值的有效区间为 $t_c \leqslant t \leqslant t_{c+1}$、$\omega_b \leqslant \omega \leqslant \omega_{b+1}$,因此需将式(3.74)拓展至全定义域内,式(3.74)可表示为

$$H_{jm}(\omega, t) \approx \sum_{c=1}^{p-1} \sum_{b=1}^{q-1} \sum_{A=c}^{c+1} \sum_{B=b}^{b+1} \left[a_{A,B}^{\mathrm{I}}(t) \varphi_B^{\mathrm{I}}(\omega) + a_{A,B}^{\mathrm{II}}(t) \varphi_B^{\mathrm{II}}(\omega) \right] \tag{3.75}$$

式中,

$$a_{A,B}^{\mathrm{I}}(t) = \begin{cases} H_{jm}(\omega_B, t_A) g_A(t) + \frac{\partial H_{jm}(\omega_B, t_A)}{\partial t} \hat{g}_A(t), & t_c \leqslant t \leqslant t_{c+1} \\ 0, & \text{其他} \end{cases} \tag{3.76}$$

$$\varphi_B^{\mathrm{I}}(\omega) = \begin{cases} g_B(\omega), & \omega_b \leqslant \omega \leqslant \omega_{b+1} \\ 0, & \text{其他} \end{cases} \tag{3.77}$$

$$a_{A,B}^{\mathrm{II}}(t) = \begin{cases} \dfrac{\partial H_{jm}(\omega_B, t_A)}{\partial \omega} g_A(t), & t_c \leqslant t \leqslant t_{c+1} \\ 0, & \text{其他} \end{cases} \tag{3.78}$$

$$\varphi_B^{\mathrm{II}}(\omega) = \begin{cases} \breve{g}_B(\omega), & \omega_b \leqslant \omega \leqslant \omega_{b+1} \\ 0, & \text{其他} \end{cases} \tag{3.79}$$

将式(3.75)代入式(3.35)，任意模拟点处的非平稳脉动风速可表示为

$$V_j(t) = 2\sqrt{\Delta\omega}\,\mathrm{Re}\left[\sum_{m=1}^{j}\sum_{c=1}^{p-1}\sum_{b=1}^{q-1}\sum_{A=c}^{c+1}\sum_{B=b}^{b+1} a_{A,B}^{\mathrm{I}}(t)\sum_{l=1}^{N}\varphi_B^{\mathrm{I}}(\omega_l)\mathrm{e}^{\mathrm{i}(\omega_l t+\phi_{ml})} + a_{A,B}^{\mathrm{II}}(t)\sum_{l=1}^{N}\varphi_B^{\mathrm{II}}(\omega_l)\mathrm{e}^{\mathrm{i}(\omega_l t+\phi_{ml})}\right] \tag{3.80}$$

将式(3.80)融入 FFT 替代三角级数求和，具体方法同式(3.37)。

3. 数值算例

采用二维 Hermite 插值法进行大跨度斜拉桥全桥风场模拟。全桥风场模拟点分布如图 3.6 所示。全桥共 261 个模拟点，包括主梁 201 个模拟点，两主塔各 30 个模拟点。根据大跨度斜拉桥抖振响应的特点，忽略拉索与墩柱上的脉动风速。

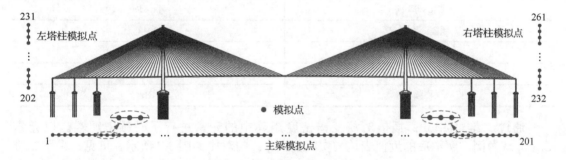

图 3.6　大跨度斜拉桥全桥风场模拟点分布

在脉动风场模拟过程中，采用脉动风经验演变谱模型作为目标演变谱，详见式(3.81)。式中，平稳随机过程的功率谱密度采用 Kaimal 谱。

$$S(n,t) = |A(n,t)|^2 S(n) \tag{3.81}$$

$$A(n,t) = \sqrt{\frac{\tilde{U}(t)}{\bar{U}}\left\{\frac{1+50\dfrac{nz}{\bar{U}}}{1+50\dfrac{nz}{\tilde{U}(t)}}\right\}^{5/3}} \tag{3.82}$$

$$\frac{nS(n)}{u_*^2} = \frac{200f}{(1+50f)^{5/3}} \tag{3.83}$$

式中，$S(n,t)$ 为演变谱密度；$A(n,t)$ 为调制函数；$S(n)$ 为平稳随机过程功率谱密度；$\tilde{U}(t)$ 为时变平均风速；$\bar{U}$ 为常量平均风速，可视为 $\tilde{U}(t)$ 在样本时长 T_0 内的均值；z 为风场模

拟点距地面的高度；n 为脉动风的频率；$f = nz / \bar{U}$ 为 Monin 坐标；$u_* = k\bar{U} / \lg(z / z_0)$ 为气流摩阻速度，k 为 Karman 常数，取 0.4，z_0 为地面粗糙高度，取 0.01。

采用式(3.84)作为 10m 高度处时变平均风速：

$$\tilde{U}(t) = 30 + 10\sin\left(\frac{2\pi}{T_0}t\right) \tag{3.84}$$

时变平均风速沿高度满足指数分布，指数系数根据《公路桥梁抗风设计规范》取 0.12。

采用 Davenport 函数的推广形式考虑脉动风的时变相干性，具体表达式为

$$\gamma_{jk}(\omega,t) = \exp\left\{-\frac{\omega[C_x^2(x_j - x_k)^2 + C_z^2(z_j - z_k)^2]^{1/2}}{\pi[\tilde{U}_j(t) + \tilde{U}_k(t)]}\right\} \tag{3.85}$$

式中，$\tilde{U}_j(t)$、$\tilde{U}_k(t)$ 分别为 j 点和 k 点的时变平均风速；C_x、C_z 分别取 16 和 10。

脉动风速的样本时长为 1024s，其他相关参数详见表 3.2。非平稳风场模拟程序在 MATLAB 2017b 平台编写，并在 Windows 7 操作系统、Intel Core i5-7500 CPU @ 3.4GHz、16GB 内存配置的计算机上运行。

表 3.2　非平稳脉动风场模拟的基本参数

相关参数	参数取值
截止频率 ω_u	4πrad/s
频率分段数 N	2048
频率增量 $\Delta\omega$	6.136×10^{-3}rad
时间增量 Δt	0.25s
采样频率 f_s	4Hz

通过二维 Hermite 插值对演变谱密度矩阵中的元素进行了时频谱解耦。以元素 $S_{11}(\omega, t)$ 为例，解耦后的近似表达与实际 $S_{11}(\omega, t)$ 的对比如图 3.7 所示。可见，采用二维 Hermite 插值解耦的 $S_{11}(\omega, t)$ 近似表达与实际 $S_{11}(\omega, t)$ 基本一致，各时间切片与频率切片均吻合较好，表明二维 Hermite 插值有效实现了 $\boldsymbol{H}$ 矩阵的时频谱解耦。

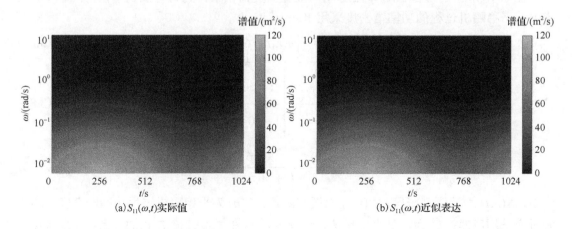

(a) $S_{11}(\omega,t)$实际值　　　　　　　　　　(b) $S_{11}(\omega,t)$近似表达

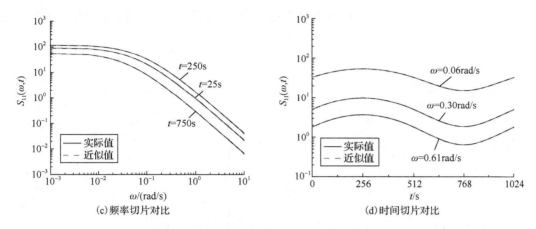

（c）频率切片对比　　　　　　　　　　　　　（d）时间切片对比

图 3.7　实际演变谱密度与插值近似表达的对比

基于二维 Hermite 插值法，模拟了图 3.6 所示大跨度斜拉桥的全桥非平稳脉动风场，其中 1 号、50 号、101 号、152 号、201 号、231 号、261 号等模拟点处的非平稳脉动风速如图 3.8 所示。

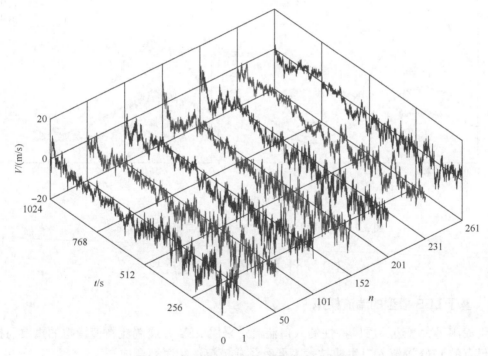

图 3.8　典型模拟点处非平稳脉动风速样本

为验证所模拟非平稳脉动风场的有效性，采用二维 Hermite 插值法生成了 2000 条风速样本，并据此计算了风速样本的演变谱密度与相关函数。将所计算的演变谱密度、相关函数分别与目标值进行了对比，其中 101 号和 231 号模拟点的结果如图 3.9 所示。图中，第 101 号模拟点位于主梁跨中，第 231 号模拟点位于左塔塔顶。由图 3.9 可知，所模拟非平稳脉动风场的演变谱密度、相关函数均与目标值吻合较好，表明模拟结果具有较高的保真度。

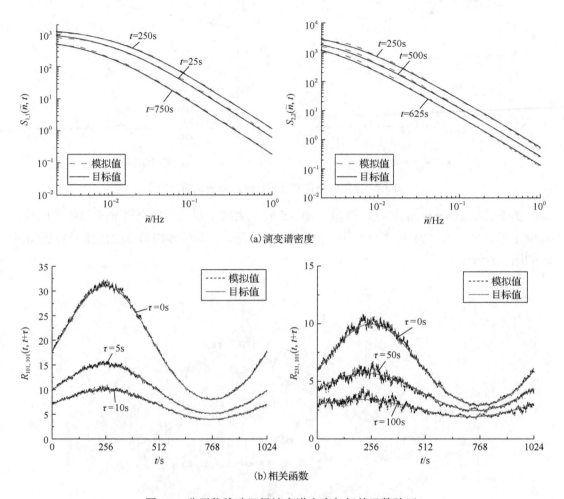

图 3.9　非平稳脉动风场演变谱密度与相关函数验证

3.2　计算流体力学方法

3.2.1　基于 LES 模型的湍流模拟

生成满足大气边界层风特性的入口湍流是采用 LES 开展湍流数值模拟的重要前提。目前已有的 LES 湍流入口生成技术主要有预前模拟法和序列合成法。

1. 预前模拟法

预前模拟法利用预前模拟的区域生成满足一定条件的湍流风场，再将该区域中提取面的风速数据加载到主模拟区域的入口处，如图 3.10 所示。

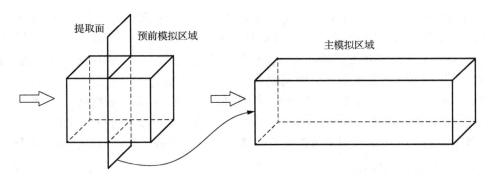

图 3.10 预前模拟法示意图

为了有效缩短计算域的长度并确保湍流的充分发展，Spalart 提出了循环预前模拟法，通过在顺流向引入周期性边界条件，在下游循环面与计算域湍流入口实现循环流动。Lund 等利用循环预前模拟法改善预前模拟风速入口，改善后的风速入口能够满足边界层高度和剪切应力的要求。在此基础上，Ferrante 等通过在入口处添加湍动能使模拟的结果更加符合模拟要求。此外，Raupach 通过在预前模拟的区域中添加粗糙元从而达到提高湍流度的目的，该种方法与风洞中模拟大气边界层较为相似。Raupach 对粗糙元的布置方式进行了参数化分析，为粗糙元的合理布设提供了参考。Nozawa 等以 Lund 的方法为基础，利用循环预前模拟法模拟了粗糙板上的湍流，模拟结果具有较高的湍流度。Tamura 等利用 Nozawa 的方法研究了山丘附近的风场，模拟结果与试验吻合较好。

2. 序列合成法

序列合成法是以某一特定风场的特性为基础，采用人工合成的方法生成湍流风场，最简单的方法则是将白噪声叠加到平均风速剖面上，其中白噪声可通过湍流强度来确定。与预前模拟法相比，序列合成法具有如下优势：①通过移除预前模拟域可实现计算开销的大幅缩减；②可实现入口边界平均风剖面与湍流统计特性的精准控制。涡扰动法、本征正交分解法、傅里叶合成法和数值滤波法是目前序列合成法中的三类主要方法。

涡扰动法是由 Chorin 提出的，由 Sergent 应用于湍流风场的模拟中。Sergent 利用拉格朗日法对涡量进行处理，生成了二维旋涡场，并将其与平均风进行叠加生成湍流，该方法能够较为准确地模拟风场的脉动情况。Mathey 对 Sergent 的方法进行了改进，采用随机发生器提高了模拟精度。

本征正交分解法是将脉动风从时间和空间维度上分解为本征模态的级数组合。Druault 等利用该方法对脉动风场进行重构，能够较好地还原功率谱和大尺度涡特性。Perred 基于该方法，利用风洞试验结果中部分测点的数据对风场进行了重构。Johansson 等基于低能-小尺度的本征正交分解法模拟了与目标功率谱和耗散率一致的湍流风场。

傅里叶合成法本质是对功率谱进行傅里叶逆变换生成风场。该方法是由 Kraichnan 提出的，能够生成各向异性的湍流。Smirnov 等和 Batten 等提出了基于 Cholesky 分解生成湍流的方法，该方法与 Kraichnan 的方法思路相似，但该方法能够更好地满足空间相关性。Davidson 等通过添加波动提高了结果的湍流度。Huang 等基于 Kraichnan 的方法，提出了离散合成随机流生成法(Discretizing and Synthesizing Random Flow Generation，DSRFG)，该方法能够较好地满足湍流度和频谱特性。Aboshosha 等和 Castro 等通过优化 DSRFG 方法，生成能够满足空间相关性的风场。Yu 等提出了窄带合成法，该方法能够严格保持大气边界层的无散度条件、空间相关性和频谱特性。

数值滤波法由 Klein 提出，该方法是利用数值滤波器，并采用随机数、二阶特性和自相关函数等参数生成风场。Kemp 等通过引入空间坐标，使得该方法能够适用于各种网格。Kim 等基于零散度约束条件对该方法进行了改进，从而提升了湍流风场的自保持性。

3.2.2　数值风洞模拟及验证

本节将以序列合成法的 NSRFG(Narrowband Synthesis Random Flow Generation)方法为例，描述大气边界层湍流的数值模拟。

在 NSRFG 方法中，LES 入口边界速度可由式(3.86)计算获得

$$v_i(\boldsymbol{x},t) = \sum_{m=1}^{M} \sqrt{2S_{v,i}(f_m)\Delta f}\,\sin\left(k_{j,m}\tilde{x}_{j,m} + 2\pi f_m t + \phi_m\right) \tag{3.86}$$

式中，v_i ($i=1,2,3$) 分别表示顺风向、横风向与竖向的风速分量；$j=1,2,3$ 分别表示坐标系的 x、y 与 z 方向；$\boldsymbol{x}=(x,y,z)$ 表示坐标向量；$S_{v,i}(f_m)$ 表示 i 方向的湍流功率谱；Δf 表示频率步长；M 为功率谱频率采样点总数；$f_m=(2m-1)\Delta f/2$；ϕ_m 为服从 $[0,2\pi]$ 区间均匀分布的随机相位；$\tilde{x}_{j,m}$ 可由式(3.87)计算：

$$\tilde{x}_{j,m} = \frac{x_j}{L_{j,m}} \tag{3.87}$$

$$L_{j,m} = \frac{U}{f_m c_j \gamma_j} \tag{3.88}$$

式中，$j=1,2,3$ 分别表示 x、y 和 z 方向；c_j 表示空间相干函数在 j 方向的衰减系数；γ_j 为空间相关性的调整因子。式(3.86)中 $k_{j,m}$ 则可由 v_i 的零散度条件获得，具体为

$$
\begin{aligned}
\nabla\bullet\boldsymbol{v}(\boldsymbol{x},t) &= \frac{\partial v_1(\boldsymbol{x},t)}{\partial x} + \frac{\partial v_2(\boldsymbol{x},t)}{\partial y} + \frac{\partial v_3(\boldsymbol{x},t)}{\partial z} \\
&= \sum_{m=1}^{M} \sqrt{2S_{v,1}(f_m)\Delta f}\,\frac{k_{1,m}}{L_{1,m}}\cos\left(k_{j,m}\frac{x_{j,m}}{L_{j,m}} + 2\pi f_m t + \phi_m\right) \\
&\quad + \sum_{m=1}^{M} \sqrt{2S_{v,2}(f_m)\Delta f}\,\frac{k_{2,m}}{L_{2,m}}\cos\left(k_{j,m}\frac{x_{j,m}}{L_{j,m}} + 2\pi f_m t + \phi_m\right) \\
&\quad + \sum_{m=1}^{M} \sqrt{2S_{v,3}(f_m)\Delta f}\,\frac{k_{3,m}}{L_{3,m}}\cos\left(k_{j,m}\frac{x_{j,m}}{L_{j,m}} + 2\pi f_m t + \phi_m\right) \\
&= \sum_{m=1}^{M}\left(p_{1,m}\frac{k_{1,m}}{L_{1,m}} + p_{2,m}\frac{k_{2,m}}{L_{2,m}} + p_{3,m}\frac{k_{3,m}}{L_{3,m}}\right)\cos\left(k_{j,m}\frac{x_{j,m}}{L_{j,m}} + 2\pi f_m t + \phi_m\right)
\end{aligned}
\tag{3.89}
$$

式中，$p_{i,m} = \sqrt{2S_{v,i}(f_m)\Delta f}$，$i = 1,2,3$。为满足速度零散度条件，由式(3.89)可推出如下关系：

$$p_{1,m}\frac{k_{1,m}}{L_{1,m}} + p_{2,m}\frac{k_{2,m}}{L_{2,m}} + p_{3,m}\frac{k_{3,m}}{L_{3,m}} = 0 \tag{3.90}$$

除式(3.90)中条件外，向量 $\boldsymbol{k}_m = (k_{1,m}, k_{2,m}, k_{3,m})$ 应均匀地分布在单位球面上，故在 NSRFG 方法中 $\boldsymbol{k}_m$ 应满足如下关系以确保速度零散度条件：

$$\begin{cases} p_{1,m}\dfrac{k_{1,m}}{L_{1,m}} + p_{2,m}\dfrac{k_{2,m}}{L_{2,m}} + p_{3,m}\dfrac{k_{3,m}}{L_{3,m}} = 0 \\ |\boldsymbol{k}_m| = 1 \end{cases} \tag{3.91}$$

由式(3.91)可知，$\boldsymbol{k}_m$ 此时应均匀地分布于空间圆环上。因此，空间圆环的参数方程可用于计算 NSRFG 方法中的 $\boldsymbol{k}_m$ 向量，具体为

$$\begin{cases} k_{1,m} = -\dfrac{d_{2,m}^2 + d_{3,m}^2}{A_m}\sin\theta \\ k_{2,m} = \dfrac{d_{1,m}d_{2,m}}{A_m}\sin\theta + \dfrac{d_{3,m}}{B_m}\cos\theta \\ k_{3,m} = \dfrac{d_{1,m}d_{3,m}}{A_m}\sin\theta - \dfrac{d_{2,m}}{B_m}\cos\theta \end{cases} \tag{3.92}$$

$$d_{i,m} = p_{i,m} / L_{i,m}, \quad i = 1,2,3$$

$$A_m = \sqrt{\left(d_{2,m}^2 + d_{3,m}^2\right)^2 + d_{1,m}^2 d_{2,m}^2 + d_{1,m}^2 d_{3,m}^2}$$

$$B_m = \sqrt{d_{2,m}^2 + d_{3,m}^2}$$

式中，θ 为 $[0, 2\pi]$ 上服从均匀分布的随机数。式(3.92)中的 $\boldsymbol{k}_m$ 可以确保湍流入口满足速度零散度条件，且 $\boldsymbol{k}_m$ 计算较 DSRFG 与 CDRFG 方法更为简洁，有效提升了算法的计算效率。

采用 Fluent 的用户自定义函数(User Defined Function，UDF)功能嵌入 NSRFG 方法，以实现大气边界层 LES 入口湍流的生成。UDF 基于 C 语言进行编程，并通过 Fluent 内置的宏实现相应的计算功能。图 3.11 给出了 Fluent 中 NSRFG 方法的实现流程。

基于上述算法，开展了湍流大气边界层数值风洞模拟，并对所编写的入口湍流生成代码进行了验证。数值算例中湍流大气边界层风特性参数选取如下。

1. 平均风速

$$U(z) = U_{\text{ref}}\left(\frac{H_{\text{ref}}}{z}\right)^{\alpha} \tag{3.93}$$

式中，U_{ref} 为参考风速；H_{ref} 为参考高度。

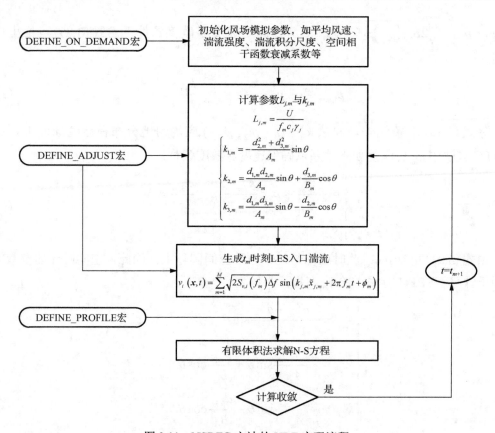

图 3.11　NSRFG 方法的 UDF 实现流程

2. 湍流强度

$$I_u\left(z\right) = I_{\text{ref}}\left(\frac{z}{10}\right)^{-\alpha}$$

$$I_v\left(z\right) = I_u\left(z\right)\frac{\sigma_v}{\sigma_u} \qquad\qquad (3.94)$$

$$I_w\left(z\right) = I_u\left(z\right)\frac{\sigma_w}{\sigma_u}$$

式中，I_{ref} 为参考湍流强度。

3. 湍流积分尺度

$$L_u\left(z\right) = 300\left(\frac{z}{300}\right)^{0.46+0.074\ln z_0}$$

$$L_v\left(z\right) = 0.5\left(\frac{\sigma_v}{\sigma_u}\right)^3 L_u\left(z\right) \qquad\qquad (3.95)$$

$$L_w\left(z\right) = 0.5\left(\frac{\sigma_w}{\sigma_u}\right)^3 L_u\left(z\right)$$

4. 湍流功率谱密度

$$S_u(z,f) = \frac{4\left[I_u U(z)\right]^2\left[L_u(z)/U(z)\right]}{\left\{1+70.8\left[fL_u(z)/U(z)\right]^2\right\}^{5/6}}$$

$$S_v(z,f) = \frac{4\left[I_v U(z)\right]^2\left[L_v(z)/U(z)\right]\left\{1+188.4\left\{2f\left[L_v(z)/U(z)\right]\right\}^2\right\}}{\left\{1+70.8\left[fL_v(z)/U(z)\right]^2\right\}^{11/6}} \quad (3.96)$$

$$S_w(z,f) = \frac{4\left[I_w U(z)\right]^2\left[L_w(z)/U(z)\right]\left\{1+188.4\left\{2f\left[L_w(z)/U(z)\right]\right\}^2\right\}}{\left\{1+70.8\left[fL_w(z)/U(z)\right]^2\right\}^{11/6}}$$

式(3.94)中，取 $\alpha = 0.22$；式(3.95)中，取 $z_0 = 0.7\,\mathrm{m}$；式(3.93)～式(3.96)中其他参数定义如下：

$$\frac{\sigma_v}{\sigma_u} = 1 - 0.22\cos^4\left(\frac{\pi}{2}\frac{z}{h}\right)$$

$$\frac{\sigma_w}{\sigma_u} = 1 - 0.45\cos^4\left(\frac{\pi}{2}\frac{z}{h}\right) \quad (3.97)$$

$$h = \frac{u_*}{6f}$$

$$f = 2\Omega\sin\phi$$

式中，$\Omega = 72.6\times10^{-6}\,\mathrm{rad/s}$；$\phi$ 表示地理纬度，此处取 31.23°（南京）。模拟点 i 与 j 的空间相关性可由式(3.98)计算：

$$R_{i,j} = \sum_m \sqrt{S_{\delta,i}(f_m)S_{\delta,j}(f_m)}\exp\left[\frac{-c_\delta^k\left|y_i-y_j\right|f_m}{U(z)}\right], \quad \delta = u,v,w,\quad k = x,y,z \quad (3.98)$$

式中，c_δ^k 为 δ 向风速分量沿 k 坐标方向的衰减系数，模拟时取 $c_1 = c_\delta^x = 8$，$c_2 = c_\delta^y = 10$，$c_3 = c_\delta^z = 15$，并取式(3.88)中 $\gamma_1 = 3.2$，$\gamma_2 = 1.6$，$\gamma_3 = 1.4$。数值模拟算例为无障碍物的边界层流动，计算域大小与物理边界条件如图 3.12 所示。

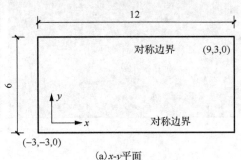

(a)x-y平面

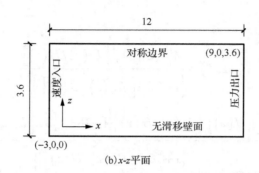

(b) x-z 平面

图 3.12 计算域与物理边界条件(单位:m)

对图 3.12 所示计算域进行结构化网格划分,对无滑移壁面边界划分边界层网格,取第一层网格厚度 0.006 m,网格总数 160 万。与 RANS 不同,LES 无法对网格分辨率给出明确要求,网格无关性检验对 LES 并不适用,其原因主要有以下两点:①LES 计算量巨大,网格尺寸减半会导致计算时长增加 16 倍;②增加网格的分辨率,可使 LES 解析更小尺度的湍流涡结构,湍动能也将在网格达到 DNS 分辨率时得以收敛,因此 LES 往往根据实际计算能力的大小来确定网格的分辨率。

模拟时先采用 RANS 进行稳态计算(湍流模型选为 SST k-ω),再采用 LES 进行瞬态分析,设置变量与连续性方程残差小于 10^{-5} 为收敛标准,离散与插值格式设置见表 3.3。

表 3.3 数值模拟离散与插值方案

计算步骤	梯度插值	动量方程	湍流模型方程	P-U 耦合求解	时间离散
RANS	最小二乘法	中心差分	中心差分	SIMPLEC	Backward Euler
LES	最小二乘法	二阶迎风	二阶迎风	PISO	Backward Euler

湍流大气边界层模拟在配置为 96 核 Intel(R) Xeon(R) Platinum 8163 CPU @ 2.50 GHz 的工作站上完成,采用 24 核并行计算。数值模拟中,取参考高度 H_{ref}=0.6096m,对应的参考风速 U_{ref}=11.2m/s,参考湍流强度 I_{ref}=0.23;取式(3.86)中频率采样点总数 M=1000,Δf = 0.2 Hz。LES 时间步长为 0.002s,时间步总数为 13000,模拟时长为 26s,取后 20s 的模拟结果进行数据分析,模拟总耗时 96h。LES 湍流入口各风向瞬时速度如图 3.13 所示。

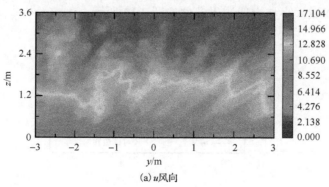

(a) u 风向

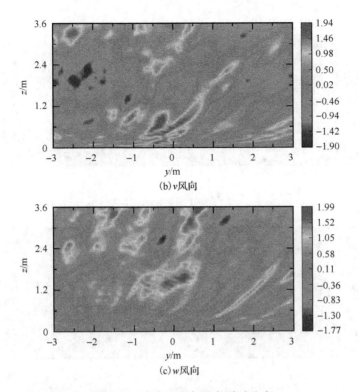

(b)v风向

(c)w风向

图 3.13　湍流入口各风向瞬时速度

在图 3.13(a)中，顺风向风速存在较大尺度的光滑结构。在图 3.13(b)、(c)中，横风向和竖向风速则呈现出尺度较小的粒状结构，这些人工合成的湍流结构在计算域中进一步发展为大气边界层湍流。为展示流场在计算域中的发展状况，以 $y=0$ 切平面为例，图 3.14 对切平面上的各风向速度场进行了示意(以下若无特殊说明，流场变量均采用国际标准单位制)。

在图 3.14(a)中，顺风向风速整体随着高度的增加而增加，体现了大气边界层近地面梯度风特征。在图 3.14(b)、(c)中，速度入口附近的横风向和竖向风速呈现出小尺度斑点状结构，该结构随着流场的发展逐步演化为向上倾斜的条状结构，该现象与近壁面形成的湍流相干结构有关。

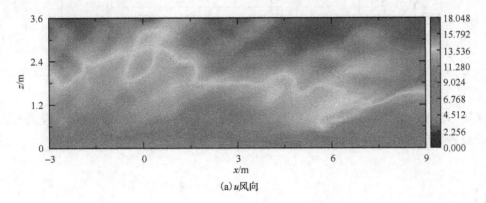

(a)u风向

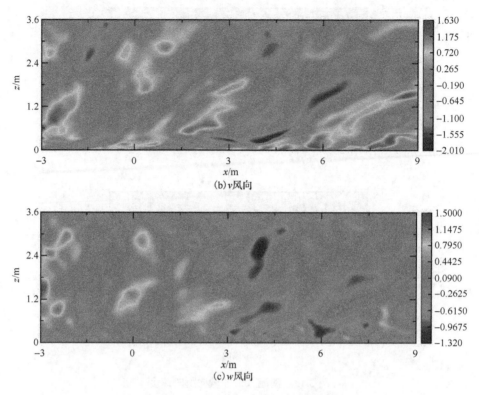

图 3.14　各风向瞬时速度（$y=0$ 切平面）

　　为进一步验证流场中平均风速、湍流强度及功率谱密度等风场特性，在空域入口及内部分别设置监测线与监测点，测点布设情况如图 3.15 所示。

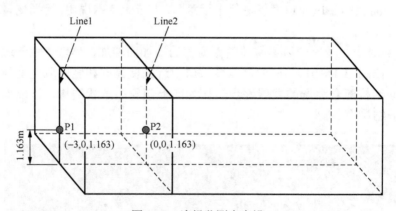

图 3.15　流场监测点布设

　　采用 NSRFG 法作为 LES 入口湍流生成方法，对测点及测线上的速度分量进行监测，其中测点各方向湍流速度分量如图 3.16 与图 3.17 所示。

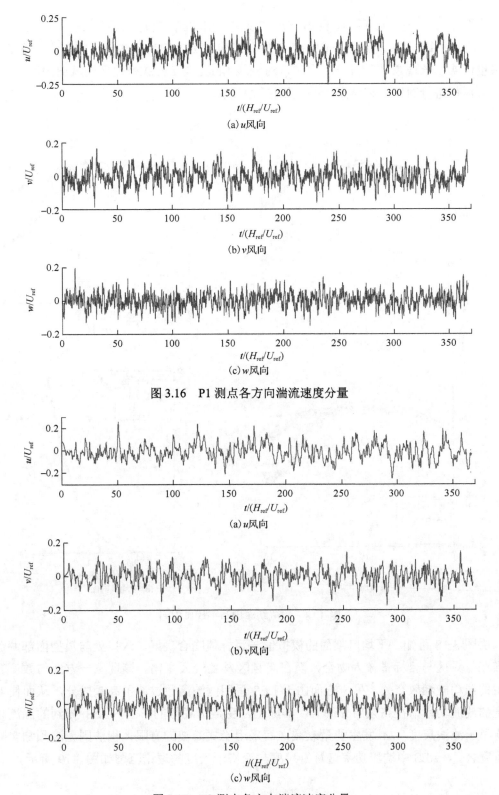

(a) u 风向

(b) v 风向

(c) w 风向

图 3.16　P1 测点各方向湍流速度分量

(a) u 风向

(b) v 风向

(c) w 风向

图 3.17　P2 测点各方向湍流速度分量

　　由图 3.16 与图 3.17 可知，随着湍流的发展，湍动能（$E(k)$）在流域内逐步耗散，因此与 P2 测点相比，P1 测点各方向湍流速度分量包含更多的高频成分，功率谱密度的分析结果也证实了该现象（图 3.18）。同时，对测线 Line1 与 Line2 处的平均风剖面进行计算，并与目标值进行对比，将结果一并置于图 3.18 中。

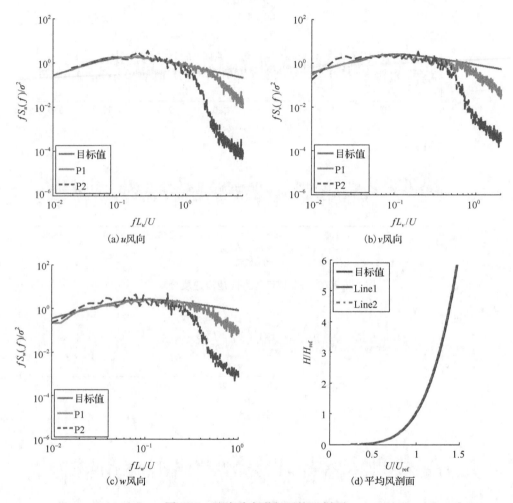

(a) u 风向　　　　　　　　　　　　　　　　(b) v 风向

(c) w 风向　　　　　　　　　　　　　　　　(d) 平均风剖面

图 3.18　湍流功率谱与平均风剖面

　　由图 3.18 可知，平均风剖面的模拟值与目标值吻合良好。入口处与模型内部湍流功率谱在低频区与目标谱较为吻合，而在高频区发生较大变化。该现象一方面与数值算法产生的湍动能耗散有关，另一方面由于 LES 采用滤波函数过滤了高频成分，从而使 LES 得到的湍流功率谱在高频部分偏低。实际上，受数值耗散的影响，LES 得到的湍流功率谱将早于滤波尺度 $1/\Delta$ 发生能量衰减，而采用隐式滤波的有限体积法则无法预知实际滤波宽度 Δ_{eff}，LES 中湍流功率谱解析尺度与亚格子尺度的理论范围如图 3.19 所示。

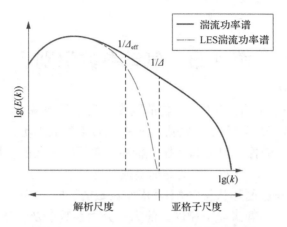

图 3.19　经 LES 解析的湍流功率谱示意图

实际工程应用时，应确保流体的关键动力学特性在 LES 解析尺度内，从而减小 LES 滤波与数值耗散对所分析问题的影响。

除功率谱密度外，湍流强度对大跨度索承桥梁的抖振响应也具有较大影响。因此，根据湍流强度的定义，计算了监测线 Line1 与 Line2 位置的湍流强度剖面，并与目标值进行了对比，结果如图 3.20 所示。图中，H 表示高度，I_u、I_v 与 I_w 分别表示三向湍流强度。

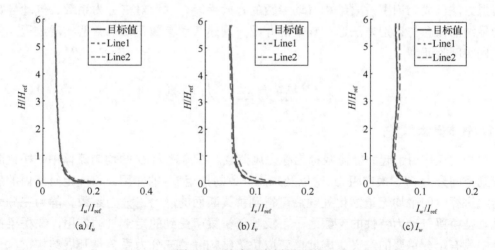

图 3.20　湍流强度剖面对比

由图 3.20 可知，由 NSRFG 方法计算所得湍流强度剖面与目标值吻合良好，进一步验证了上述模拟结果的可靠性。总体上，采用 NSRFG 方法模拟所得湍流大气边界层的平均风剖面、湍流强度剖面与湍流功率谱密度均与目标值吻合良好，该方法可为后续桥梁抖振响应数值模拟提供有效的湍流场。

第4章　气动参数识别

随着现代桥梁跨径的不断增大，结构的刚度和阻尼显著减小，抗风安全成为控制桥梁结构设计和施工非常关键的因素。桥梁结构的气动参数是描述其气动性能的重要参数，在静风稳定性、颤振、驰振、抖振和涡振分析中起着至关重要的作用。

静力三分力系数、气动导数、气动导纳函数等气动参数是风振分析所需的基础参数。静力三分力系数主要与截面形状相关(不考虑雷诺数的影响)，形状相同而尺寸不同的截面，所受的无量纲化后的静风荷载相同。静力三分力系数以及它随风攻角变化的曲线斜率是计算经气动导纳修正后的 Davenport 非定常抖振力的必要参数。气动导数是桥梁颤振分析中非常重要的无量纲参数，是计算桥梁断面气动自激力的必要数据。气动导纳函数一般是关于频率的表达式，用以考虑湍流风速的频率特性对非定常抖振力的影响。

气动参数作为结构气动力计算的重要参量，一般可通过风洞试验获得。通过建立主要受风构件的节段模型，并对其气动力和动力响应进行风洞试验，从而获取主要受风构件的气动参数。但随着计算机技术的迅猛发展和 CFD 技术的完善，基于 CFD 技术的数值模拟方法已成为识别桥梁结构气动参数的有效手段。本章对三分力系数、气动导数及气动导纳的概念与识别方法进行详细的介绍，阐述气动参数识别的数值实现过程，并开展工程实例验证。

4.1　静力三分力系数

4.1.1　基本概念

由平均风作用引起的静荷载称为静力风荷载。在流速为 U 的均匀流体中，桥梁断面将受到竖向升力 F_L、横向阻力 F_D 以及来流导致的扭矩 M_T 的作用。将一定时间内的静力风荷载进行时间平均无量纲化处理后可得到桥梁断面的静力三分力系数。静力三分力系数是表征桥梁气动力特性的参数之一，反映了桥梁所受到的定常气动作用，在桥梁抗风设计中具有十分重要的意义。因此，获取桥梁结构静力三分力系数是开展结构抗风分析的基本前提。桥梁断面在体轴坐标系下的静力三分力如图 4.1 所示，桥梁断面静力三分力系数表述如下。

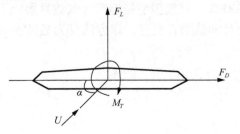

图 4.1　体轴坐标下的静力三分力

(1) 阻力系数：

$$C_D(\alpha) = \frac{2F_D}{\rho U^2 D} \tag{4.1a}$$

(2) 升力系数：

$$C_L(\alpha) = \frac{2F_L}{\rho U^2 B} \tag{4.1b}$$

(3) 扭矩系数：

$$C_M(\alpha) = \frac{2M_T}{\rho U^2 B^2} \tag{4.1c}$$

式中，ρ、U 分别为空气密度、势流流速；B、D 分别为主梁断面宽度和高度；F_D、F_L、M_T 为单位展长主梁断面所受阻力、升力和扭矩；α 为风攻角。

4.1.2　数值求解方法与验证

1. 基本步骤

采用 CFD 求解器开展主梁断面三分力系数求解总体可分为以下三个步骤。

(1) 确定合适的几何缩尺比，建立 CFD 求解用的数值模型；

(2) 设置数值模型的求解参数，监控主梁断面的升力、阻力及扭矩；

(3) 根据三分力监测结果及来流风速反算主梁断面的静力三分力系数。

2. 验证

以宽度为 0.45m、厚度为 0.02m 的薄平板为研究对象开展静力三分力系数的数值识别及验证。计算扭矩的参考点并将其设在平板断面几何形心处，模型尺寸如图 4.2 所示。

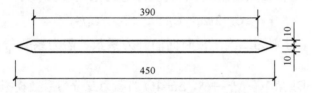

图 4.2　平板断面气动参数计算模型(单位：mm)

基于 CFD 软件对该薄平板断面开展静力三分力系数计算时，为保证模拟精度、提高计算效率和合理刻画近壁面流场特征，选用 SIMPLEC 数值算法进行求解，雷诺数取为 50000，模拟时假设空气为定常不可压缩流体，湍流模型采用 SST k-ω 模型。

数值模拟中将平板二维模型计算域设为 7.2m×10.8m。平板中心距上、下、左、右四个边的距离分别为 3.6m、3.6m、3.6m 和 7.2m，计算域及网格划分情况如图 4.3 所示，边界条件设置见表 4.1。计算域入口风速设为 5m/s。

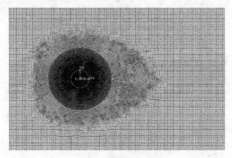

(a) 平板断面计算域

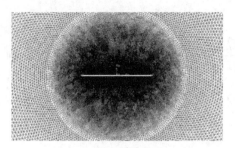
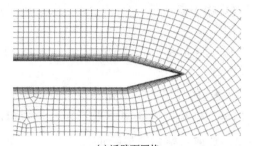

(b)平板断面细部网格　　　　　　　　　　　　　　(c)近壁面网格

图 4.3　二维薄板断面计算域及网格划分

表 4.1　计算域边界条件

计算域边界	边界条件
入流面	速度入口边界条件(湍流强度=0.5%、湍流黏度比=2、风速=5m/s)
出流面	压力出口边界条件(湍流强度=0.5%、湍流黏度比=2、静压=0)
模型表面	无滑移壁面边界条件
计算域上下边界	无滑移壁面边界条件

理想流体中二维薄板在风轴体系下的静力三分力系数可表示为

$$C_L=2\pi\alpha, \quad C_D=0, \quad C_M=-C_L/4 \tag{4.2}$$

式中，C_L、C_D 和 C_M 分别为二维平板断面的升力系数、阻力系数与扭矩系数；α 为风攻角。

二维薄板在不同攻角下($-6°\sim+6°$，$\Delta\alpha=1°$)的静力三分力系数模拟结果及与理想流体绕流理论解的对比如图 4.4 所示。由图 4.4 可知，采用 SST $k\text{-}\omega$ 湍流模型对二维薄板静力三分力系数进行数值模拟的结果与理论解吻合较好。

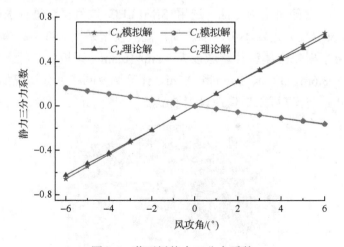

图 4.4　薄平板静力三分力系数

4.1.3　数值算例

1. 典型流线型箱梁三分力系数识别

典型流线型箱梁数值计算模型如图 4.5 所示,在对其建立嵌套网格模型时,考虑了悬挑人行道板与栏杆,忽略了车道护栏以及横梁腹板、横梁加劲肋和钢梁加劲肋等横向构件。模型几何缩尺比为 1/80,成桥状态主梁气动参数数值模拟主要参数详见表 4.2。

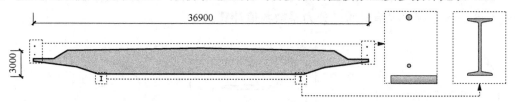

图 4.5　典型流线型箱梁断面(单位:mm)

表 4.2　数值计算模型参数

参数	实桥值	模型值
梁宽	36.900m	0.461m
梁高	3.000m	0.038m
质量	2.668×10^{4}kg/m	4.618kg/m
质量惯性矩	3.688×10^{6}kg·m	0.090kg·m
竖向振动频率	0.120Hz	9.604Hz
扭转振动频率	0.240Hz	19.245Hz

设置上、下侧边界距离箱梁中心均为 $10B$,入口、出口分别距模型中心 $10B$、$20B$,阻塞率为 1.0%。各边界设置如下:速度入口处湍流强度设为 0.5%,湍流黏性比为 2%;出口边界条件采用压力出口;上、下侧采用滑移壁面边界条件;箱梁表面采用无滑移边界条件。图 4.6 展示了流线型箱梁的计算域及边界条件。采用雷诺平均法对流场进行求解,采用 SST k-ω 模型进行湍流模拟。离散格式选择二阶迎风格式,流体力学方程采用速度-压力解耦的 SIMPLEC 算法求解。

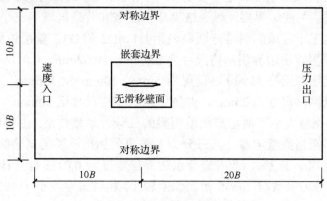

图 4.6　计算域及边界条件示意

为得到一套高质量的网格，对嵌套区域形状、不同区域网格大小、网格类型及计算时间步长对三分力系数的影响开展了敏感性分析。流线型箱梁在 0°风攻角下升力系数与扭矩系数数值过小，故本节选取 5°攻角开展箱梁敏感性分析。

国内外学者在进行桥梁风振响应求解时，所采用动网格区域的形状并不一致，为分析嵌套区域形状对风振分析结果的影响，分别设置了圆形嵌套区域、矩形嵌套区域与椭圆形嵌套区域，其具体尺寸如图 4.7 所示。保持各区域网格尺寸与数值模拟时间步长一致，开展不同嵌套区域形状箱梁的三分力系数数值计算。

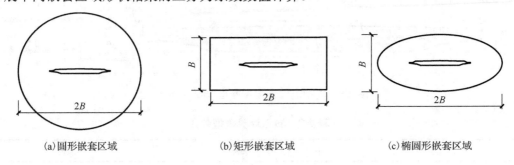

(a)圆形嵌套区域　　　　　　(b)矩形嵌套区域　　　　　　(c)椭圆形嵌套区域

图 4.7　嵌套区域形状及尺寸

不同嵌套区域形状下典型流线型箱梁的三分力系数结果见表 4.3。相比于网格数量最多的圆形嵌套区域，矩形嵌套区域与椭圆形嵌套区域三分力系数的模拟结果差异较小，均在 1%以下。这说明嵌套区域形状对数值模拟结果影响较小。因此，在保证计算精度的前提下，选取网格数量最少的椭圆形区域作为后续计算的嵌套区域。

表 4.3　不同嵌套区域形状下典型流线型箱梁的三分力系数

嵌套区域形状	阻力系数	升力系数	扭矩系数	网格数量($\times 10^3$)
圆形	1.0595	0.3252	0.0546	208
矩形	1.0573	0.3248	0.0544	204
椭圆形	1.0580	0.3250	0.0544	202

在确定好嵌套区域形状后，进一步分析不同网格大小对三分力系数数值模拟结果的影响。分析中，重点关注边界层区域、嵌套边界区域和背景区域等三个区域的网格大小。为便于区分，将这三个区域的网格分别命名为 D1、D2 和 D3。首层边界层网格厚度应小于 0.032mm，故设置首层边界层网格尺寸为 0.03mm、0.02mm、0.01mm 以及 0.005mm。根据经验，将嵌套区域网格大小分别设置为 5mm、10mm 和 15mm。为了减少计算域网格总数，设置背景网格尺寸为 25mm，并继续增大网格尺寸至 50mm、100mm。

表 4.4 为不同网格大小下典型流线型箱梁的三分力系数结果。由表可知，随着边界层网格厚度的减小，网格数量增多，其三分力系数也更加接近风洞试验结果。工况 2 的三分力系数相对偏差均小于 1%，故确定首层边界层厚度为 0.01mm。当嵌套区域网格尺寸为 10mm 时，其三分力系数与工况 5 相比偏差较小，相对偏差均小于 1%，因此选取 10mm大小的嵌套网格用于后续计算。当背景网格尺寸为 25mm、50mm 与 100mm 时，其三分

力系数基本一致。在现有计算域范围内，为保证各区域网格尺寸增长率一致，不宜继续增大背景网格尺寸，故确定背景网格尺寸为 100mm。

表 4.4　不同网格大小下典型流线型箱梁的三分力系数

工况编号	网格区域	首层边界层网格尺寸/mm	阻力系数	升力系数	扭矩系数
1	D1	0.005	1.0583	0.3247	0.0543
2		0.01	1.0580	0.3250	0.0544
3		0.02	1.0523	0.3270	0.0574
4		0.03	1.0486	0.3342	0.0594
5	D2	5	1.0585	0.3248	0.0546
6		10	1.0580	0.3250	0.0544
7		15	1.0455	0.3262	0.0586
8	D3	25	1.0582	0.3251	0.0544
9		50	1.0580	0.3250	0.0544
10		100	1.0580	0.3249	0.0544

表 4.5 为不同网格类型下典型流线型箱梁的三分力系数结果。可知，采用结构网格、非结构网格和混合网格计算所得三分力系数结果相差很小。结构网格数量最少，但其计算时间最长，且网格划分困难；非结构网格计算时间最短，网格适应性好，但其精度稍有偏差；混合网格数量中等，计算时间较快，且网格适应性强于结构网格。因此，统一采用混合网格对后续箱梁风振响应进行数值模拟。

表 4.5　不同网格类型下典型流线型箱梁的三分力系数

网格类型	阻力系数	升力系数	扭矩系数	网格数（×10³）
结构网格	1.0579	0.3250	0.0544	199
非结构网格	1.0542	0.3251	0.0546	220
混合网格	1.0580	0.3250	0.0544	202

表 4.6 为不同时间步长下典型流线型箱梁的三分力系数结果。由表 4.6 可知，当时间步长小于 0.001s 时，三分力系数计算结果基本稳定。

表 4.6　不同时间步长下典型流线型箱梁的三分力系数

时间步长/s	阻力系数	升力系数	扭矩系数
0.005	1.0466	0.3378	0.0535
0.001	1.0580	0.3250	0.0544
0.0005	1.0580	0.3248	0.0546
0.00001	1.0581	0.3246	0.0546

　　由于自然风攻角多小于 5°, 遂选取典型流线型箱梁在-5°～+5°攻角下的三分力系数进行计算, 并与风洞试验结果进行对比, 如图 4.8 所示。

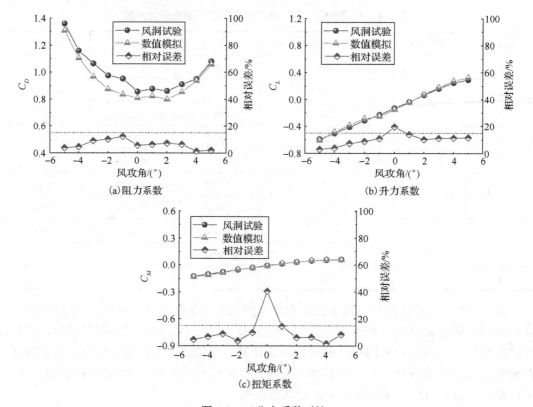

图 4.8　三分力系数对比

　　由图 4.8 可知, 无论风攻角是正还是负, 阻力系数、升力系数与扭矩系数绝对值均随风攻角的增大而增大。除 0°风攻角下升力系数与扭矩系数, 其余各工况三分力系数的数值模拟值与风洞试验值相对误差均小于 15%, 且变化趋势大体相同。因此, 三分力系数识别结果具有较高的精度。

2. 赫章特大桥主梁三分力系数识别

　　赫章特大桥上部结构为(3×40+3×40+3×40+96＋2×180+96+5×30)m 预应力混凝土连续刚构加先简支后连续 T 梁。桥梁下部结构中主墩为双肢薄壁墩, 引桥除八号墩为薄壁墩外其余均为双柱式桥墩, 主墩最高达 195m。其各部分构造示意如图 4.9 和图 4.10 所示。

　　建立桥梁三维数值风洞模型, 每幅桥面各分为 6 分段, 其中桥墩顶部分为一段, 主桥均分为 5 段, 每幅桥面分为迎风侧(Y)和背风侧(B), 数值风洞模型及分块编号见图 4.11。以 11 号墩对应的主桥断面为例, 开展三分力系数识别。

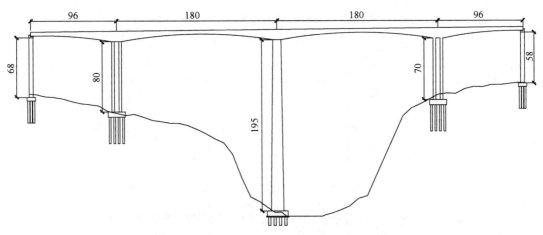

图 4.9　赫章特大桥总体布置图（单位：m）

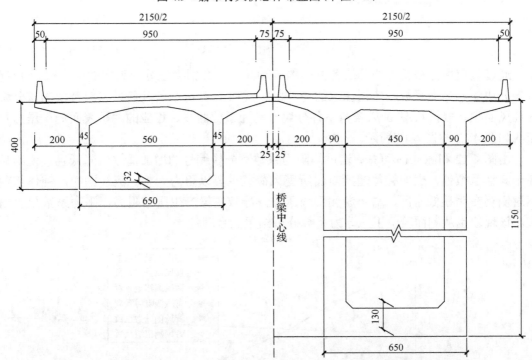

图 4.10　赫章特大桥主梁标准横断面布置图（单位：cm）

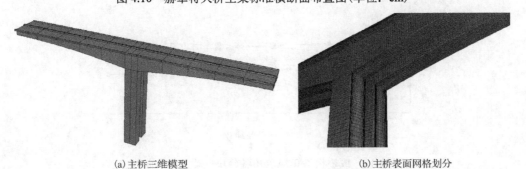

(a) 主桥三维模型　　　　　　　　　　　(b) 主桥表面网格划分

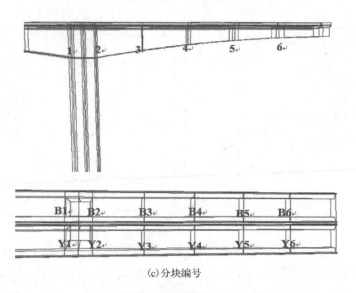

(c)分块编号

图 4.11　数值风洞模型及分块编号

　　通过数值模拟获得每个分块各方向的气动荷载，并根据三分力系数的定义式(4.1)计算各分块的三分力系数。值得注意的是，此时式(4.1)分母中的几何长度应替换为该分块的迎风面积。成桥状态 0°风攻角下各分块气动力系数曲线、相应的主桥表面流场压力及流线如图 4.12 与图 4.13 所示。

　　由图 4.12 和图 4.13 可知，迎风侧阻力系数随分块编号的增加而逐渐降低且数值明显高于其他系数值，表明钝体箱梁断面所受风荷载主要以阻力为主。流线图中，钝体箱梁下游侧存在明显低压区，与上游侧形成压差，导致主梁产生压差阻力，阻力系数显著增大。该现象也从侧面验证了三分力系数分析结果的合理性。

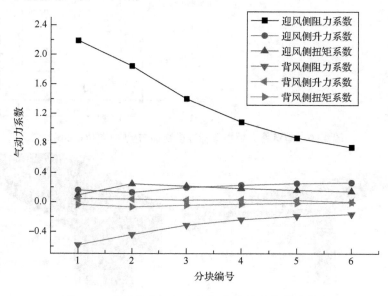

图 4.12　成桥状态 0°风攻角各分块气动力系数曲线

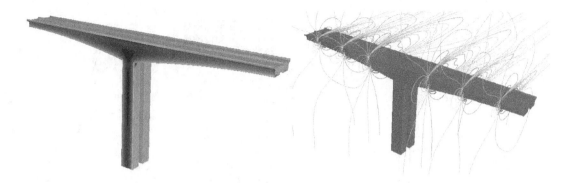

图 4.13　成桥状态 0°风攻角主桥表面压力及流场剖面显示

3. 泰州大桥中塔气动参数识别

泰州大桥中跨桥塔为三塔柱的复杂空间结构，各桥塔塔柱之间存在强烈的气流相互干扰，流场将变得非常复杂。因此，借助数值模拟技术，通过建立三维桥塔区域几何模型、网格划分及流场求解，获得不同风向角下的流场，从而可获得桥塔各部位的风荷载参数。试验中横桥向为 0°，考虑风向在 0°～90°范围内变化，各工况风向角间隔 15°。

为了准确模拟流场，结构几何建模如下：桥塔主体结构完全按照设计图纸建模，桥面取合适长度进行建模。对桥塔及周围的流场区域进行分块网格划分，网格数量约为 600万。中塔柱局部网格划分如图 4.14 所示。

图 4.14　中塔柱局部网格划分图

定义 x 轴为风的来流风向，y 轴为竖直向上方向，结果列出了来流风阻系数、侧向及竖向风荷载系数。通过数值模拟获得每分块各方向的气动荷载，从而可计算得到气动参数。

边塔分为左右两个塔柱，从上到下共分为 6 块，其中 1～4 分块为桥面以上部分，5 分块为桥面以下部分，6 分块分为 a、b 两块，桥塔分块情况如图 4.15 所示。

通过流场的数值求解，获得各分块的气动荷载，从而可得到各分块不同风向下的三分力型系数。为进一步验证数值模拟的合理性，将各分段的三分力系数识别结果与试验结果进行对比，结果如图 4.16～图 4.18 所示。

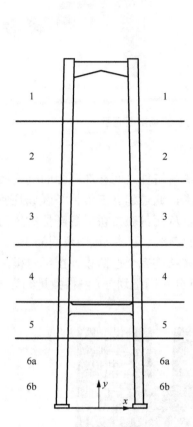

图 4.15　桥塔分块示意图

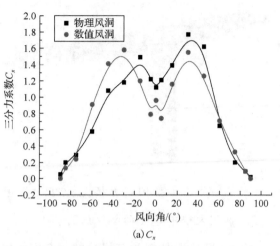

图 4.16　分块 1 三分力系数对比曲线

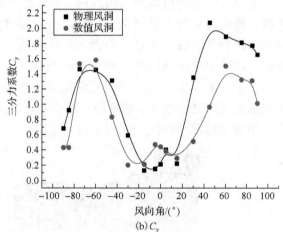

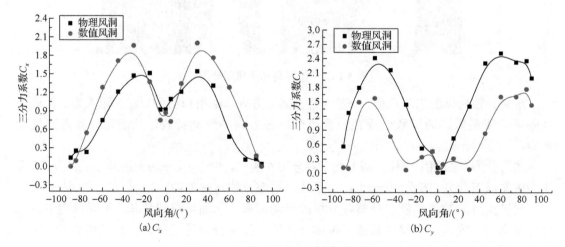

图 4.17　分块 3 三分力系数对比曲线

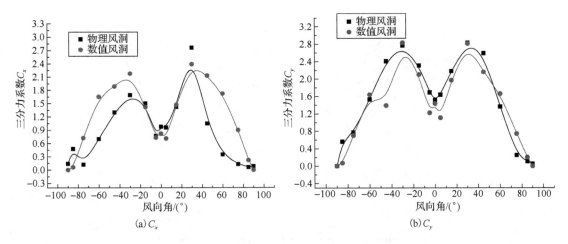

图 4.18　分块 5 三分力系数对比曲线

由图 4.16～图 4.18 可知，各分段三分力系数的模拟值与风洞试验结果较为吻合，表明数值模拟结果合理可靠。同时体型系数以 0°风向角为中心呈对称状分布，当风向角位于-40°～40°时，体型系数达到峰值。

4. 九堡大桥主副拱气动参数识别

九堡大桥全桥孔跨布置为 (55+9×85+90) m（南侧引桥，85m 梁等截面连续箱梁）+(3×210) m（主桥，结合梁断面梁拱组合体系拱桥）+(90+2×85+55) m（北侧引桥，主跨 85m 梁等截面连续箱梁），桥梁全长 1855m，桥梁总体布置及主梁断面分别如图 4.19 和图 4.20 所示。

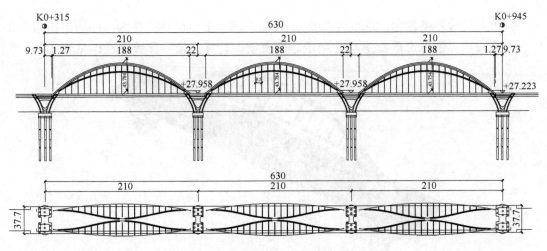

图 4.19　九堡大桥主桥总体布置图（单位：m）

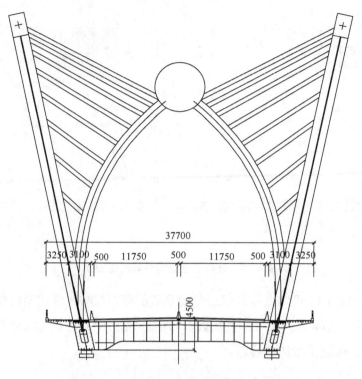

图 4.20　九堡大桥主桥断面图(单位：mm)

　　为了准确模拟全桥的三维流场，结构几何建模如下：拱肋主体结构完全按照设计图纸建模，考虑拱肋间的横向连接构件，桥面及墩台结构基本按照实际尺寸建模，由于桥面的局部细小构造对拱肋流场的影响可忽略不计，因此对桥面附属结构的布置进行相应的简化，即通过将桥面附属结构等效为一定高度的挡板来考虑栏杆等附属结构，并最终对全桥的流场区域进行分块网格划分，网格数量约 850 万，全桥空间网格划分如图 4.21 所示。

　　流体入口边界条件为：速度为 10m/s 均匀来流。出口边界条件为：压力出口边界条件。计算域边界条件设置如图 4.22 所示。数值模型计算方法与参数设置详见表 4.7。

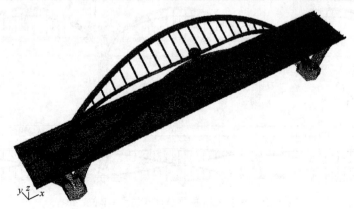

图 4.21　全桥空间网格划分

表 4.7　计算方法及参数设置列表

计算方法	有限体积法
对流项离散格式	二阶迎风差分
扩散项离散格式	二阶中心差分
压力、速度耦合	SIMPLEC 算法
湍流模型	Realizable $k\text{-}\varepsilon$ 模型
网格数量	约 850 万

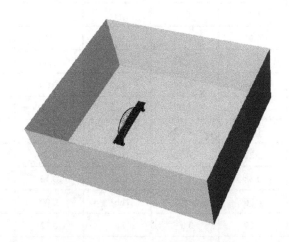

图 4.22　计算区域边界条件设置

定义 x 轴为风的来流风向（顺风向），y 轴为水平侧向（横风向），z 轴为竖直向上方向（竖向）。通过数值模拟获得每分块的气动荷载，从而计算得到来流、侧向及竖向三分力系数 C_x、C_y 与 C_z。拱肋各分块的形式见图 4.23。

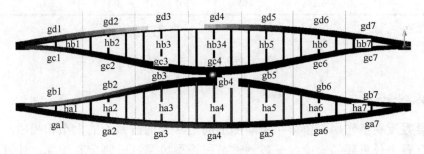

图 4.23　拱肋各分块示意图

通过流场的数值求解，获得横桥向 0°风向角下各分块的气动荷载，从而可得到各分块横桥向 0°风向角下的三分力系数，结果见表 4.8。

表 4.8　横桥向 0°风向角各分块三分力系数

编号	C_y	C_x	C_z	编号	C_y	C_x	C_z
ga1	−0.37	1.32	0.75	gd1	−0.08	0.45	0.00
ga2	0.01	1.49	0.30	gd2	−0.03	0.91	−0.12
ga3	0.00	1.48	0.33	gd3	−0.03	1.14	−0.09
ga4	0.00	1.51	0.26	gd4	0.00	1.16	−0.13
ga5	−0.02	1.50	0.25	gd5	0.03	1.18	−0.09
ga6	−0.01	1.50	0.32	gd6	0.02	0.89	−0.14
ga7	0.34	1.32	0.70	gd7	0.07	0.45	−0.01
gb1	−0.01	0.91	−0.12	ha1	−0.02	0.49	0.47
gb2	−0.15	1.31	−0.31	ha2	0.04	0.49	0.63
gb3	−0.15	1.44	−0.44	ha3	0.00	0.41	0.62
gb4	0.01	1.61	−0.77	ha4	−0.02	0.33	0.54
gb5	0.15	1.44	−0.42	ha5	0.01	0.43	0.65
gb6	0.15	1.27	−0.26	ha6	0.07	0.54	0.70
gb7	0.01	0.88	−0.11	ha7	0.12	0.52	0.50
gc1	0.07	0.36	−0.05	hb1	0.09	0.16	−0.16
gc2	0.08	0.59	0.09	hb2	0.12	0.28	−0.37
gc3	0.01	0.12	0.07	hb3	0.05	0.27	−0.41
gc4	0.00	−0.26	−0.22	hb4	0.01	0.21	−0.35
gc5	−0.02	0.14	0.01	hb5	−0.06	0.27	−0.42
gc6	−0.09	0.58	0.05	hb6	−0.12	0.28	−0.37
gc7	−0.07	0.35	−0.05	ha7	−0.11	0.16	−0.16

4.2　气 动 导 数

4.2.1　基本概念

　　气动导数反映了作用在桥梁主梁断面上的定常气动自激力的大小和相位，在桥梁抗风设计中有着十分重要的地位，一般通过节段模型风洞试验测定和识别。计算机技术和 CFD 方法的发展给风工程研究提供了一种可行的代替风洞试验的手段，即数值风洞。由于存在涉及流固耦合、高雷诺数、复杂动力外形、三维流动现象明显的技术或计算资源上的困难和挑战，采用 CFD 方法研究结构的气动弹性问题，对土木工程领域非常重要，也异常困难。桥梁结构抗风中的颤振、涡振等气动相关问题，均可以采用 CFD 方法进行研究。

作用在运动结构上的自激力与结构运动本身有关。由于气弹效应机理的复杂性，严格地讲，自激力是结构运动位移、速度和加速度以及频率等参数的非线性函数。但是，由于颤振分析的研究重点在于确定其临界风速，所以结构的振动可被假设在小振幅范围内进行，自激力也就可以简化为结构运动位移、速度和加速度的线性函数，而且在一般情况下，由于相对于结构的质量来说空气的质量非常小，因此加速度项对自激力的影响常忽略。

目前，在风工程的研究中，自激力的表达式多种多样，对于钝体断面，最常用的是如下用 Scanlan 气动导数表示的形式：

$$D_{se} = \frac{1}{2}\rho U^2 (2B) \left(KP_1^* \frac{\dot{p}}{U} + KP_2^* \frac{B\dot{\alpha}}{U} + K^2 P_3^* \alpha + K^2 P_4^* \frac{p}{B} + KP_5^* \frac{\dot{h}}{U} + K^2 P_6^* \frac{h}{B} \right)$$

$$L_{se} = \frac{1}{2}\rho U^2 (2B) \left(KH_1^* \frac{\dot{h}}{U} + KH_2^* \frac{B\dot{\alpha}}{U} + K^2 H_3^* \alpha + K^2 H_4^* \frac{h}{B} + KH_5^* \frac{\dot{p}}{U} + K^2 H_6^* \frac{p}{B} \right) \quad (4.3)$$

$$M_{se} = \frac{1}{2}\rho U^2 (2B^2) \left(KA_1^* \frac{\dot{h}}{U} + KA_2^* \frac{B\dot{\alpha}}{U} + K^2 A_3^* \alpha + K^2 A_4^* \frac{h}{B} + KA_5^* \frac{\dot{p}}{U} + K^2 A_6^* \frac{p}{B} \right)$$

式中，L_{se}、D_{se} 和 M_{se} 分别表示作用在单位长度结构上的气弹自激升力、阻力和扭矩；P_1^*、H_1^* 和 A_2^* 分别表示由侧向运动、竖向运动和扭转运动引起的气动阻尼分别对自激阻力、自激升力、自激扭矩的贡献；P_4^*、H_4^* 和 A_3^* 分别表示由侧向运动位移、竖向运动位移和扭转运动引起的气动惯性和气动刚度分别对自激阻力、自激升力和自激扭矩的综合贡献；其他 12 个气动导数都称为交叉气动导数或副气动导数。

4.2.2　参数获取的方法

气动自激力的获取一般通过风洞试验或数值模拟方法实现，根据断面运动形式又可将试验方式分为自由振动方法和强迫振动方法。风洞试验方法在一定程度上能够获取较为可靠的自激力参数，但是获取的自激力受到试验风速、振幅、测量精度和试验安全性等条件的制约，且对微观流场信息的获取较为困难。另外，数值模拟方法是对风洞试验的有效补充(特别是在流场分析及机理分析方面)，且可以获得相对较为精准的自激力时程，是桥梁非线性自激力模型研究中必不可少的技术手段。目前通过 CFD 获取气动导数的方法主要有强迫振动和自由振动两种方式，强迫振动方法程序实现方便、计算时间相对较短，是一种较为稳定可行的数值方法，下面对该方法进行简要介绍。

数值模拟强迫振动方法是指定断面的运动形式(一般指定运动形式为简谐振动)，并在计算时间步内迭代得到稳定流场，然后对断面表面压力进行积分获得运动过程中的自激力。强迫振动方法中断面运动形式固定，对流场的扰动具有周期性，不用求解动力学方程，计算更为高效，因此广泛用于桥梁断面自激力的获取。强迫振动方法根据自由度参与情况可分为单自由度强迫振动方法和多自由度耦合强迫振动方法。为更好地分析某一状态下的自激力特性，本节采用单自由度强迫振动方法获取断面在扭转运动下的自激力时程。

以单自由度扭转强迫振动为例，指定断面做扭转简谐运动：$A(t) = A\sin(\omega_a t)$。其中，

A 和 ω_α 分别为扭转振动振幅和圆频率。断面单自由度扭转运动过程中的自激力根据 Scanlan 气动自激力表达形式可简写成矩阵形式，见式(4.6)和式(4.7)：

$$F_L(t) = \rho U^2 B \left[K_\alpha H_2^* \frac{B\dot{\alpha}(t)}{U} + K_\alpha^2 H_3^* \alpha(t) \right] \tag{4.4}$$

$$M_T(t) = \rho U^2 B^2 \left[K_\alpha A_2^* \frac{B\dot{\alpha}(t)}{U} + K_\alpha^2 A_3^* \alpha(t) \right] \tag{4.5}$$

$$\boldsymbol{F}_L = \boldsymbol{S}_H \boldsymbol{X}_H \tag{4.6}$$

$$\boldsymbol{M}_T = \boldsymbol{S}_A \boldsymbol{X}_A \tag{4.7}$$

式中，$\boldsymbol{X}_H = \begin{bmatrix} H_2^* \\ H_3^* \end{bmatrix}$ 和 $\boldsymbol{X}_A = \begin{bmatrix} A_2^* \\ A_3^* \end{bmatrix}$ 为气动导数求解量；系数矩阵 $\boldsymbol{S}_H$、$\boldsymbol{S}_A$ 表达式为

$$\boldsymbol{S}_H = \begin{bmatrix} \rho U B^2 K_\alpha \alpha_1 & \rho U^2 B K_\alpha^2 \alpha_1 \\ \rho U B^2 K_\alpha \alpha_2 & \rho U^2 B K_\alpha^2 \alpha_2 \\ \rho U B^2 K_\alpha \alpha_3 & \rho U^2 B K_\alpha^2 \alpha_3 \\ \vdots & \vdots \\ \rho U B^2 K_\alpha \alpha_N & \rho U^2 B K_\alpha^2 \alpha_N \end{bmatrix}, \quad \boldsymbol{S}_A = \begin{bmatrix} \rho U B^3 K_\alpha \alpha_1 & \rho U^2 B^2 K_\alpha^2 \alpha_1 \\ \rho U B^3 K_\alpha \alpha_2 & \rho U^2 B^2 K_\alpha^2 \alpha_2 \\ \rho U B^3 K_\alpha \alpha_3 & \rho U^2 B^2 K_\alpha^2 \alpha_3 \\ \vdots & \vdots \\ \rho U B^3 K_\alpha \alpha_N & \rho U^2 B^2 K_\alpha^2 \alpha_N \end{bmatrix}$$

与扭转振动有关的气动导数可由式(4.8)和式(4.9)得到：

$$\boldsymbol{X}_H = (\boldsymbol{S}_H^{\mathrm{T}} \boldsymbol{S}_H)^{-1} \boldsymbol{S}_H^{\mathrm{T}} \boldsymbol{F}_L \tag{4.8}$$

$$\boldsymbol{X}_A = (\boldsymbol{S}_A^{\mathrm{T}} \boldsymbol{S}_A)^{-1} \boldsymbol{S}_A^{\mathrm{T}} \boldsymbol{M}_T \tag{4.9}$$

4.2.3　数值算例

1. 苏通大桥气动导数识别

苏通大桥位于江苏省东部的南通市和苏州(常熟)市之间，总长 8206m，其中主桥采用 100+100+300+1088+300+100+100=2088(m)的双塔双索面钢箱梁斜拉桥。斜拉桥主跨 1088m，主塔高度 306m，斜拉索的最大单根长度为 580m，建成时为世界第一。该桥的立面图与主梁断面如图 4.24 所示。

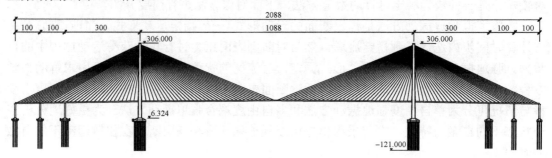

(a)主桥总体布置图(单位：m)

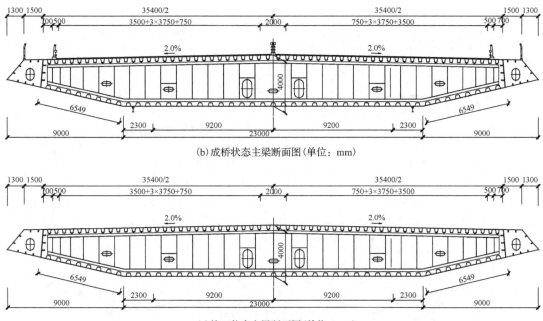

(b) 成桥状态主梁断面图(单位：mm)

(c) 施工状态主梁断面图(单位：mm)

图 4.24 苏通大桥立面图与主梁断面

在计算苏通大桥施工和成桥两种状态下主梁断面气动参数过程中的相关设定见表 4.9。图 4.25 与图 4.26 显示主梁断面气动导数 H_1^* 和 A_2^* 在计算折减风速范围内均保持为负值，这表明单自由度驰振及分离流扭转颤振将不会发生，试验结果也证实了这一点。除气动导数 H_2^* 外，其他气动导数均与试验值吻合得相当好，特别是 H_1^*、H_3^*、A_3^*。

表 4.9 苏通大桥主梁断面气动参数计算设定

截面	雷诺数	时间步	对流格式
施工状态	10^6	0.015	Euler
成桥状态	10^6	0.02	R-K

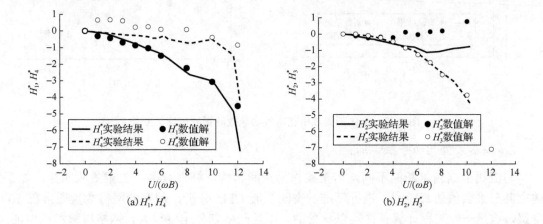

(a) H_1^*, H_4^*

(b) H_2^*, H_3^*

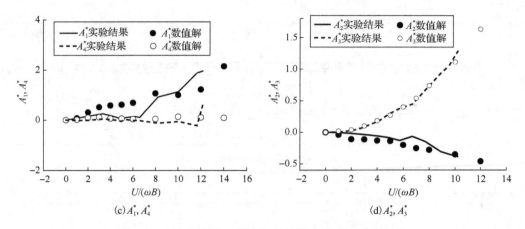

图 4.25　主梁断面施工状态气动导数随折减风速的变化

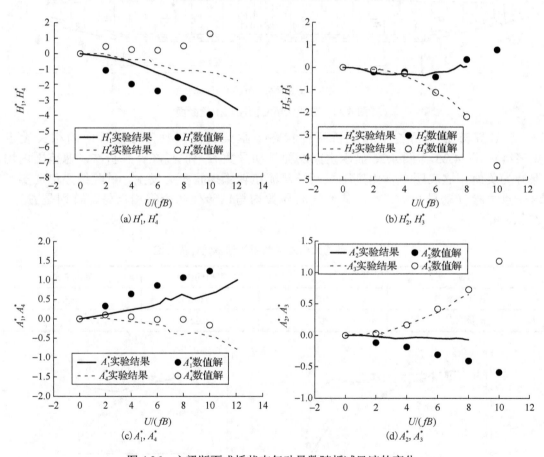

图 4.26　主梁断面成桥状态气动导数随折减风速的变化

2. 矮寨大桥气动导数识别

　　与流线型钢箱梁断面不同，桁架梁作为空间结构，杆件众多，三维效应明显，如果建立其三维数值仿真模型，进行精准的空间绕流 CFD 分析，需要的网格数量通常在 10^7 量级，这是一般工程计算条件难以承受的，而且网格划分难度很大，网格质量难以保证。

桁架结构杆件布置复杂，无法像箱梁等主梁那样直接获得全桥一致的二维截面，工程上常以外轮廓和实面积之比作为控制条件获取二维断面模型。

建立简化模型的具体做法为：采用全桥通长结构直接截取截面方法，对于处于节间的斜腹杆，将上弦杆和下弦杆之间等距分为若干份，依据斜腹杆位置的不同，对不同模型进行编号，随后对这些二维模型的静力三分力系数进行数值识别，并与风洞试验结果进行对比，选取误差最小的二维模型作为二维等效模型。

采用数值模拟获取矮寨大桥成桥状态主梁断面的气动阻力系数、升力系数和扭矩系数三个分量，矮寨大桥主梁断面尺寸如图 4.27 所示。取主梁断面参考宽度 27m，参考高度 7.5m，长度 1m，选取的主梁断面二维等效模型如图 4.28 所示。

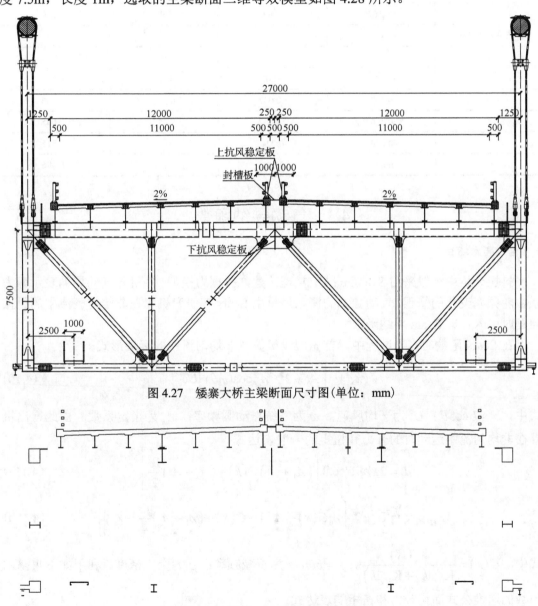

图 4.27　矮寨大桥主梁断面尺寸图(单位：mm)

图 4.28　用于 CFD 分析的主梁断面

计算所得成桥状态 0°风攻角下主梁断面气动导数结果见表 4.10。

表 4.10　0°风攻角下断面气动导数

折减风速 $U/(fB)$	$H_1^{\bullet}$	$H_2^{\bullet}$	$H_3^{\bullet}$	$H_4^{\bullet}$
0	0	0	0	0
2	−0.55	−0.296	−0.259	0.589
4	−1.086	−0.093	−0.618	0.216
6	−1.821	0.132	−2.314	0.381
8	−2.845	1.614	−4.6	−0.834
10	−4.162	1.996	−8.925	−0.95
折减风速 $U/(fB)$	$A_1^{\bullet}$	$A_2^{\bullet}$	$A_3^{\bullet}$	$A_4^{\bullet}$
0	0	0	0	0
2	0.078	−0.07	0.022	−0.011
4	0.297	−0.047	0.261	−0.065
6	0.426	−0.032	0.452	−0.095
8	0.609	0.224	0.854	−0.315
10	0.667	0.605	1.126	−0.486

4.3　气动导纳函数

4.3.1　基本概念

抖振分析中一般采用 Scanlan 准定常理论建立抖振力模型，并引入气动导纳表示静力系数随频率变化的修正。气动导纳的概念最早由 Sears 等研究机翼在非定常气流中的抖振问题时引入，即 Sears 导纳函数。

在 Sears 函数的推导过程中，首先假设机翼在非均匀流中的运动形式：

$$w(x,t) = \left[A_0 + 2\sum_{m=1}^{\infty} A_m \cos(m\theta) \right] U e^{i\omega t} \tag{4.10}$$

式中，$x = b\cos\theta$；U 为平均风速；ω 为系统振动圆频率；A_m 为指定系数。由此得出机翼在非均匀流中运动时的升力和扭矩的一般表达式：

$$L = 2\pi\rho b U^2 e^{i\omega t} \left[(A_0 + A_1) C(k) + (A_0 - A_2) \frac{ik}{2} \right] \tag{4.11a}$$

$$M_{1/2} = \pi\rho b^2 U^2 e^{i\omega t} \left\{ A_0 C(k) - A_1 \left[1 - C(k) - (A_1 - A_3) \frac{ik}{4} - A_2 \right] \right\} \tag{4.11b}$$

式中，$C(k) = \dfrac{K_1(ik)}{K_0(ik) + K_1(ik)}$；$k = b\omega/U$ 为折减频率；ρ 为空气密度。利用如下贝塞尔函数的递推公式简化升力和扭矩的表达式：

$$\frac{2m\mathrm{J}_m(z)}{z} = \mathrm{J}_{m-1}(z) + \mathrm{J}_{m+1}(z) \tag{4.12}$$

据此，式 (4.11) 可表达为

$$L = 2\pi\rho bUW\mathrm{e}^{\mathrm{i}\omega t}\left\{\left[\mathrm{J}_0(k) - \mathrm{i}\mathrm{J}_1(k)\right]C(k) + \mathrm{i}\mathrm{J}_1(k)\right\} \tag{4.13a}$$

$$M_{1/2} = \frac{b}{2}L \tag{4.13b}$$

式中，$\varphi(k) = \left[\mathrm{J}_0(k) - \mathrm{i}\mathrm{J}_1(k)\right]C(k) + \mathrm{i}\mathrm{J}_1(k) = \dfrac{\mathrm{J}_0(k)\mathrm{K}_1(\mathrm{i}k) + \mathrm{i}\mathrm{J}_1(k)\mathrm{K}_0(\mathrm{i}k)}{\mathrm{K}_1(\mathrm{i}k) + \mathrm{K}_0(\mathrm{i}k)}$，其中 $\mathrm{J}_m(k)$、$\mathrm{K}_m(\mathrm{i}k)$（$m=0,1$）分别为第一类贝塞尔函数和修正的第一类贝塞尔函数。

由于 Sears 函数形式较为复杂，为便于应用，Liepmann 简化了 Sears 气动导纳函数的表达形式：

$$|\varphi(k)|^2 = \frac{1}{1 + 2\pi k} = \frac{1}{1 + 2\pi\dfrac{\omega B}{U}} \tag{4.14}$$

式中，k 为折减频率；B 为桥梁断面的宽度；U 为平均风速。

从以上 Sears 函数的推导过程可知，该函数主要针对流线型的机翼断面，并假设了可能的机翼运动形式。在气动导纳的概念被引入桥梁抖振问题中时，由于桥梁断面的钝体性质和边界层大气湍流的复杂性，气动导纳不再有类似于机翼的理论解，也需要通过试验或数值模拟手段确定。由于获取导纳函数的复杂性，在实际计算中主要有两种近似值可以选择，即取 1 或者取 Sears 函数 Liepmann 的表达式。

4.3.2　理论方法

现存的各种导纳函数识别方法几乎都是基于两点假设：其一，忽略脉动风速水平和竖向分量的互功率谱，即 $S_{uw} = S_{wu} = 0$；其二，假设脉动风速的水平分量和竖向分量对抖振力的互功率谱函数作用等效，即

$$\chi_{uF} = \chi_{wF} = \chi_F, \qquad F = L, D, M \tag{4.15}$$

对于 Scanlan 建议的抖振力关系，结合气动导纳函数修正：

$$L_b(t) = \rho Ub\left\{2C_L(\alpha)\chi_{Lu}u(t) + \left[C_L'(\alpha) + C_D(\alpha)\right]\chi_{Lw}w(t)\right\} \tag{4.16a}$$

$$D_b(t) = \rho Ub\left[2C_D(\alpha)\chi_{Du}u(t) + C_D'(\alpha)\chi_{Dw}w(t)\right] \tag{4.16b}$$

$$M_b(t) = \rho Ub^2\left[2C_M(\alpha)\chi_{Mu}u(t) + C_M'(\alpha)\chi_{Mw}w(t)\right] \tag{4.16c}$$

式中，χ 为气动导纳；b 为半桥面宽；C 为气动力系数；C' 为气动力系数对于攻角的导数；u、w 分别为脉动风速的水平和竖向分量。当忽略脉动风速互谱影响时，式 (4.16) 的功率谱表达式为

$$S_L(\omega) = \rho^2 U^2 b^2\left\{4C_L^2(\alpha)|\chi_{Lu}|^2 S_u(\omega) + \left[C_L'(\alpha) + C_D(\alpha)\right]^2|\chi_{Lw}|^2 S_w(\omega)\right\} \tag{4.17a}$$

$$S_D(\omega) = \rho^2 U^2 b^2\left[4C_D^2(\alpha)|\chi_{Du}|^2 S_u(\omega) + C_D'^2(\alpha)|\chi_{Dw}|^2 S_w(\omega)\right] \tag{4.17b}$$

$$S_M(\omega) = \rho^2 U^2 b^4 \left[4C_M^2(\alpha) |\chi_{Mu}|^2 S_u(\omega) + C_M'^2(\alpha) |\chi_{Mw}|^2 S_w(\omega) \right] \tag{4.17c}$$

由式(4.16)可知，气动导纳函数一共应有 6 个，而方程仅有 3 个，尚需补充气动力与脉动风速之间的互功谱函数关系来求解导纳函数。以升力为例，求 $L(t)$ 和 $u(t)$、$w(t)$ 之间的互相关函数得

$$R_{Lu}(\tau) = \rho U b \left\{ 2C_L(\alpha)\chi_{Lu}(\omega)R_u(\tau) + \left[C_L'(\alpha) + C_D(\alpha) \right] \chi_{Lw}(\omega)R_{wu}(\tau) \right\} \tag{4.18a}$$

$$R_{Lw}(\tau) = \rho U b \left\{ 2C_L(\alpha)\chi_{Lu}(\omega)R_{uw}(\tau) + \left[C_L'(\alpha) + C_D(\alpha) \right] \chi_{Lw}(\omega)R_w(\tau) \right\} \tag{4.18b}$$

对式(4.18)两端进行傅里叶变换得升力和脉动风速两分量之间的互功率谱方程为

$$S_{Lu}(\omega) = \rho U b \left\{ 2C_L(\alpha)\chi_{Lu}(\omega)S_u(\omega) + \left[C_L'(\alpha) + C_D(\alpha) \right] \chi_{Lw}(\omega)S_{wu}(\omega) \right\} \tag{4.19a}$$

$$S_{Lw}(\omega) = \rho U b \left\{ 2C_L(\alpha)\chi_{Lu}(\omega)S_{uw}(\omega) + \left[C_L'(\alpha) + C_D(\alpha) \right] \chi_{Lw}(\omega)S_w(\omega) \right\} \tag{4.19b}$$

联立式(4.19a)与式(4.19b)，可求解升力气动导纳的两个分量：

$$\chi_{Lu}(\omega) = \frac{S_w(\omega)S_{Lu}(\omega) - S_{wu}(\omega)S_{Lw}(\omega)}{2\rho U b C_L(\alpha)\left[S_u(\omega)S_w(\omega) - S_{wu}(\omega)S_{uw}(\omega) \right]} \tag{4.20a}$$

$$\chi_{Lw}(\omega) = \frac{S_u(\omega)S_{Lw}(\omega) - S_{uw}(\omega)S_{Lu}(\omega)}{\rho U b \left[C_L'(\alpha) + C_D(\alpha) \right] \left[S_u(\omega)S_w(\omega) - S_{uw}(\omega)S_{wu}(\omega) \right]} \tag{4.20b}$$

式中，S_u、S_w 分别为脉动风速水平和竖向分量自功率谱；$S_{wu} = \overline{S_{uw}}$ 互为共轭复数，为脉动风速水平和竖向分量的互功率谱；S_{Lu}、S_{Lw} 分别为脉动升力和脉动风速水平、竖向两分量之间的互功率谱。

同理，可以求得扭矩和阻力气动导纳的两个分量：

$$\chi_{Mu}(\omega) = \frac{S_w(\omega)S_{Mu}(\omega) - S_{wu}(\omega)S_{Mw}(\omega)}{4\rho U b^2 C_M(\alpha)\left[S_u(\omega)S_w(\omega) - S_{wu}(\omega)S_{uw}(\omega) \right]} \tag{4.21a}$$

$$\chi_{Mw}(\omega) = \frac{S_u(\omega)S_{Mw}(\omega) - S_{uw}(\omega)S_{Mu}(\omega)}{2\rho U b^2 C_M'(\alpha)\left[S_u(\omega)S_w(\omega) - S_{uw}(\omega)S_{wu}(\omega) \right]} \tag{4.21b}$$

$$\chi_{Du}(\omega) = \frac{S_w(\omega)S_{Du}(\omega) - S_{wu}(\omega)S_{Dw}(\omega)}{2\rho U b C_D(\alpha)\left[S_u(\omega)S_w(\omega) - S_{wu}(\omega)S_{uw}(\omega) \right]} \tag{4.21c}$$

$$\chi_{Dw}(\omega) = \frac{S_u(\omega)S_{Dw}(\omega) - S_{uw}(\omega)S_{Du}(\omega)}{\rho U b C_D'(\alpha)\left[S_u(\omega)S_w(\omega) - S_{uw}(\omega)S_{wu}(\omega) \right]} \tag{4.21d}$$

基于以上推导过程，可以采用两种途径(随机振动识别法和离散频率测量法)识别导纳函数。离散频率测量法结果比较准确，但是需要精度极高的湍流场；随机振动测量法则识别精度稍差。在理论上，离散频率测量法认为结构表面的压力脉动是湍流线性作用的结果，而忽略了绕流的非线性效应，特别是非流线型的钝体绕流，这明显是不合理的。随机振动测量法将脉动风场所激发的所有形态的流动都计算在内，因此在理论上较为合理，且有利于建立包含抖振、涡振等所有风致振动形态一体化的气动导纳理论。

第 5 章　静风响应分析

　　静风响应是指风荷载对桥梁的静力作用。1967 年，日本东京大学 Hira 等在悬索桥的全桥风洞试验中观察到了静力扭转发散的现象；2001 年，同济大学风洞实验室在对汕头海湾二桥的风洞试验中，也发现了斜拉桥由静风引起的弯扭失稳现象。此后，国内外学者针对大跨度桥梁静风稳定问题开展了系统研究，结果表明大跨度桥梁的静风失稳可能先于动力失稳发生，因此有必要开展桥梁静风响应分析，以掌握桥梁静风失稳机理。

　　工程界对桥梁静风稳定的认识与其计算理论和风洞试验的发展紧密相连。早期的静风稳定理论为线性理论，忽略了结构几何、材料和气动非线性的影响，过高估计了静风下的桥梁抗风能分。Boonyapinyo 等首次将各种非线性因素与结构稳定理论相结合，建立了一套桥梁空气静风稳定分析理论，并将其应用于大跨度斜拉桥的静风响应分析。在国内，同济大学项海帆院士团队较早开展了桥梁静风响应研究，发展了桥梁空气静风稳定分析理论。目前，大跨度桥梁非线性静风稳定分析方法已日渐成熟。

　　本章主要介绍桥梁静风力计算模型，均匀流作用下桥梁平稳与非平稳静风响应分析，以及考虑脉动风的桥梁静风响应分析。

5.1　静风力计算模型

5.1.1　平稳静风力

　　在桥梁抗风分析中，风荷载通常分解为由平均风速引起的静风荷载、脉动风引起的抖振力和流固耦合引起的自激力，然后将三者叠加并作用于桥梁结构上。空气的运动在其所包围的物体表面产生风压，沿物体表面对风压进行积分，并取其关于时间的均值，便可得到作用在物体上的静风力和力矩。如图 5.1 所示。顺风向的静风力称为阻力，一般用 F_D 表示；横风向的静风力称为升力，一般用 F_L 表示；扭矩一般用 M 表示。在风轴系下，阻力、升力和扭矩的表达式为

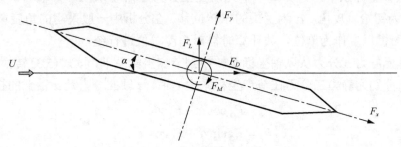

图 5.1　作用在结构上的静力三分力

$$F_D = \frac{1}{2} \rho \bar{U}^2 C_D(\alpha) H$$

$$F_L = \frac{1}{2}\rho\bar{U}^2 C_L(\alpha)B \tag{5.1}$$

$$F_M = \frac{1}{2}\rho\bar{U}^2 C_M(\alpha)B$$

式中，ρ 为空气密度；$\bar{U}$ 为来流平均风速；α 为气流与结构截面轴线相对夹角，即来流攻角；H 为主梁截面的高度；B 为主梁截面的宽度；C_L、C_D 和 C_M 分别为风轴系下的无量纲升力系数、阻力系数和扭矩系数，一般通过节段模型试验获得。

考虑到桥梁上桥塔、主缆、吊杆和拉索等结构一般为钝体对称结构，升力系数和扭矩系数一般较小，因此，作用于其上的静风荷载可只考虑阻力分量。

在工程应用中，也可采用体轴系下的静力三分力，即图 5.1 中的 F_x、F_y、F_M，其中两个参考坐标系中的力矩相同，力之间可按式(5.2)转换，体轴下的表达式为

$$F_x = F_D\cos\alpha - F_L\sin\alpha \tag{5.2}$$

$$F_y = F_D\sin\alpha + F_L\cos\alpha$$

从静风荷载的表达式中可以看出：

(1)静风荷载是来流平均风速和攻角的函数，不仅随风速的变化呈非线性变化，还随来流攻角的改变而改变；

(2)体轴坐标系下静风荷载的方向及大小随风攻角的改变而连续变化，尤其对于主梁，其升力可能在来流攻角的变化下由负转正，造成结构的失重效应；

(3)大跨度桥梁在主梁各个位置上的扭转变形是不同的，导致来流的攻角沿顺桥向也不相同，因此静风荷载沿主梁长度方向并非呈均匀分布。

体轴坐标系与主梁断面联系在一起，固定在横断面上。在风荷载作用下，结构的空间姿态随时发生变化，体轴坐标系也相应发生变化，因此不宜在体轴坐标系下开展静风响应分析。风轴坐标系由风的来流方向确定，当来流方向保持不变时，该坐标系不会发生改变，因此，采用风轴坐标系下的三分力施加静风荷载更为便利。

如何将三分力施加在有限元模型上，需经过如下过程(气动自激力也按此处理)：

(1)在风轴坐标系中，计算每个单元所受三分力 F_L、F_D、F_M，取有效风攻角 $\alpha_e = \alpha_0 + \alpha$，$\alpha_0$ 为初始风攻角，α 为主梁的扭转位移。在分析中一般采用的角度单位为弧度，而风洞试验习惯以度作为单位，故计算时需对角度单位进行统一。

(2)将单元静力三分力从风轴坐标系转换到节点坐标系下，按式(5.3)转换即可，其中 F_y、F_z 和 M_x 分别为静力三分力在节点坐标系中 y 轴、z 轴的分力及 x 轴上的扭矩。

$$F_x = F_D\cos\alpha - F_L\sin\alpha$$

$$F_y = F_D\sin\alpha + F_L\cos\alpha \tag{5.3}$$

$$M_x = F_M$$

(3)采用集中法，将单元上的静力三分力施加到两端节点上，以节点力的方式施加到有限元模型上。

5.1.2　非平稳静风力

根据 Davenport 准定常理论，时变平均风作用下大跨桥梁的主梁非平稳静风荷载为

$$F_D(t) = \frac{1}{2}\rho\tilde{U}(t)^2 C_D[\alpha(t)]H$$

$$F_L(t) = \frac{1}{2}\rho\tilde{U}(t)^2 C_L[\alpha(t)]B \qquad (5.4)$$

$$F_M(t) = \frac{1}{2}\rho\tilde{U}(t)^2 C_M[\alpha(t)]B^2$$

式中，$F_D(t)$、$F_L(t)$、$F_M(t)$ 分别表示时变平均风引起的阻力、升力与扭矩；$\alpha(t)$ 为主梁断面的有效攻角，是自然风攻角与主梁在静风荷载作用下的扭转角之和；$C_D[\alpha(t)]$、$C_L[\alpha(t)]$、$C_M[\alpha(t)]$ 为阻力系数、升力系数和扭矩系数，即三分力系数，其是关于有效攻角的函数，可由节段模型风洞试验或 CFD 数值模拟获得；由于 $\alpha(t)$ 随时间而改变，故非平稳静风荷载为时变函数，且依赖于时变平均风速及其引起的瞬时有效攻角。因此，非平稳静风荷载计入了时变平均风速引起的瞬态效应，这是其与平稳静风荷载的主要区别。

5.2　均匀流作用下静风响应分析

5.2.1　平稳分析

1. 计算方法

在静风作用下，主梁断面的姿态将发生改变，静风荷载与断面的相对风攻角随之发生变化。引入有效风攻角的概念，将静风荷载表示为风速及有效风攻角的函数。这样，静风稳定问题的求解，最终可归结为求解如下 UL 列式(Updated Lagrangian Formulation)的增量平衡方程组：

$$\{\boldsymbol{K}_e^T + \boldsymbol{K}_g^T\}\bullet\{\Delta\delta\} = \{\boldsymbol{F}^{T+\Delta T}(\alpha)\} - \{\boldsymbol{R}^T\} \qquad (5.5)$$

式中，$\boldsymbol{K}_e^T$ 为 T 时刻结构弹性刚度矩阵；$\boldsymbol{K}_g^T$ 为 T 时刻结构几何刚度矩阵；$\boldsymbol{F}^{T+\Delta T}(\alpha)$ 为对应有效风攻角为 α 时的风荷载；$\boldsymbol{R}^T$ 为 T 时刻结构内力的等效节点力。

由式(5.5)可以看出，静风荷载的非线性特征决定了桥梁静风稳定问题的求解必须将风速分级处理，在各级风速作用下还需对静风荷载进行迭代循环，以保证静风荷载趋于收敛。

桥梁三维静风稳定性计算的具体步骤如下。

(1)建立结构有限元模型，确定结构刚度、气动力系数、初始风攻角、初始风速、风速步长及最大风速。

(2)计算作用在结构上的静风荷载$\{\boldsymbol{F}(\alpha)\}$。

(3)求解式(5.5)，得到当前结构位移。

(4)根据结构扭转位移计算结构变形后的风荷载。

(5)验算三分力系数的欧几里得范数是否小于允许值，见式(5.6)：

$$\left\{\frac{\sum_{j-1}^{N_\infty}[C_k(\alpha_j)-C_k(\alpha_{j-1})]^2}{\sum_{j-1}^{N_\infty}[C_k(\alpha_{j-1})]^2}\right\}<\varepsilon_k,\quad k=D,L,M \tag{5.6}$$

式中，ε_k 为三分力系数的允许误差；N_∞ 为承受静风荷载的节点数。

(6)如果满足式(5.6)，则按预定步长增加风速，然后重复步骤(2)～(5)；否则，重复步骤(3)～(5)，继续迭代计算直至收敛，若迭代次数达到设定的上限，则说明本级风速难以收敛，减小风速步长，重复步骤(2)～(5)，继续迭代计算直至收敛。

(7)输出结果。

2. 工程算例

以主跨 2×1500m 三塔两跨斜拉桥为例，采用上述方法确定斜拉桥成桥阶段的静风失稳临界风速。该斜拉桥为三塔两跨空间双索面斜拉桥，桥跨布置为(652+1500+1500+652)m=4304m。桥面纵坡采用 1.0%，主梁断面为分离双箱断面。其中，梁宽 B 为 60.5m，中心线处梁高 H 为 5m，开槽率为 23%。结构总体布置及主梁断面分别如图 5.2 和图 5.3 所示。

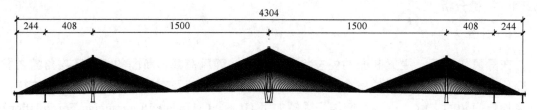

图 5.2　桥型布置(单位：m)

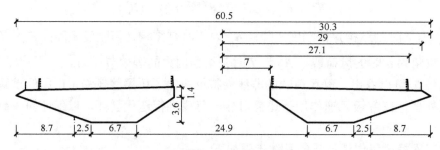

图 5.3　主梁标准断面图(单位：m)

基于 ANSYS 建立了该斜拉桥的有限元模型，如图 5.4 所示。其中，主梁、桥塔及桥墩采用空间梁单元模拟；斜拉索采用空间杆单元模拟，采用多段杆单元来模拟索曲线。主梁采用双主梁模型，桥面系假设均匀分布于主梁上，并考虑其平动质量和质量惯矩。基于该桥有限元模型，计算了桥梁的自振频率，详见表 5.1。

图 5.4　斜拉桥有限元模型

表 5.1　斜拉桥自振频率

模态振型	频率/Hz
主梁一阶对称竖弯	0.1235
主梁一阶反对称竖弯	0.1289
主梁一阶反对称侧弯	0.0810
主梁一阶对称侧弯	0.0874
主梁一阶反对称扭转	0.3524
主梁一阶对称扭转	0.3535

　　基于桥梁静风稳定分析理论，在 ANSYS 中通过二次开发实现了桥梁静风响应计算。为开展该斜拉桥的静风响应分析，通过节段模型风洞试验获得了主梁的三分力系数，如图 5.5 所示。斜拉索和主梁仅考虑阻力系数，限于篇幅，在此不再逐一列出。

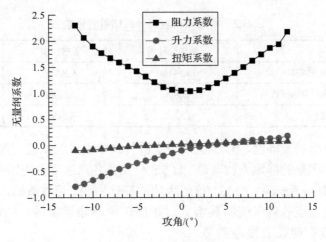

图 5.5　静三分力系数

对于大跨度斜拉桥，斜拉索的荷载对桥梁静风稳定性的作用不可忽视。随着桥跨的增加，拉索长度及数目也随之增加。长索上作用的风荷载对主梁变形起重要作用。在不分段的情况下，拉索上的风荷载直接施加在与拉索相连的索塔和主梁节点之上，不能真实反映拉索在横桥向风荷载作用下所产生的变形，因此无法考虑其引起拉索轴力的改变。索力的改变会进一步影响对主梁提供的约束与主梁变位。因此，需采用多段杆单元模拟斜拉索，并对其施加风荷载。以初始风攻角 0°为例，计算 110m/s 风速下拉索不同分段数对应的主梁跨中位移，如图 5.6 所示。由图可知，主梁跨中竖向与扭转位移随斜拉索分段数的增加而增加。当拉索分段达 20 段以上时，计算结果趋于稳定。因此，本算例分析中，斜拉索的分段数取 20。

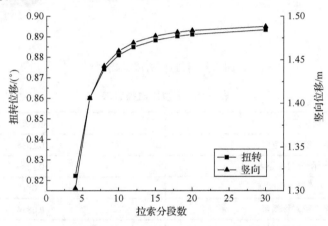

图 5.6　拉索分段数对主梁静风位移的影响

在上述基础上，进一步分析桥塔风效应的影响。分别选取施加桥塔风荷载与不施加桥塔风荷载两种工况，以原型开槽断面、初始风攻角+3°为例，计算在 120m/s 风速下的跨中位移，详见表 5.2。由表可知，桥塔风荷载对结构位移影响很小，都在 3%以内，故本章后续分析将忽略桥塔风荷载的影响。

表 5.2　桥塔风荷载对计算结果的影响

		侧向位移	竖向位移	扭转位移
工况	不考虑桥塔风荷载	13.541m	5.599m	4.250°
	考虑桥塔风荷载	13.692m	5.689m	4.365°
相对误差		1.12%	1.61%	2.71%

为验证数值分析的准确性，开展了该桥全桥气弹模型风洞试验，如图 5.7 所示。

试验中观察到明显的静风失稳现象。图 5.8 分别是各风速下主跨跨中位移平均值及脉动均方根（Root Mean Square，RMS）值随风速的变化曲线。可以看出，随着风速的增大，平均位移曲线各风速点的斜率值明显增大，即静风位移趋于发散。位移脉动 RMS 值虽然也在增大，但没有明显的发散趋势。

图 5.7 风洞中的全桥气弹模型

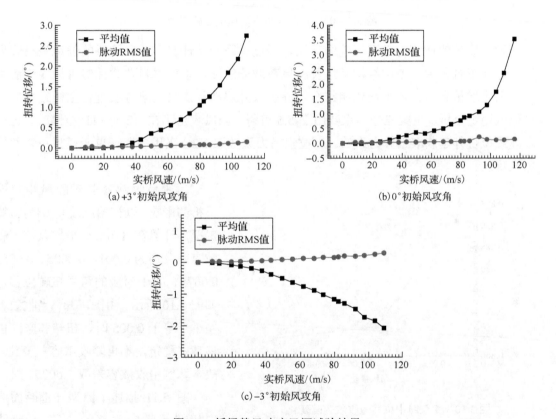

图 5.8 桥梁静风响应风洞试验结果

　　图 5.8 表明，当初始风攻角为+3°及 0°时，跨中扭转位移在高风速下明显增大。当初始风攻角为-3°时，在试验风速范围内没有观察到静风扭转位移发散现象。这主要由于向下的竖向位移使结构的刚度增加，跨中位移曲线没有明显发散。主梁扭转位移失稳状态时的变形如图 5.9 所示。

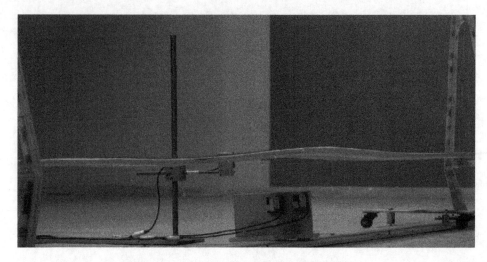

图 5.9　0°初始风攻角下静风失稳临界状态

为开展数值计算与风洞试验的对比，通过有限元法计算了该斜拉桥的静风失稳临界风速。计算过程中，考虑结构几何及静风荷载非线性，忽略材料非线性对静风稳定的影响，采用增量和内外两重迭代相结合，并引入外层迭代次数上限方法进行主桥结构的三维静风稳定分析。主梁三分力系数由图 5.5 可得，当风攻角不在-12°～+12°范围时，进行多段线拟合外延获取三分力系数。斜拉索阻力系数取 1.2，采用多段杆单元模拟拉索并施加风荷载。

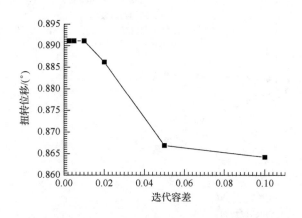

图 5.10　主梁跨中位移随收敛容差变化

为避免收敛容差对静风稳定性分析的影响，以初始风攻角 0°为验算工况，计算在 110m/s 平均风速下收敛容差分别为 0.001、0.0025、0.005、0.0075、0.01 对应的跨中扭转位移，如图 5.10 所示。由图可知，当收敛容差小于等于 0.005 时，扭转和竖向位移基本稳定，不再随收敛容差变化，故本算例中收敛容差取 0.0025。

图 5.11 描述了原型开槽断面跨中扭转及竖向位移的位移-风速曲线。这里只列出了静风位移明显发散的两个工况，即初始风攻角为+3°和 0°。对比风洞试验与数值计算的结果可知，位移-风速曲线的计算结果与全桥气弹模型试验结果较为吻合。在+3°初始攻角下，风洞试验所得静风失稳临界风速为 109.12m/s，数值计算结果为 125m/s，二者较为接近。

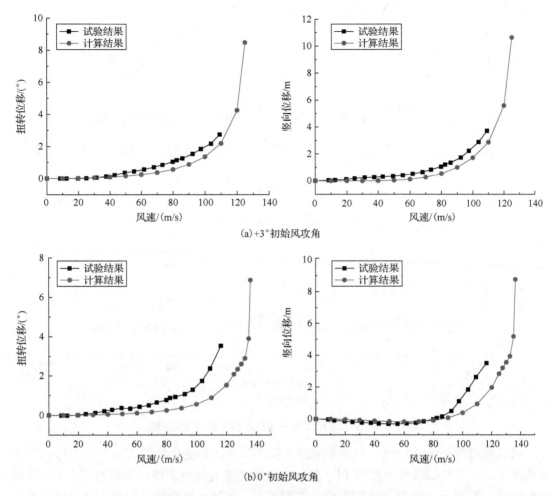

(a)+3°初始风攻角

(b)0°初始风攻角

图 5.11　静风稳定数值模拟与试验结果的对比

斜拉桥的结构刚度除来源于主梁自身刚度以外，斜拉索也是提供刚度的主要因素。在上述分析的基础上，进一步研究桥梁静风失稳全过程斜拉索的索力变化，阐明结构刚度随风速增大时的变化规律，从拉索刚度失效的角度揭示桥梁静风失稳的机理。针对+3°、0°和-3°三种不同的初始风攻角及对应的失稳形态，记录了原型断面失稳全过程的索力变化曲线。

以+3°初始风攻角为例，斜拉桥在不同风速作用下的索力变化如图 5.12 所示。图中，横坐标代表拉索与主梁连接处的顺桥向坐标(以中塔轴线为坐标原点)，纵坐标代表拉索的轴向拉应力。由图 5.12 可知，当风速不断增加时，上游斜拉索在左右两个 1500m 跨径内对称地出现了大范围减小的现象，且减小的速率随风速的增加越来越大。因此，上游斜拉索的索力在高风速下逐渐丧失。同时，下游斜拉索的索力在低风速范围内呈现增大的趋势，当接近静风失稳时，索力也出现了较明显的减小现象。这种索力减小的现象表明：在高风速作用下，斜拉索对结构刚度的贡献由强转弱，逐渐加剧了桥梁静风失稳的速度。

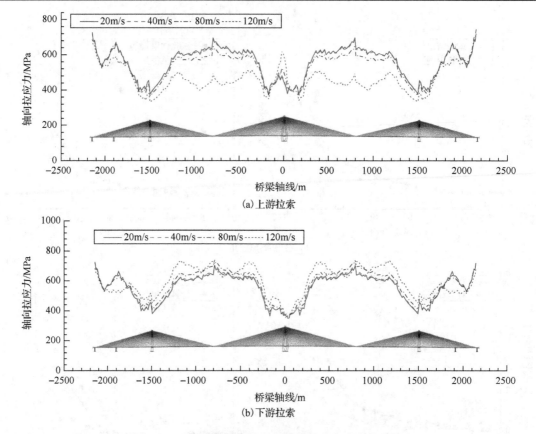

(a) 上游拉索

(b) 下游拉索

图 5.12　+3°初始风攻角下全桥斜拉索应力变化曲线

初始风攻角 α 为+3°、0°、-3°下主梁静风位移随风速的变化如图 5.13 所示。与+3°、0° 风攻角不同，当初始风攻角为-3°时，斜拉索的索力随着风速的增加不断增大，从而使得结构刚度不断增强，削弱了结构位移发散的速率。此时，结构位移发散主要是由荷载非线性引起的。

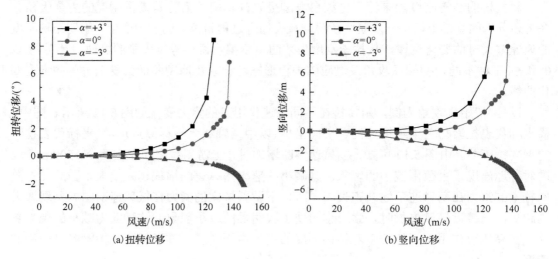

(a) 扭转位移

(b) 竖向位移

图 5.13　不同攻角下主梁静风位移对比

5.2.2　非平稳分析

考虑台风、下击暴流等极端风灾突出的非平稳特性，桥梁的静风响应分析也需从非平稳角度开展。此时，一定基本时距内的平均风速并非常量，而随着时间的变化而变化。由于三分力系数与攻角密切相关，故时变静风荷载作用下的桥梁扭转角会导致攻角的变化。以二维主梁断面为例，桥梁静风响应分析的控制方程如式 (5.7) 所示。由于时变平均风速的变化速率较为缓慢，时变静风荷载也表现为时间的慢变函数。因此，虽然时变静风荷载为动力荷载，但其动力效应可忽略不计，从而时变静风响应分析实际只需在每一时刻确定荷载作用下的桥梁静力分析。

$$
\begin{bmatrix} k_1 & & \\ & k_2 & \\ & & k_3 \end{bmatrix} \begin{Bmatrix} \bar{p}(t) \\ \bar{h}(t) \\ \bar{\alpha}(t) \end{Bmatrix} = \begin{Bmatrix} F_D(t) \\ F_L(t) \\ F_M(t) \end{Bmatrix} \tag{5.7}
$$

式中，k_1、k_2、k_3 分别为主梁侧向、竖向和扭转刚度；$\bar{p}(t)$、$\bar{h}(t)$、$\bar{\alpha}(t)$ 为侧向、竖向和扭转位移；$F_D(t)$、$F_L(t)$、$F_M(t)$ 为对应的时变静风荷载。

值得注意的是，由于每一时刻的静风荷载也是关于攻角的函数，因此式 (5.7) 为一非线性方程。该方程的求解需通过迭代予以实现，通过试算发现，迭代过程可以快速收敛。在每一时刻所求得的主梁转角将成为风荷载的附加攻角，非平稳抖振计算应以每一时刻的有效攻角为基础，从而计算对应的抖振力与气动自激力。

以苏通大桥主梁断面为例，开展主梁节段模型非平稳静风响应数值模拟。主梁节段长度取 1m，宽度为 41m，高度为 4m。主梁断面转动惯量中的回转半径为 11.58m，节段模型质量共计 25.9t。根据苏通大桥结构动力特性，考虑各方向一阶频率作为节段模型的自振频率，主梁侧弯、竖弯与扭转频率分别取 0.10Hz、0.18Hz、0.58Hz。

基于"海葵"台风的时变平均风速，计算了 0° 初始攻角下的主梁时变静风荷载，并根据式 (5.7) 进行了主梁非平稳静风响应计算。同时，以时变平均风速的均值作为常量平均风速，基于传统平稳分析理论计算了主梁平稳静风响应。主梁平稳与非平稳静风响应的对比如图 5.14 所示。

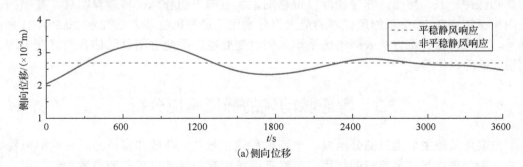

(a) 侧向位移

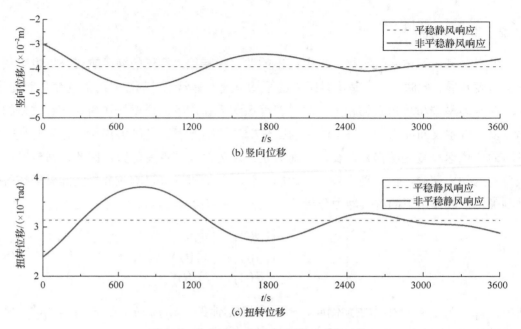

图 5.14　主梁平稳与非平稳静风响应对比

由图 5.14 可知，非平稳静风响应与时变平均风速的特征相对应，且在平稳静风响应附近发生波动。显然，时变平均风速的存在使得非平稳静风位移在某些时段内明显大于平稳静风位移。为量化平稳与非平稳静风响应的差异，主梁节段模型平稳与非平稳静风位移的对比详见表 5.3。

表 5.3　主梁节段模型平稳与非平稳静风响应对比

工况	非平稳静风位移		平稳静风位移
	最大值	平均值	
侧向	0.033m	0.021m	0.027m
竖向	−0.047m	−0.039m	−0.039m
扭转	0.0218°	0.0180°	0.0179°

注：表中最大值指位移绝对值的最大值。

由表 5.3 可知，非平稳静风位移的平均值与平稳静风位移基本相同，这与统计意义上的认知保持一致。然而，非平稳静风位移的最大值与平稳静风位移差异明显。在侧向、竖向与扭转方向，非平稳静风位移的最大值分别比平稳静风位移大 22.2%、20.5%、21.8%。显然，平稳抖振分析方法未能考虑平均风的时变效应，因此会明显低估台风时变平均风速引起的静风位移。

5.3　考虑脉动风的静风响应分析

主梁风荷载主要由三部分组成：平均风荷载、脉动风荷载和自激力。三维静风稳定分析一般仅考虑平均风荷载的作用，忽略紊流场引起的脉动风荷载和自激力的作用。本节讨论脉动风荷载对桥梁静风稳定的影响，即采用数值分析的手段，考虑来流风速大小及风向的不均匀性，生成结构所在位置的风场，然后在时域内分析脉动风对桥梁结构稳定性的影响。

1. 桥梁随机脉动风场模拟

采用第 2 章的谐波合成法，开展了主跨 2×1500m 斜拉桥主梁的脉动风场模拟。模拟过程中，脉动风谱采用：

水平向 Kaimal 谱

$$\frac{nS_{uu}(n)}{u_*^2} = \frac{200f}{(1+50f)^{5/3}} \tag{5.8}$$

竖向 Lumley-Panofsky 谱

$$\frac{nS_{ww}(n)}{u_*^2} = \frac{3.36f}{1+10f^{5/3}} \tag{5.9}$$

式中，$f = nz/U(z)$ 为莫宁坐标，z 为离地面的高度，$U(z)$ 为高度 z 处的平均风速；$u_* = KU(z)/\ln(z/z_0)$ 为摩阻速度，与地面粗糙长度相关，$K = 0.4$，z_0 为地面粗糙长度；S_{uu} 为顺风向脉动功率谱；S_{ww} 为横风向脉动功率谱。

脉动风速的空间相干函数采用 Davenport 相干函数，即

$$\gamma(\omega) = \exp\left\{ -\frac{\omega}{2\pi} \frac{\lambda(x_1 - x_2)}{[U(z_1) + U(z_2)]/2} \right\} \tag{5.10}$$

式中，λ 取 10；x_1、x_2 表示主梁任意两个模拟点的水平坐标。

脉动风场模拟涉及的主要参数详见表 5.4。

表 5.4 脉动风场模拟涉及的主要参数

参数	取值
桥梁长度	4304m
主梁离地面高度 z	102m
平均风速 $U(z)$	100m/s
地面粗糙长度 z_0	0.01（I 类）
模拟点数 P	1077
截止频率 ω_u	4π
时间间隔 d_t	0.25s
频率分段数 N	1024
频率间隔 $\Delta\omega$	0.0123
样本时长 T	600s

基于上述风谱及计算参数，模拟了斜拉桥主梁的脉动风场。以中塔与梁交接处为例，水平向和竖向脉动风速时程及对应的风谱如图 5.15 所示。顺风向总风速的时程曲线及相应的风攻角时程如图 5.16 所示。

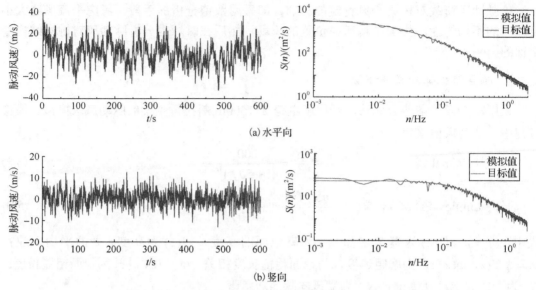

图 5.15　脉动风速时程及对应风谱（平均风速 100m/s）

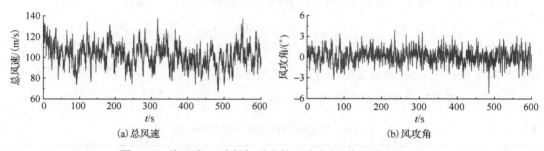

图 5.16　总风速 U 时程与对应的风攻角（平均风速 100m/s）

2. 考虑脉动风的桥梁静风响应分析

考虑脉动风的作用，主梁所受风荷载的攻角如图 5.17 所示。t 时刻风荷载引起的结构有效风攻角为 $\alpha_m + \alpha_r(x,t)$，脉动风特性引起的瞬时风攻角为 $\alpha_u(x,t)$，水平方向风速为 $U_m + u(x,t)$，竖向风速为 $w(x,t)$。故总的风攻角为 $\alpha(x,t) = \alpha_m + \alpha_r(x,t) + \alpha_u(x,t)$，总的风速为 $U(x,t) = \sqrt{[U_m + u(x,t)]^2 + [w(x,t)]^2}$。

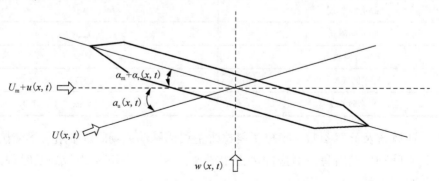

图 5.17　时程分析风攻角示意图

　　根据图 5.17，位于 x 处的结构断面在 t 时刻所受的单位长度三分力按瞬时风轴坐标可表示为

$$F_L'(x,t) = \frac{1}{2}\rho U^2(x,t)C_L[\alpha(x,t)]B$$

$$F_D'(x,t) = \frac{1}{2}\rho U^2(x,t)C_D[\alpha(x,t)]H \qquad (5.11)$$

$$F_M'(x,t) = \frac{1}{2}\rho U^2(x,t)C_M[\alpha(x,t)]B^2$$

将其转化到平均风轴上为

$$F_L(x,t) = F_L'(x,t)\cos[\alpha_U(x,t)] + F_D'(x,t)\sin[\alpha_U(x,t)]$$

$$F_D(x,t) = F_D'(x,t)\cos[\alpha_U(x,t)] - F_L'(x,t)\sin[\alpha_U(x,t)] \qquad (5.12)$$

$$F_M(x,t) = F_M'(x,t)$$

式中，$F_L(x,t)$、$F_D(x,t)$、$F_M'(x,t)$ 分别表示作用于主梁单位长度上的升力、阻力和扭矩；$U(x,t)$ 为来流风速；$C_L[\alpha(x,t)]$、$C_D[\alpha(x,t)]$ 和 $C_M[\alpha(x,t)]$ 分别为对应有效风攻角 $\alpha(x,t)$ 时的升力系数、阻力系数和扭矩系数；B 为主梁宽度；H 为主梁高度；$\alpha(x,t)$ 为有效风攻角、断面扭转位移和自然风攻角之和。

　　式 (5.11) 通过 $U(x,t)$ 和 $\alpha(x,t)$ 全面考虑了脉动风对三分力的作用，据此可开展结构静风响应分析。本节计算时不考虑自激力及气动阻尼的影响。结构阻尼采用 Rayleigh 阻尼，即

$$C = \alpha M + \beta K \qquad (5.13)$$

式中，系数 α 和 β 计算式为

$$\begin{bmatrix} \alpha \\ \beta \end{bmatrix} = \frac{2\xi}{\omega_1 + \omega_2}\begin{bmatrix} \omega_1\omega_2 \\ 1 \end{bmatrix} \qquad (5.14)$$

　　令桥梁各振型阻尼比 ξ=0.5%，ω_1 =0.1235π(rad/s)、ω_2 =0.3524π(rad/s)分别对应第一阶正对称竖弯和扭转模态，计算得到 α=0.0057 和 β=0.0033。阻尼比随频率的变化如图 5.18 所示。

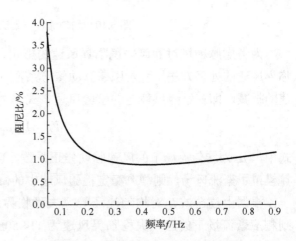

图 5.18　模拟的结构 Rayleigh 阻尼比

　　3. 脉动风对桥梁静风稳定的影响

　　采用上述方法对 2×1500m 的斜拉桥开展考虑脉动风的静风稳定计算。不同风速下的时程统计结果详见表 5.5。均匀流场与紊流场计算结果的比较如图 5.19 所示。结果表明：在紊流场作用下，结构的静风失稳临界风速明显降低。

表 5.5 脉动风对跨中静风扭转位移的影响

平均风速/(m/s)		50	70	90	110	115	120	130
均匀流场扭转位移(静力解)/(°)		0.075	0.168	0.367	0.891	1.154	1.528	2.608
紊流场扭转位移/(°)	平均值	0.053	0.175	0.443	1.504	1.632	3.139	14.399
	RMS 值	0.065	0.199	0.504	1.344	1.575	2.871	25.247

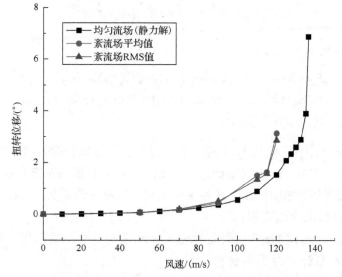

图 5.19 均匀流场与紊流场计算结果比较

为考虑脉动风对静风失稳临界风速的影响，借鉴《公路桥梁抗风设计规范》对颤振临界风速的处理方法，引入风速脉动修正系数 μ_f，通过 μ_f 考虑脉动风对静风稳定临界风速的折减，即三维静风稳定的检验风速按式(5.15)取值：

$$V_{cr} = 1.2\mu_f V_d \tag{5.15}$$

式中，μ_f 为均匀流场下的风速脉动修正系数，可按规范推荐取值；若风洞试验或数值计算模拟了紊流风场，则静风稳定检验风速中的修正系数可取为 1.0。

根据上述公式，对均匀流场静风失稳临界风速计算结果(136.25m/s)进行折减，得到相应紊流场下的静风失稳临界风速为 114.50m/s。与考虑紊流场的数值模拟计算结果(115～120m/s)较为接近，如图 5.19 所示。

图 5.20(a)～(e)描述了平均风速 U 为 50m/s、110m/s、115m/s、120m/s、130m/s 时均匀流和紊流作用下的跨中位移时程曲线。图 5.20(f)为平均风速 U 为 150m/s 时均匀流作用下的跨中位移时程曲线。

当 U 为 50m/s、110m/s、115m/s 时，在施加风荷载后，均匀流作用下的位移基本不变，而紊流作用下的位移围绕均匀流的分析结果上下波动。为减小阶跃激励的影响，在前 50s 内采用 95%的阻尼比，50s 后恢复至 0.5%的阻尼比。

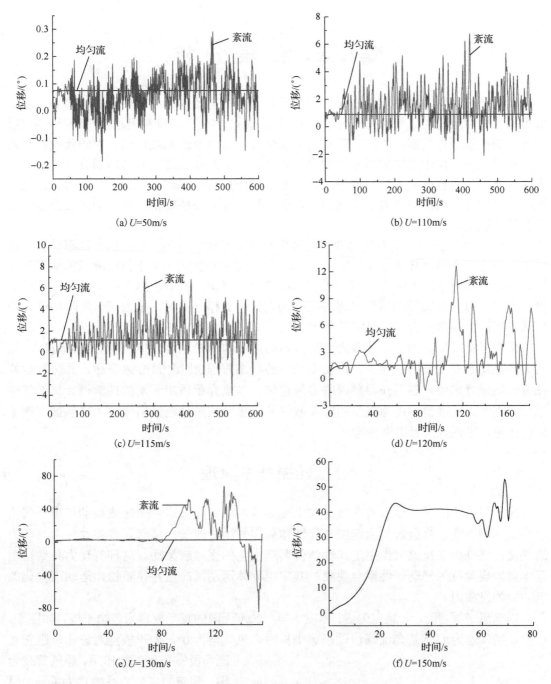

图 5.20　均匀流与考虑紊流的静风响应对比

当 U 为 120m/s、130m/s 时，当阻尼比恢复到 0.5% 后，扭转位移变化幅度明显增大，结构部分单元截面出现屈服而导致结构失稳。当 U 为 150m/s 时，均匀流作用下的结构也出现了失稳现象。

第 6 章 颤 振 分 析

颤振是一种气动弹性现象，发生在形状相对扁平的柔性体中，如飞机机翼和桥面。颤振是指弹性结构在空气动力作用下，由结构自身（含刚度、质量和阻尼及气动外形特性）与气动荷载耦合作用而产生的空气动力失稳现象，属发散性风致振动。对于现代桥梁而言，颤振主要发生于大跨度悬索桥和斜拉桥，以主梁纯扭转或竖弯扭转耦合的振动形态为主，表现为当自然风平均风速超过桥梁固有的颤振临界风速后，振幅急剧增大。这类振动一旦发生，将造成桥梁结构或构件彻底破坏，因此在桥梁抗风设计中要极力避免这类发散性振动。

1940 年发生的美国塔科马海峡大桥风毁事件是桥梁颤振的典型实例，该事件成为桥梁颤振理论研究和桥梁风工程学的开端。经过 80 多年的发展，关于桥梁颤振的研究及计算理论已经取得了巨大进步，形成了较为成熟的、理论与试验相结合的理论体系和抗风设计方法，可为桥梁颤振临界风速的准确判定提供支撑，同时，也为深入阐释桥梁颤振机理、提高桥梁颤振稳定性奠定了基础。

颤振根据其振动形态，可分为分离流扭转颤振和弯扭耦合颤振（也称经典颤振），这两类颤振均具有发散振动性质，可使用统一的状态方程（特征方程）来表达，并按数学特征值问题进行求解，进而获得颤振临界风速值。本章介绍适用于发散性颤振计算的线性理论，也对大跨度桥梁可能发生的非发散性的、振动随风速缓慢增大的"软颤振"现象进行介绍，以期为读者提供参考。

6.1 颤振基本原理

处于气流中的弹性体，若其自身发生变形或振动，那么这种变形或振动相当于气流边界条件的改变，将引起气流速度与弹性体周围气压的改变，从而导致弹性体上气动力的变化；气动力又反过来作用于弹性体使其产生新的变形或振动。这种气动力与结构相互作用的现象称为气动弹性耦合现象，其中由物体运动而产生并伴随物体运动而变化的气动力为自激力。

以理想平板为例，一块宽为 B、厚度为零、长度无限的直平板称为理想平板，如图 6.1 所示。当风速为 U 的均匀流场流过理想平板时，风攻角为 0°，若平板绝对静止，则它对流场没有任何干扰作用，静风荷载为零，相应的三分力系数也为零。如果平板受到扰动而产生竖向和扭转小振动，则存在随着平板运动而变化的自激力。

Theodorsen 在 1935 年利用位势理论，证明了平板本身的微振动扰动

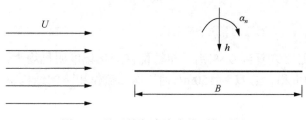

图 6.1　处于均匀来流中的理想平板

了平板上下表面的气流，扰动的气流反过来产生作用于平板的气动力，这个随时间变化的气动力，即与平板振动速度、位移有关的非定常气动力。假设平板做频率为 ω 的简谐振动，即

$$h = h_0 \cos(\omega t) \tag{6.1}$$

$$\alpha_n = \alpha_0 \cos(\omega t) \tag{6.2}$$

根据势流理论，Theodorsen 导出的平板非定常气动力理论解为

$$L = \pi \rho b \left\{ -b\ddot{h} - 2UC(k)\dot{h} - \left[1 + C(k)\right] Ub\dot{\alpha} - 2U^2 C(k)\alpha_n \right\} \tag{6.3}$$

$$M = \pi \rho b^2 \left\{ UC(k)\dot{h} - \frac{b^2\ddot{\alpha}}{8} + \left[-\frac{1}{2} + \frac{1}{2}C(k) \right] Ub\dot{\alpha} + U^2 C(k)\alpha_n \right\} \tag{6.4}$$

式中，L 和 M 分别为平板单位长度上的升力和扭矩；ρ 为空气密度；b 为薄平板半宽，板宽 $B=2b$；h、α_n 分别为平板竖向位移与扭转角；k 为无量纲折减频率，$k=b\omega/U$，ω 为振动圆频率（单位：rad/s）；$C(k)$ 为 Theodorsen 循环函数，当用 Bessel 函数表示时可以写成：

$$C(k) = F(k) + iG(k) \tag{6.5}$$

$$F(k) = 1 - \frac{0.165}{1 + \left(\dfrac{0.0455}{k}\right)^2} - \frac{0.335}{1 + \left(\dfrac{0.3}{k}\right)^2} \tag{6.6}$$

$$G(k) = \frac{0.165 \times 0.0455 / k}{1 + \left(\dfrac{0.0455}{k}\right)^2} - \frac{0.335 \times 0.3 / k}{1 + \left(\dfrac{0.3}{k}\right)^2} \tag{6.7}$$

由式(6.5)～式(6.7)可以看出，非定常气动力是竖向速度和竖向加速度的线性函数，也是扭转角、扭转角速度及扭转角加速度的线性函数，即气动力的大小随平板本身运动的大小而变化，因此称为自激力。

Theodorsen 提出的自激力理论模型在后续大量飞行器风洞试验中得到了验证，奠定了机翼颤振研究和后续其他细长结构颤振研究的基础，也是古典耦合颤振理论的基础。Bleich 认为悬索桥桁架加劲梁的上板梁接近于理想平板，而空腹桁架上所受到的气动力相对较小可忽略不计，进而直接采用 Theodorsen 的表达式来近似描述作用于悬索桥加劲梁上的自激力。由此可得，悬索桥加劲梁的二维颤振运动微分方程为

$$m\ddot{h} + m\omega_h^2(1 + ig_h)h = L \tag{6.8}$$

$$I\ddot{\alpha} + m\omega_\alpha^2(1 + ig_\alpha)\alpha_n = M \tag{6.9}$$

式中，m、I 分别为桥面每延米的质量和质量惯矩；ω_h、ω_α 分别为悬索桥的弯曲基频和扭转基频；g_h、g_α 分别为弯曲和扭转振动的复阻尼系数；L、M 分别为采用 Theodorsen 函数表示的平板自激气动升力和扭矩。

6.2 频域颤振分析

6.2.1 多模态法

颤振失稳是大跨度桥梁设计中所关注的主要问题之一，颤振分析需将桥梁的有限元

模型及其由风洞节段模型试验得到的空气动力特性结合起来，寻找新型具有优越气动外形的桥梁断面，设计更为强健的结构系统中起着重要的作用。经验表明，对于跨度较大的桥梁，采用多模态耦合分析方法开展桥梁颤振分析较为可靠。下面对该方法进行简要介绍。

假设桥面竖向、横向以及扭转动位移可分别表示为 $h(x,t)$、$p(x,t)$ 和 $\alpha(x,t)$，即

$$h(x,t) = \sum_j h_j(x) q_j(t)$$

$$p(x,t) = \sum_j p_j(x) q_j(t) \qquad (6.10)$$

$$\alpha(x,t) = \sum_j \alpha_j(x) q_j(t)$$

式中，$h_j(x)$、$p_j(x)$ 和 $\alpha_j(x)$ 为第 j 振型；$q_j(t)$ 为第 j 个模态坐标；x 为纵向位置。

单位长度自激力中升力、阻力和扭转力矩如下：

$$L_{se}(t) = \frac{1}{2}\rho U^2 (2b)\left(kH_1^* \frac{h}{U} + kH_2^* \frac{b\dot{\alpha}}{U} + k^2 H_3^* \alpha + k^2 H_4^* \frac{h}{b} + kH_5^* \frac{\dot{p}}{U} + k^2 H_6^* \frac{p}{b} \right) \quad (6.11)$$

$$D_{se}(t) = \frac{1}{2}\rho U^2 (2b)\left(kP_1^* \frac{\dot{p}}{U} + kP_2^* \frac{b\dot{\alpha}}{U} + k^2 P_3^* \alpha + k^2 P_4^* \frac{p}{b} + kP_5^* \frac{h}{U} + k^2 P_6^* \frac{h}{b} \right) \quad (6.12)$$

$$M_{se}(t) = \frac{1}{2}\rho U^2 (2b)\left(kA_1^* \frac{h}{U} + kA_2^* \frac{b\dot{\alpha}}{U} + k^2 A_3^* \alpha + k^2 A_4^* \frac{h}{b} + kA_5^* \frac{\dot{p}}{U} + k^2 A_6^* \frac{p}{b} \right) \quad (6.13)$$

式中，ρ 为空气密度；U 为平均风速；$B = 2b$ 为桥面宽度；$k = b\omega/U$ 为折减频率，ω 为圆频率。H_j^*、P_j^* 和 A_j^* ($j=1, 2, \cdots, 6$) 为气动导数。基于模态坐标的桥梁运动方程矩阵形式为

$$M\ddot{q} + C\dot{q} + Kq = \frac{1}{2}\rho U^2 \left(A_s q + \frac{b}{U} A_d \dot{q} \right) \qquad (6.14)$$

式中，$M = \text{diag}(m_j)$、$C = \text{diag}(2m_j \xi_{sj} \omega_{sj})$、$K = \text{diag}(m_j \omega_{sj}^2)$ 分别为广义质量矩阵、广义阻尼矩阵和广义刚度矩阵；m_j、ξ_{sj} 和 ω_{sj} 分别为第 j 阶模态质量、阻尼比和频率；A_s 和 A_d 分别为空气动力刚度矩阵和阻尼矩阵。其元素如下：

$$A_{sij} = (2k^2)\left(H_4^* G_{h_i h_j} + H_6^* G_{h_i p_j} + bH_3^* G_{h_i \alpha_j} + P_6^* G_{p_i h_j} + P_4^* G_{p_i p_j} + bP_3^* G_{p_i \alpha_j} \right.$$
$$\left. + bA_4^* G_{\alpha_i h_j} + bA_6^* G_{\alpha_i p_j} + b^2 A_3^* G_{\alpha_i \alpha_j} \right) \qquad (6.15)$$

$$A_{dij} = (2k)\left(H_1^* G_{h_i h_j} + H_5^* G_{h_i p_j} + bH_2^* G_{h_i \alpha_j} + P_5^* G_{p_i h_j} + P_1^* G_{p_i p_j} + bP_2^* G_{p_i \alpha_j} \right.$$
$$\left. + bA_1^* G_{\alpha_i h_j} + bA_5^* G_{\alpha_i p_j} + b^2 A_2^* G_{\alpha_i \alpha_j} \right) \qquad (6.16)$$

式中，$G_{r_i s_j} = \int_L r_i(x) s_j(x) \mathrm{d}x$ 为模态积分 ($r,s = h, p, \alpha$)。

这样，基于多模态坐标，在给定风速下，桥梁由于空气动力刚度及阻尼产生的多模态耦合方程等效如下：

$$\left(\lambda^2 \boldsymbol{M} + \lambda \boldsymbol{C} + \boldsymbol{K}\right) q_0 \mathrm{e}^{\lambda t} = \frac{1}{2} \rho U^2 \left(\boldsymbol{A}_s + \overline{\lambda} \boldsymbol{A}_d\right) q_0 \mathrm{e}^{\lambda t} \tag{6.17}$$

于是，求解颤振临界风速可进一步转换为求解 $q(t) = q_0 \mathrm{e}^{\lambda t}$ 的复特征值问题。式中，$\lambda = -\xi\omega + \mathrm{i}\omega\sqrt{1-\xi^2}$，$\overline{\lambda} = \lambda b / U = \left(-\xi + \mathrm{i}\sqrt{1-\xi^2}\right)k$，对应的特征值实部为零的状态，即无阻尼状态，则为颤振发生风速。

下面以某大桥的初步设计方案为例，采用多模态法，开展该桥颤振临界风速分析。该桥为双塔单索面斜拉桥，跨径布置为(158+392+158)m。桥塔采用"帆"型塔，桥塔纵向为双柱，塔高约140m。采用塔墩固结、塔梁分离体系(支承、半漂浮体系)，主塔从梁中间穿过，主梁下设置支座，主桥跨径布置如图6.2所示，主梁标准横断面如图6.3所示。

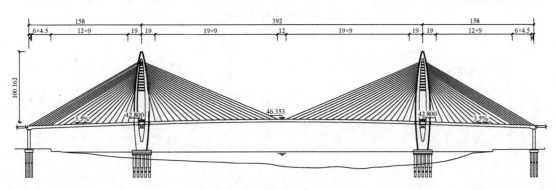

图 6.2 主桥跨径布置图(单位：m)

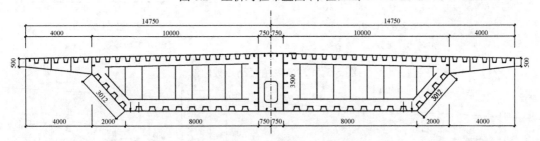

图 6.3 主梁标准横断图(单位：mm)

大涡模拟方法模拟气流的瞬态流动，采用强迫振动法，改变结构振动频率，从而获得主梁断面在不同折减风速下的流场变化及断面所受风荷载(阻力、升力、扭矩)时程曲线，并利用最小二乘法识别不同折减风速下对应的气动导数，如图6.4～图6.6所示。

将前述强迫振动法所获得的气动导数与结构的动力特性相结合，选取与颤振关系密切的主要振型(1阶、4阶、6阶、7阶、8阶)进行多模态桥梁三维颤振分析，就可得到不同风攻角下的颤振临界风速，计算结果如图6.7～图6.9所示。

(1)0°风攻角。数值模拟结果显示颤振临界风速为103.35m/s，颤振频率为0.76Hz。

(2) -3°风攻角。数值模拟结果显示颤振临界风速为243.3m/s，颤振频率为0.61Hz。

(3) +3°风攻角。数值模拟结果显示颤振临界风速为86.8m/s，颤振频率为0.75Hz。

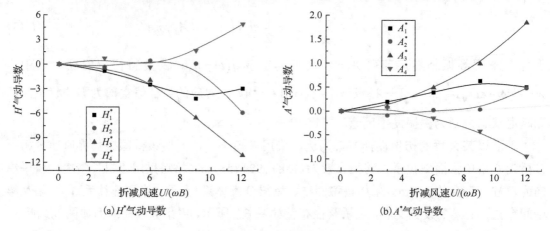

图6.4　0°风攻角气动导数曲线

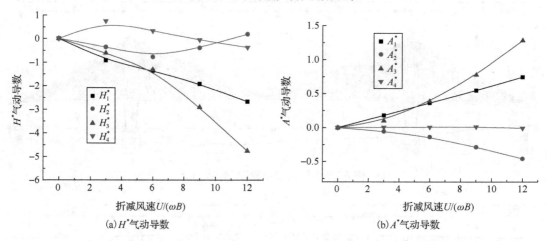

图6.5　-3°风攻角气动导数曲线

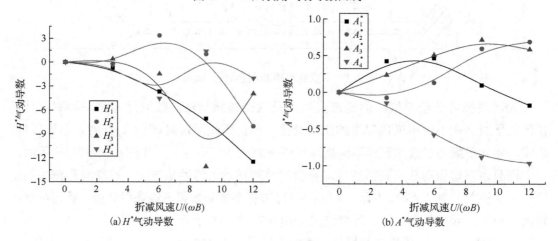

图6.6　+3°风攻角气动导数曲线

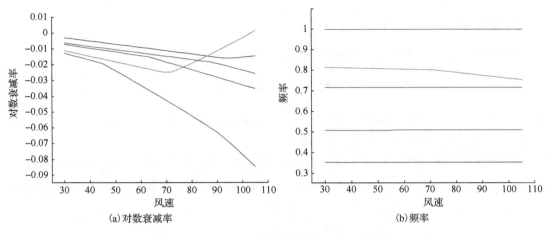

图 6.7　0°风攻角下各阶振型随风速变化曲线

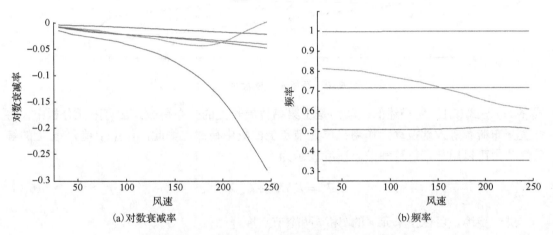

图 6.8　-3°风攻角下各阶振型随风速变化曲线

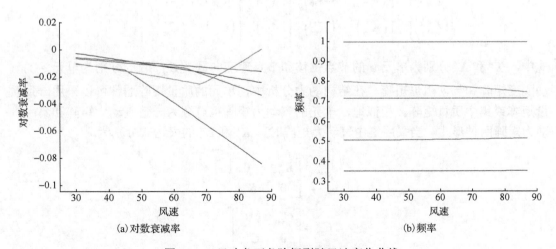

图 6.9　3°风攻角下各阶振型随风速变化曲线

6.2.2 全阶法

桥梁结构在均匀流中的运动方程可以描述为

$$M\ddot{X} + C\dot{X} + KX = F_{se} \tag{6.18}$$

式中，M、C、K分别为结构的质量、阻尼与刚度矩阵；X、$\dot{X}$、$\ddot{X}$分别为结构节点的位移、速度与加速度向量；F_{se}为自激力。

作用在主梁单位长度上的气动升力L_{se}、气动阻力D_{se}和气动扭矩M_{se}可由式(6.11)～式(6.13)计算得到。D_{se}、L_{se}和M_{se}的方向及主梁断面位移等参数的示意如图 6.10 所示。

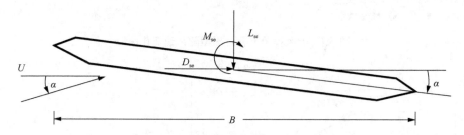

图 6.10 桥梁主梁断面的气动力

式(6.11)～式(6.13)所描述的气动力是主梁单位展长上的分布荷载，在有限元分析中，将这些分布荷载等效地换算为作用在单元节点上的集中荷载。如此，作用于单元 e 上的等效气动力可以用节点位移和节点速度表示为

$$F_{se}^{e} = K_{se}^{e} X^{e} + C_{se}^{e} \dot{X}^{e} \tag{6.19}$$

进一步地，可以按单元 e 的 i 和 j 两个节点展开为

$$\left\{ \begin{matrix} \left(F_{se}^{e}\right)_i \\ \left(F_{se}^{e}\right)_j \end{matrix} \right\} = \begin{bmatrix} \left(K_{se}^{e}\right)_{ii} & \left(K_{se}^{e}\right)_{ij} \\ \left(K_{se}^{e}\right)_{ji} & \left(K_{se}^{e}\right)_{jj} \end{bmatrix} \left\{ \begin{matrix} X_i^{e} \\ X_j^{e} \end{matrix} \right\} + \begin{bmatrix} \left(C_{se}^{e}\right)_{ii} & \left(C_{se}^{e}\right)_{ij} \\ \left(C_{se}^{e}\right)_{ji} & \left(C_{se}^{e}\right)_{jj} \end{bmatrix} \left\{ \begin{matrix} \dot{X}_i^{e} \\ \dot{X}_j^{e} \end{matrix} \right\} \tag{6.20}$$

式中，X^{e} 和 $\dot{X}^{e}$ 分别为单元 e 的节点位移和节点速度向量；K_{se}^{e} 和 C_{se}^{e} 分别为单元 e 的气动刚度矩阵和气动阻尼矩阵。在结构动力分析中，单元的质量矩阵通常可以采用一致质量矩阵或集中质量矩阵。相似地，单元的气动力矩阵也可分为一致气动力矩阵和集中气动力矩阵两种形式。当采用集中气动力矩阵时，K_{se}^{e} 和 C_{se}^{e} 的表达式分别为

$$K_{se}^{e} = \begin{bmatrix} K_{se1}^{e} & \mathbf{0} \\ \mathbf{0} & K_{se1}^{e} \end{bmatrix} \tag{6.21}$$

$$C_{se}^{e} = \begin{bmatrix} C_{se1}^{e} & \mathbf{0} \\ \mathbf{0} & C_{se1}^{e} \end{bmatrix} \tag{6.22}$$

式中，

$$\boldsymbol{K}_{\mathrm{se1}}^{e} = a \begin{bmatrix} 0 & 0 & 0 & 0 & 0 & 0 \\ 0 & P_6^* & P_4^* & BP_3^* & 0 & 0 \\ 0 & H_6^* & H_4^* & BH_3^* & 0 & 0 \\ 0 & BA_6^* & BA_4^* & B^2A_3^* & 0 & 0 \\ 0 & 0 & 0 & 0 & 0 & 0 \\ 0 & 0 & 0 & 0 & 0 & 0 \end{bmatrix} \tag{6.23}$$

$$\boldsymbol{C}_{\mathrm{se1}}^{e} = b \begin{bmatrix} 0 & 0 & 0 & 0 & 0 & 0 \\ 0 & P_5^* & P_1^* & BP_2^* & 0 & 0 \\ 0 & H_5^* & H_1^* & BH_2^* & 0 & 0 \\ 0 & BA_5^* & BA_1^* & B^2A_2^* & 0 & 0 \\ 0 & 0 & 0 & 0 & 0 & 0 \\ 0 & 0 & 0 & 0 & 0 & 0 \end{bmatrix} \tag{6.24}$$

$a = \rho U^2 k^2 L_e / 2$，$b = \rho UBk L_e / 2$，L_e 为单元 e 的长度。其中各非零元素的具体位置还取决于整体坐标系的方向。由式(6.23)和式(6.24)可知，当桥梁断面的具体形状确定、全部气动导数均为已知时，气动刚度和气动阻尼矩阵中的系数即可确定，单元 e 两个节点上所受到的气动力可由节点的位移和速度完全确定。

与多模态颤振分析方法不同，全阶法中气动荷载可直接加载于结构物理坐标系中，避免了模态叠加技术的使用，更加直观便利。陈政清院士与华旭刚教授等利用通用有限元分析软件 ANSYS 实现了全阶法求解桥梁颤振临界风速。在 ANSYS 的单元库中，Matrix27 单元是一种功能很强的单元，其示意图如图 6.11 所示。Matrix27 单元可以代表刚度、阻尼或质量矩阵中的任一种，单元的几何特性无定义，但其弹性运动学响应可通过刚度、阻尼或者质量系数矩阵的形式来指定。该单元具有两个节点，每个节点有 6 个自由度，即沿节点坐标系 x、y、z 轴方向的平动和绕节点坐标系 x、y、z 轴方向的转动。与一般的结构单元不同，它还可以定义非对称矩阵，而气动刚度矩阵和气动阻尼矩阵也是不对称的，因此 Matrix27 单元在模拟主梁断面的气动自激力方面表现出明显的优越性。

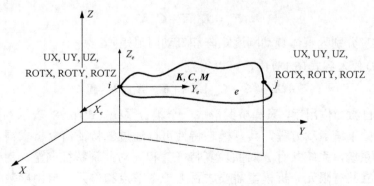

图 6.11 Matrix27 单元示意图

不对称情况下 Matrix27 单元矩阵共有 144 个系数（$C_1 \sim C_{144}$），将式(6.23)和式(6.24)定义好的气动刚度/阻尼矩阵系数对号入座代入该矩阵中，就可利用该单元来模拟主梁节点上的气动自激力。为将上述自激力荷载在 ANSYS 中实现，对于任意选定的桥面单元 e 而言，可采用如图 6.12 所示的计算图示。由于一个 Matrix27 单元只能模拟一个气动刚度或者气动阻尼矩阵，而不能同时模拟这两者，因此需在每个主梁节点处添加一对 Matrix 27 单元，包括一个刚度单元和一个阻尼单元。

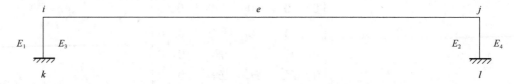

图 6.12 自激力有限元模拟示意图

在图 6.12 中，对于单元 $E_1 \sim E_4$，其中一个节点为主梁单元 e 上的节点 i 或 j，另一个节点为固定端，Matrix27 单元形状可任取，因此可以任意指定固定节点的位置。以节点 i 为例，单元 E_1 用于模拟该节点处受到的气动弹性力而单元 E_3 用于模拟气动阻尼力，单元 E_1 和 E_3 共用 i 和 k 两个节点。单元 E_2 和 E_4 的作用和模拟方式与单元 E_1 和 E_3 相同。

由以上分析可知，单元 e 上节点 i、j 处的气动刚度和气动阻尼矩阵的表达式分别为

$$K^{E_1} = K_{se}^e + K_{se}^{e-1}, \quad C^{E_3} = C_{se}^e + C_{se}^{e-1}$$
$$K^{E_2} = K_{se}^e + K_{se}^{e+1}, \quad C^{E_4} = C_{se}^e + C_{se}^{e+1} \tag{6.25}$$

特别地，当桥面各单元的长度相等时，式(6.25)可以简化为

$$K^{E_1} = 2K_{se}^e, \quad C^{E_3} = 2C_{se}^e$$
$$K^{E_2} = 2K_{se}^e, \quad C^{E_4} = 2C_{se}^e \tag{6.26}$$

式中，K_{se}^e 和 C_{se}^e 分别为单元 e 的气动刚度矩阵和气动阻尼矩阵；K^{E_1} 和 K^{E_2} 分别为单元 E_1 和 E_2 的气动刚度矩阵；C^{E_3} 和 C^{E_4} 分别为单元 E_3 和 E_4 的气动阻尼矩阵。因此，将式(6.26)的单元气动力矩阵变换到整体坐标系下，集总形成结构整体气动力矩阵，并分别与原结构的刚度矩阵和阻尼矩阵进行叠加，即可得到用于颤振分析的有限元模型的系统刚度矩阵和阻尼矩阵，即

$$F_{se} = K_{se} X + C_{se} \dot{X} \tag{6.27}$$

式中，K_{se} 和 C_{se} 分别为整体气动刚度矩阵和气动阻尼矩阵。

将式(6.27)代入到式(6.18)中，可以得到：

$$M\ddot{X} + (C - C_{se})\dot{X} + (K - K_{se})X = 0 \tag{6.28}$$

考虑气动自激力作用后，风和桥梁形成一个耦合系统，式(6.28)表示的是以风速和振动频率为参数的系统运动方程，其复模态特性可以通过复特征值分析求得。对于一个具有 n 自由度的系统，系统共有 n 对共轭复特征值和 n 对共轭特征向量。对于大跨度桥梁结构而言，建立其有限元分析模型需要成百上千个节点和单元，自由度数往往达到成千上万个，要考虑结构所有复模态是不切实际的。但是桥梁的最低颤振临界风速往往发生

在结构的低阶频率，因此一般只需要跟踪结构的低阶复特征值随风速的变化。此时，系统的动力响应可以近似为前 m 对共轭复特征值和特征向量的叠加：

$$X = \sum_{j=1}^{m} \Phi_j e^{\lambda_j t} \tag{6.29}$$

式中，$j = 1, 2, \cdots, m$；$\lambda_j = \sigma_j \pm i\omega_j$ 为第 j 阶共轭复特征值；$\Phi_j = p_j \pm iq_j$ 为第 j 对共轭特征向量，$i = \sqrt{-1}$。

若所有复特征值的实部为负，则系统是动力稳定的；若至少有一个复特征值的实部为正，则系统是动力不稳定的。因此，结构发生颤振失稳的临界状态为：在某一特定风速 U_f 下，系统有且仅有一个实部为零的复特征值 λU_f，对应的风速 U_f 即为颤振临界风速，复特征值 λ_f 的虚部 ω_f 即为颤振频率。

从式(6.23)和式(6.24)可以看出，Matrix27 单元的系数矩阵依赖于风速、响应频率和无量纲折减频率三个参数，其中只有两个是相互独立的。选择风速和频率作为两个独立参数，桥梁颤振临界状态的识别涉及对风速进行搜索和对频率进行迭代的过程。由于实际颤振频率对应的模态是预先未知的，可采用逐个模态跟踪法进行求解。具体求解步骤如下。

(1)建立不加 Matrix27 单元的初始有限元模型，求得结构的前 m 阶频率 ω^0 和振型。

(2)在初始有限元模型中添加 Matrix27 单元组成集成系统，气动导数通过 TABLE 命令进行存储。

(3)设定初始搜索风速 U_0 以及合适的风速增量 ΔU，选择跟踪模态，假设系统的第 i 阶振动频率 ω_0 依次等于跟踪模态的初始频率 $\omega_i^0 (i = 1, 2, \cdots, n)$。

(4)根据当前迭代过程中的折减风速确定气动刚度单元和气动阻尼单元的系数矩阵，然后进行阻尼特征值分析。

(5)比较第 i 阶复特征值 λ_i 的虚部和试算频率 ω_0，若 $\left| \left[\mathrm{Im}(\lambda_i) - \omega_0 \right] / \mathrm{Im}(\lambda_i) \right| > \varepsilon$（$\varepsilon$ 为容许误差极限，这里取 $\varepsilon = 10^{-3}$），则令 $\omega_0 = \mathrm{Im}(\lambda_i)$，并重复步骤(4)和(5)，否则进入步骤(6)。

(6)对所有跟踪的前 n 阶模态重复步骤(4)和(5)，若所有复特征值 $\lambda_i (i = 1, 2, \cdots, n)$ 的实部均为负，令 $U = U_0 + \Delta U$ 并重复步骤(4)和(5)，否则终止迭代。

ANSYS 软件除了具有强大的计算分析功能外，还具有开放的二次开发系统，可以提供 ANSYS 参数设计语言(ANSYS Parametric Design Language，APDL)、用户界面设计语言(User Interface Design Language，UIDL)、用户可编程特性(User Programmable Features，UPFS)等多种工具来满足用户的特定需求。其中，APDL 包含参数的定义、矩阵的运算、循环语句和判断语句的设置等功能，可以自动进行一些通用分析步骤，无须人工干预。因此，上述计算过程可以通过 APDL 实现，具体流程图如图 6.13 所示。

需要说明的是，关于风速增量 ΔU 的选择，如果 ΔU 过大，可能无法对颤振临界风速准确定位；反之如果 ΔU 过小，导致计算工作量太大，耗时太长而无法接受。因此，在计算过程中可以先选择较大风速增量，对颤振临界状态进行粗略上下界估计，然后在高风速区间内，选择较小风速增量，进行更准确的搜索。

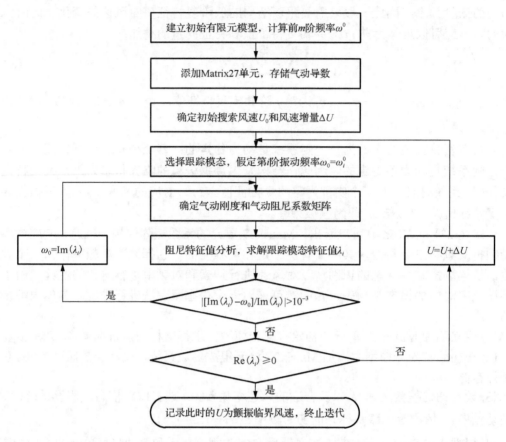

图 6.13　ANSYS 全阶法颤振频域分析流程图

下面以一块宽度为 B、厚度为零、长度无限的理想平板为例,对 ANSYS 全阶法颤振分析流程进行说明。假设一简支梁长 $L = 300\text{m}$,宽 $B = 40\text{m}$,两端具有扭转约束。竖向和横向抗弯刚度分别为 $EI_z = 2.1 \times 10^6 \text{MPa} \cdot \text{m}^4$,$EI_y = 1.8 \times 10^7 \text{MPa} \cdot \text{m}^4$,抗扭刚度 $GI_t = 4.1 \times 10^5 \text{MPa} \cdot \text{m}^4$,每延米质量为 $m = 20000\text{kg/m}$,质量惯性矩为 $I_m = 4.5 \times 10^6 \text{kg} \cdot \text{m}^2/\text{m}$,空气密度为 $\rho = 1.225\text{kg/m}^3$。假设结构各阶模态阻尼比均为 0。

通过 ANSYS 建立上述结构的有限元模型,如图 6.14 所示。其中简支梁采用 BEAM4 单元模拟,质量惯性矩采用 MASS21 单元模拟,自激力采用 Matrix27 单元模拟。模型共分为 60 个节点和 117 个单元,其中包括 30 个梁单元、29 个质量单元和 58 个 Matrix27 单元。

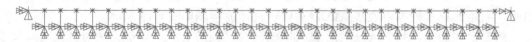

图 6.14　简支梁颤振分析有限元模型

作用于理想平板上的气动自激力采用 Theodorsen 循环函数表示,即 $C(k) = F(k) +$

$iG(k)$，其中 Theodorsen 函数的实部 $F(k)$ 和虚部 $G(k)$ 可以采用 Jones 提出的近似表达式：

$$F(k) = 1 - \frac{0.165}{1 + \left(\dfrac{0.0455}{k}\right)^2} - \frac{0.335}{1 + \left(\dfrac{0.3}{k}\right)^2} \tag{6.30}$$

$$G(k) = -\frac{0.165 \times 0.0455/k}{1 + \left(\dfrac{0.0455}{k}\right)^2} - \frac{0.335 \times 0.3/k}{1 + \left(\dfrac{0.3}{k}\right)^2} \tag{6.31}$$

式中，$k = \omega b/U = K/2$。理想平板的气动导数 H_i^* 和 A_i^* $(i=1，2，3，4)$ 的表达式如下：

$$H_1^* = -\frac{2\pi F}{4k}, \qquad H_2^* = -\frac{\pi}{8k}\left(1 + F + \frac{2G}{k}\right)$$

$$H_3^* = -\frac{2\pi}{8k^2}\left(F - \frac{kG}{2}\right), \qquad H_4^* = \frac{2\pi}{4}\left(\frac{1}{2} + \frac{G}{k}\right) \tag{6.32}$$

$$A_1^* = \frac{\pi F}{8k}, \qquad A_2^* = \frac{\pi}{16k}\left(\frac{G}{k} + \frac{F-1}{2}\right)$$

$$A_3^* = \frac{\pi}{16k^2}\left(F - \frac{kG}{2} + \frac{k^2}{8}\right), \qquad A_4^* = -\frac{\pi G}{8k} \tag{6.33}$$

可见，气动导数是无量纲频率 K 的函数。另外，就桥梁风工程而言，更加关心的是随着风速的提高，气动自激力的变化情况，而在这一过程中，频率 f 的变化是很小的。因此，实际应用中还引进无量纲风速 $\tilde{U}$（即约化风速），其定义及与无量纲频率 K 的换算关系为

$$\tilde{U} = \frac{U}{fB} = \frac{2\pi}{K} \tag{6.34}$$

理想平板断面气动导数曲线如图 6.15 所示。在 ANSYS 中，气动导数以 TABLE 方式存储，以便在不同无量纲风速下进行插值。

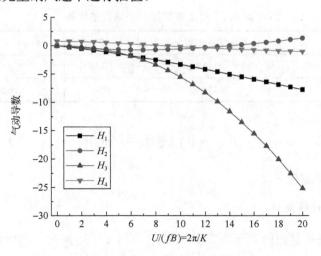

图 6.15　理想平板断面气动导数曲线

选取前 10 阶模态作为参与模态，采用上述颤振分析方法对该简支梁进行颤振分析，观察在 0～180m/s 风速范围内系统低阶复模态随风速的变化。系统的前 10 阶复特征值的实部和虚部随风速的变化如图 6.16 所示。

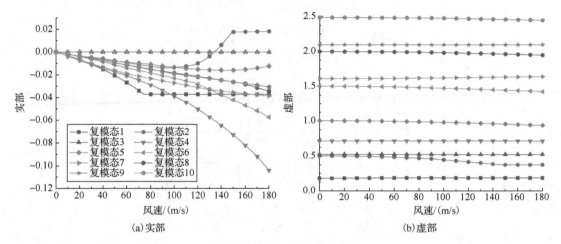

(a) 实部　　　　　　　　　　　　　　　　　(b) 虚部

图 6.16　复特征值随风速变化图

从图 6.16 中可以看出：①对于侧弯模态 3 和 9，其阻尼始终为 0，而模态频率也保持不变；②对于竖弯模态，其振动频率和阻尼均随着风速的增加而减小，当风速达到 145m/s 以后复模态 1 的阻尼保持不变；③对于扭转模态 2 和 5，其振动频率随着风速的增加而有所下降，而阻尼则表现为先减小后增大。对于复模态 2，当风速达到 139.59m/s 的时候，其复特征值的实部即阻尼由负升至 0，表明结构处于颤振临界状态，对应的虚部为 0.3800Hz，即为颤振频率。表 6.1 给出了理想平板频域颤振分析结果与理论解的比较。由表 6.1 可知，理想平板频域颤振分析结果与理论解十分吻合，验证了频域颤振分析方法的合理性。

表 6.1　简支梁颤振分析结果的比较

分析方法	颤振临界风速/(m/s)	误差/%	颤振频率/Hz	误差/%
本节方法	133.59	−0.22	0.3800	−0.03
理论解	139.90	0.00	0.3801	0.00

6.3　时域颤振分析

6.3.1　自激力的时域化

1. 自激力的时域表达

对桥梁结构进行颤振时域分析，其关键的不同在于对风荷载的时域化处理；具体到颤振分析，也就是将频域表达式的自激力转换到时域。

Scanlan 将机翼理论中阶跃函数的概念引入桥梁中，提出了用阶跃函数表达桥面任意运动下自激力的纯时域表达式（以纯扭转为例）：

$$M_\alpha = \frac{1}{2}\rho U^2 (2B^2)\frac{\mathrm{d}C_M}{\mathrm{d}\alpha}\left[X_{M\alpha}\dot{\alpha}(s) + \int_0^s \varPhi_{M0}(s-t)\dot{\alpha}(t)\mathrm{d}\tau\right] \tag{6.35}$$

式中，$s = Ut/B$；$\varPhi_{M0}(s)$ 为气动力阶跃函数。式 (6.35) 可以直接应用于时域计算处理紊流问题，但考虑气动耦合时的气动力阶跃函数却难以确定。

鉴于此，Lin 从脉冲响应函数的概念出发，提出了用脉冲响应函数来表示自激力的时域表达式，这里将它扩展为包含竖弯、侧弯和扭转三个方向的自激力表达式：

$$\begin{aligned}
L_{\mathrm{se}}(t) &= L_h(t) + L_p(t) + L_\alpha(t)\\
&= \int_{-\infty}^t f_{Lh}(t-\tau)h(\tau)\mathrm{d}\tau + \int_{-\infty}^t f_{Lp}(t-\tau)p(\tau)\mathrm{d}\tau + \int_{-\infty}^t f_{L\alpha}(t-\tau)\alpha(\tau)\mathrm{d}\tau\\
D_{\mathrm{se}}(t) &= D_h(t) + D_p(t) + D_\alpha(t)\\
&= \int_{-\infty}^t f_{Dh}(t-\tau)h(\tau)\mathrm{d}\tau + \int_{-\infty}^t f_{Dp}(t-\tau)p(\tau)\mathrm{d}\tau + \int_{-\infty}^t f_{D\alpha}(t-\tau)\alpha(\tau)\mathrm{d}\tau\\
M_{\mathrm{se}}(t) &= M_h(t) + M_p(t) + M_\alpha(t)\\
&= \int_{-\infty}^t f_{Mh}(t-\tau)h(\tau)\mathrm{d}\tau + \int_{-\infty}^t f_{Mp}(t-\tau)p(\tau)\mathrm{d}\tau + \int_{-\infty}^t f_{M\alpha}(t-\tau)\alpha(\tau)\mathrm{d}\tau
\end{aligned} \tag{6.36}$$

式中，各积分号内的第一项对应的是脉冲响应函数（共 9 个），进而可进一步确定脉冲响应函数的具体表达式。

对式 (6.36) 的等号两边进行 Fourier 变换，并经过数学推导，可得

$$\begin{aligned}
L_{\mathrm{se}}(\omega) &= \omega^2 \rho B^2 [C_{Lh}(\upsilon)h(\omega) + C_{Lp}(\upsilon)p(\omega) + BC_{L\alpha}(\upsilon)\alpha(\omega)]\\
D_{\mathrm{se}}(\omega) &= \omega^2 \rho B^2 [C_{Dh}(\upsilon)h(\omega) + C_{Dp}(\upsilon)p(\omega) + BC_{D\alpha}(\upsilon)\alpha(\omega)]\\
M_{\mathrm{se}}(\omega) &= \omega^2 \rho B^2 [BC_{Mh}(\upsilon)h(\omega) + BC_{Mp}(\upsilon)p(\omega) + B^2 C_{M\alpha}(\upsilon)\alpha(\omega)]
\end{aligned} \tag{6.37}$$

由式 (6.37) 可得

$$\begin{aligned}
L_{\mathrm{se}}(\omega) &= L_h(\omega) + L_p(\omega) + L_\alpha(\omega)\\
&= F_{Lh}(\omega)h(\omega) + F_{Lp}(\omega)p(\omega) + F_{L\alpha}(\omega)\alpha(\omega)\\
D_{\mathrm{se}}(\omega) &= D_h(\omega) + D_p(\omega) + D_\alpha(\omega)\\
&= F_{Dh}(\omega)h(\omega) + F_{Dp}(\omega)p(\omega) + F_{D\alpha}(\omega)\alpha(\omega)\\
L_{\mathrm{se}}(\omega) &= M_h(\omega) + M_p(\omega) + M_\alpha(\omega)\\
&= F_{Mh}(\omega)h(\omega) + F_{Mp}(\omega)p(\omega) + F_{M\alpha}(\omega)\alpha(\omega)
\end{aligned} \tag{6.38}$$

比较式 (6.37) 和式 (6.38) 对应的部分可得

$$F_{Lh}(\omega) = \rho B^2 \omega^2 [H_4^*(\upsilon) + \mathrm{i}H_1^*(\upsilon)]$$

$$F_{Lp}(\omega) = \rho B^2 \omega^2 [H_4^*(\upsilon) + \mathrm{i}H_5^*(\upsilon)]$$

$$F_{L\alpha}(\omega) = \rho B^3 \omega^2 [H_3^*(\upsilon) + \mathrm{i}H_2^*(\upsilon)]$$

$$F_{Dh}(\omega) = \rho B^2 \omega^2 [P_6^*(\upsilon) + \mathrm{i}P_5^*(\upsilon)]$$

$$F_{Dp}(\omega) = \rho B^2 \omega^2 [P_4^*(\upsilon) + \mathrm{i}P_1^*(\upsilon)] \qquad (6.39)$$

$$F_{D\alpha}(\omega) = \rho B^3 \omega^2 [P_3^*(\upsilon) + \mathrm{i}P_2^*(\upsilon)]$$

$$F_{Mh}(\omega) = \rho B^3 \omega^2 [A_4^*(\upsilon) + \mathrm{i}A_1^*(\upsilon)]$$

$$F_{Mp}(\omega) = \rho B^3 \omega^2 [A_6^*(\upsilon) + \mathrm{i}A_5^*(\upsilon)]$$

$$F_{M\alpha}(\omega) = \rho B^4 \omega^2 [A_3^*(\upsilon) + \mathrm{i}A_2^*(\upsilon)]$$

由于气动导数可通过试验获得，因此从理论上讲，对式 (6.39) 进行 Fourier 变换就可以得到脉冲响应函数的表达式。但是，一方面从试验提取的气动导数所覆盖的频率范围非常有限，另一方面即便有完整的气动导数数据，其 Fourier 变换实际上由一系列离散数据组成，很不方便应用。因此，必须寻找脉冲响应函数的近似表达式。

在经典的机翼理论中，非定常气动力的频率响应函数常用 Roger 形式的有理函数来近似描述。将这一有理函数推广到桥梁中来，可获得桥梁断面非定常气动力传递函数一种可能的近似表达 (以 $F_{M\alpha}(\omega)$ 为例)：

$$F_{M\alpha}(\omega) = \rho U^2 B^2 \left(C_1 + \mathrm{i}C_2 \frac{B\omega}{U} + \sum_{k=3}^{n} C_k \frac{\mathrm{i}\omega}{d_k \dfrac{U}{B} + \mathrm{i}\omega} \right) \qquad (6.40)$$

式中，$C_1, \cdots, C_n$, $d_3, \cdots, d_n$ 为无量纲的待定系数，且它们均与频率无关；第一项表示由位移项引起的气动力；第二项表示由速度项引起的气动力；第三项用于描述滞后于速度项的气动力非定常部分，$n-2$ 为非定常项的数目，其中 $d_k > 0$。加速度项引起的气动力部分较小，通常被忽略。

由于从试验提取的气动导数是以折减风速 $\upsilon = \dfrac{2\pi U}{B\omega}$ 的函数方式给出的。为方便起见，将其代入式 (6.40) 消去其中的 ω，得

$$F_{M\alpha}(\upsilon) = \rho U^2 B^2 \left(C_1 + \mathrm{i}C_2 \frac{2\pi}{\upsilon} + \sum_{k=3}^{n} C_k \frac{4\pi^2 + \mathrm{i}2\pi d_k \upsilon}{\upsilon^2 d_k^2 + 4\pi^2} \right) \qquad (6.41)$$

这样，式 (6.41) 的最后一式可以写为

$$C_1 + \mathrm{i}C_2 \frac{2\pi}{\upsilon} + \sum_{k=3}^{n} C_k \frac{4\pi^2 + \mathrm{i}2\pi d_k \upsilon}{\upsilon^2 d_k^2 + 4\pi^2} = \frac{4\pi^2}{\upsilon^2} \left[A_3^*(\upsilon) + \mathrm{i}A_2^*(\upsilon) \right] \qquad (6.42)$$

由式(6.42)两端实部和虚部分别相等可以得出如下关系式：

$$\frac{C_1 v^2}{4\pi^2} + \sum_{k=3}^{n} \frac{C_k v^2}{d_k^2 v^2 + 4\pi^2} = A_3^*(v)$$

$$\frac{C_2 v}{2\pi} + \sum_{k=3}^{n} \frac{C_k d_k v^3}{2\pi d_k^2 v^2 + 4\pi^3} = A_2^*(v)$$

(6.43)

根据式(6.43)并利用最小二乘法就可以得到传递函数 $F_{M\alpha}(\omega)$ 的待定系数 $C_1, \cdots, C_n$，$d_3, \cdots, d_n$ 的估算值。类似地可以得出 $F_{Lh}(\omega)$、$F_{Lp}(\omega)$、$F_{L\alpha}(\omega)$、$F_{Dh}(\omega)$、$F_{Dp}(\omega)$、$F_{D\alpha}(\omega)$、$F_{Mh}(\omega)$、$F_{Mp}(\omega)$ 的近似表达式及其对应的待定系数。由于气动导数识别方面的困难，一般只有 6～8 个气动导数可用，实际计算时不可将气动导数传递函数的待定系数设为零。

对式(6.40)进行 Fourier 变换可得到式(6.36)中脉冲响应函数的表达式为(注意 $\dfrac{\mathrm{i}\omega}{d_k \dfrac{U}{B} + \mathrm{i}\omega} = 1 - d_k \dfrac{U}{B} \dfrac{1}{d_k \dfrac{U}{B} + \mathrm{i}\omega}$，而根据 Fourier 变换法则 $\dfrac{1}{d_k \dfrac{U}{B} + \mathrm{i}\omega}$ 在 $d_k > 0$ 时的 Fourier 变换为 $\mathrm{e}^{-d_k \frac{U}{B} t}$)：

$$f_{M\alpha}(t) = \rho U^2 B^2 \left[C_1 \delta(t) + C_2 \frac{B}{U} \dot{\delta}(t) + \delta(t) \sum_{k=3}^{n} C_k - \sum_{k=3}^{n} C_k d_k \frac{U}{B} \exp\left(-\frac{d_k U}{B} t \right) \right]$$

(6.44)

将式(6.44)代入式(6.36)可得出 $M_\alpha(t)$ 的表达式为

$$M_\alpha(t) = \rho U^2 B^2 \left[\left(C_1 + \sum_{k=3}^{n} C_k \right) \alpha(t) + C_2 \frac{B}{U} \dot{\alpha}(t) - \sum_{k=3}^{n} C_k d_k \frac{U}{B} \int_{-\infty}^{t} \mathrm{e}^{-\frac{d_k U}{B}(t-\tau)} \alpha(\tau) \mathrm{d}\tau \right]$$

(6.45)

对式(6.45)中的积分项进行一次分部积分可以得到 $M_\alpha(t)$ 的最终表达式如下：

$$M_\alpha(t) = \rho U^2 B^2 \left[C_1 \alpha(t) + C_2 \frac{B}{U} \dot{\alpha}(t) + \sum_{k=3}^{n} C_k \int_{-\infty}^{t} \mathrm{e}^{-\frac{d_k U}{B}(t-\tau)} \dot{\alpha}(\tau) \mathrm{d}\tau \right]$$

(6.46)

式中，第一项为气动刚度项；第二项为气动阻尼项；第三项为与运动历史相关的非线性项。

类似对 $M_\alpha(t)$ 的推导，可得 $L_h(t)$、$L_p(t)$、$L_\alpha(t)$、$D_h(t)$、$D_p(t)$、$D_\alpha(t)$、$M_h(t)$、$M_p(t)$ 的表达式和对应的待定系数。本书为了统一它们的表达式，对 $M_\alpha(t)$ 进行了改写。近似地取 $n=4$，将其中的六个系数定义为向量 $\boldsymbol{C}_{M\alpha}$，并考虑到 $t<0$ 时的位移和速度均为 0，则式(6.46)可以改写为

$$M_\alpha(t) = B^2 F(\boldsymbol{C}_{M\alpha}, \alpha, t)$$

(6.47)

$$F(\boldsymbol{C}_{M\alpha}, \alpha, t) = \rho U^2 \left[C_1 \alpha(t) + C_2 \frac{B}{U} \dot{\alpha}(t) + C_3 \int_0^t \mathrm{e}^{-\frac{d_3 U}{B}(t-\tau)} \dot{\alpha}(\tau) \mathrm{d}\tau + C_4 \int_0^t \mathrm{e}^{-\frac{d_4 U}{B}(t-\tau)} \dot{\alpha}(\tau) \mathrm{d}\tau \right]$$

(6.48)

类似地，对其他 8 个分力进行改写可以得到与式(6.47)和式(6.48)相似的表达式。因此，对这 9 个分力可以统一定义：

$$F(\boldsymbol{C}_x,x,t) = \rho U^2\left[C_1 x(t) + C_2\frac{B}{U}\dot{x}(t) + C_3\int_0^t e^{-\frac{d_3 U}{B}(t-\tau)}\dot{x}(\tau)\mathrm{d}\tau + C_4\int_0^t e^{-\frac{d_4 U}{B}(t-\tau)}\dot{x}(\tau)\mathrm{d}\tau\right] \quad (6.49)$$

式中，x 分别表示 L_h、L_p、L_α、D_h、D_p、D_α、M_h、M_p 和 M_α 共 9 个分力及在该方向的位移，而向量 $\boldsymbol{C}_x$ 代表各分力对应的六个待定系数，即 $\boldsymbol{C}_x = \{C_1,C_2,C_3,d_3,C_4,d_4\}^\mathrm{T}$。这样的向量共有 9 个，其对应的待定系数共有 54 个。

2. 时域气动力的气动参数拟合

最小二乘法是进行数据拟合的常用方法，在许多工具程序包中都可以找到其用 C、FORTRAN、BASIC 等语言编制的通用算法程序。为了获得同时满足 $S(\boldsymbol{C}_x,v)$ 和 $T(\boldsymbol{C}_x,v)$ 的气动系数 $\boldsymbol{C}_x$ 的最大似然估计值，可构造如下极值函数：

$$J(\boldsymbol{C}_x) = \sum_{i=1}^N w_1[A_3^*(v_i) - S(v_i,\boldsymbol{C}_x)]^2 + \sum_{i=1}^N w_2[A_2^*(v_i) - T(v_i,\boldsymbol{C}_x)]^2 \quad (6.50)$$

显然，使式(6.50)获得极小值的那组 $\boldsymbol{C}_x$ 即最大似然估计值。求函数极值的方法很多，对于多维非线性情况，可以采用单纯形法、鲍威尔(Powell)算法、共轭梯度法和拟牛顿法等。此处采用数学优化分析综合工具软件包 1stOpt，选用粒子群法进行求解。该计算工具的优势在于不需要给出 $\boldsymbol{C}_x$ 的猜想值，可以在给定的 $\boldsymbol{C}_x$ 约束条件下搜索出全局最优解。运用该方法拟合了平板截面的四组气动导数，气动系数结果见表 6.2，拟合效果如图 6.17 所示。

表 6.2　简支梁颤振分析结果的比较

气动力	C_1	C_2	C_3	C_4	d_3	d_4
L_h	−0.0451	−1.1001	−0.0978	−0.6291	0.096	0.6245
L_α	−6.5725	−1.6002	0.7235	0.3296	1	0.1415
M_h	0.0204	0.3132	−0.2236	0.389	0.627	0.5863
M_α	0.6561	−0.1125	−0.1959	0.0953	0.1794	0.1794

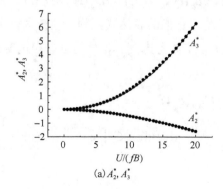

(a) A_2^*, A_3^*

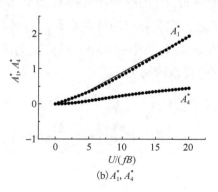

(b) A_1^*, A_4^*

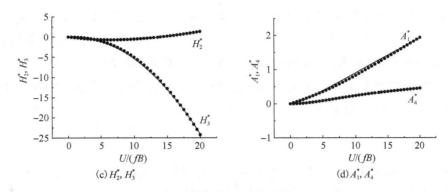

图 6.17 平板拟合的气动导数曲线与实际气动导数曲线的比较(—拟合结果, •原始数据)

从图 6.17 可以看出,当气动导数变化比较规律时,拟合效果较好,拟合值和理论值的最大误差不超过 1.5%。

对于苏通大桥断面,通过风洞试验只测得了 H_i^* ($i=1\sim4$) 和 A_i^* ($i=1\sim4$) 共 8 个气动导数,而除此之外还有 10 个气动导数,它们主要与主梁侧弯振动有关,一般被人为忽略了。在无风洞试验结果的情况下,根据拟静力理论,这些气动导数按式(6.51)计算:

$$P_1^* = -\frac{1}{K}C_D, \quad P_2^* = \frac{1}{2K}C_D', \quad P_3^* = \frac{1}{2K^2}C_D'$$

$$P_5^* = \frac{1}{2K}C_D', \quad H_5^* = \frac{1}{K}C_L, \quad A_5^* = -\frac{1}{2K}C_M \tag{6.51}$$

$$P_4^* = P_6^* = H_6^* = A_6^* = 0$$

式中,K 为折减刚度;C_L、C_D、C_M 分别为主梁断面的升力系数、阻力系数和扭矩系数,参考尺寸均为桥面宽度 B;$C_D' = \mathrm{d}C_D / \mathrm{d}\alpha$ 表示对弧度的斜率。

对这 10 个气动导数的拟合就比较简单了,以 P_2^* 和 P_3^* 为例:

$$\frac{C_1 v^2}{4\pi^2} + \sum_{k=3}^{n} \frac{C_k v^2}{d_k^2 v^2 + 4\pi^2} = P_3^*(v) = \frac{1}{2K^2}C_D' = \frac{v^2}{8\pi^2}C_D'$$

$$\frac{C_2 v^2}{2\pi} + \sum_{k=3}^{n} \frac{C_k d_k v^3}{2\pi d_k^2 v^2 + 4\pi^2} = P_2^*(v) = \frac{1}{2K}C_D' = \frac{v}{4\pi}C_D' \tag{6.52}$$

比较之后可得 $C_1 = C_2 = C_D' / 2, C_3 = C_4 = d_3 = d_4 = 0$,同理可得到其余四组气动系数值。

3. 非线性动力平衡方程及其求解

动力分析的首要任务就是建立动力平衡方程。根据结构动力学和有限元的理论,在 t_i 时刻桥梁结构动力平衡方程的一般形式为

$$M\ddot{U}(t_i) + C\dot{U}(t_i) + R(t_i) = F(t_i) \tag{6.53}$$

在 $t_i + \Delta t$ 时刻桥梁结构的非线性动力平衡方程为

$$M\ddot{U}(t_i + \Delta t) + C\dot{U}(t_i + \Delta t) + R(t_i + \Delta t) = F(t_i + \Delta t) \tag{6.54}$$

式中，$F(t_i)$ 表示 t_i 时刻结构上外荷载产生的等效节点力，此时它包括自重、静风力和自激力等；$R(t_i)$ 表示 t_i 时刻结构的等效节点抗力，是节点位移的函数，对于结构线性分析而言，$R(t_i) = \boldsymbol{K}_T U(t_i)$，$\boldsymbol{K}_T$ 为结构的切向刚度矩阵；$\boldsymbol{C}$ 为阻尼矩阵。

阻尼的问题比较复杂，数值大小主要取决于材料、运动速度和振动频率，常用的近似阻尼模型是 Rayleigh 阻尼：

$$\boldsymbol{C} = \alpha \boldsymbol{M} + \beta \boldsymbol{K} \tag{6.55}$$

当 $\alpha=0$ 时，Rayleigh 阻尼模型退化为线性阻尼模型；当 $\beta=0$ 时，Rayleigh 阻尼模型退化为常阻尼模型；而只考虑两阶模态的阻尼比时，系数 α、β 可按式(6.56)计算：

$$\begin{aligned}
\alpha &= 2\frac{\omega_i\omega_j}{\omega_j^2 - \omega_i^2}(\omega_j\xi_i - \omega_i\xi_j) \\
\beta &= 2\frac{\omega_i\omega_j}{\omega_j^2 - \omega_i^2}\left(\frac{\xi_j}{\omega_i} - \frac{\xi_i}{\omega_j}\right)
\end{aligned} \tag{6.56}$$

式中，ω_i、ω_j 和 ξ_i、ξ_j 分别为结构第 i、j 阶模态的圆频率和阻尼比。在颤振时域分析中，低阶频率通常选取结构的第一阶竖弯或扭转模态对应的频率较低值，高阶频率则选取高阶竖弯或扭转模态对应的较高频率值。

对于多自由度体系的动力平衡方程的求解，在线性体系中，可以采用对时间的叠加原理(如 Fourier 积分)，以及对空间的叠加原理(如振型叠加法)。振型叠加法的优点明显，即只需少数几个振型就可以得到数百自由度体系的足够精确的动力响应结果，但使用该法的前提一是结构为线性体系进行分析，二是阻尼必须为比例阻尼。

所以目前分析非线性反应方程普遍使用的，也是处理耦合的线性振型方程的有效方法，就是数值逐步积分法。从递推方法来说，数值逐步积分法可以分为显式积分和隐式积分。显式方法里常用的是中心差分法，其原理是用 $t-\Delta t$ 时刻和 $t+\Delta t$ 时刻的加速度和速度差分来近似 t 时刻的加速度和速度，但这个算法是条件稳定的，对 Δt 有严格要求。

隐式方法里的 Newmark-β 法是一种常用的数值积分法。它所用的假设是：

$$\begin{aligned}
\dot{U}(t + \Delta t) &= \dot{U}(t) + [(1-\gamma)\ddot{U}(t) + \gamma\ddot{U}(t+\Delta t)]\Delta t \\
U(t + \Delta t) &= U(t) + \dot{U}(t)\Delta t + \left[\left(\frac{1}{2} - \beta\right)\ddot{U}(t) + \beta\ddot{U}(t+\Delta t)\right]\Delta t^2
\end{aligned} \tag{6.57}$$

式中，$U(t)$、$\dot{U}(t)$、$\ddot{U}(t)$ 为体系各自由度的位移、速度、加速度向量；系数 γ 提供了最终加速度对速度改变影响的线性变化权重；类似地，系数 β 则提供对位移改变贡献的权重。

通常，我们使用 $\gamma=1/2$、$\beta=1/4$ 的常平均加速度法，该算法是无条件算法稳定的，理

论上不管 Δt 取多大，误差都不会放大。采用该方法进行 Δt 的选择只需考虑所定义的动力激励和结构的振动反应特性。在 ANSYS 求解器中，可以用命令 AUTOTS、ON 激活自动时间步长。自动时间步长(或称时间步长优化)按照响应频率和非线性效应来调节时间步长，可以减少子步总数，节省计算机资源。当存在非线性时，自动时间步长还有另一个好处：适当地增加荷载后，若不能收敛，程序回溯到前一步收敛解。

非线性体系的 Newmark-β 法求解具体步骤如下。

(1)组装结构的整体弹性刚度矩阵、质量矩阵和阻尼矩阵，从而可以将动力平衡方程写成下列形式：

$$M\ddot{U}(t+\Delta t) + C\dot{U}(t+\Delta t) + KU(t+\Delta t) = P(t+\Delta t) \tag{6.58}$$

(2)对于 $t=0$ 时刻的位移 $U(t)$、速度 $\dot{U}(t)$、加速度 $\ddot{U}(t)$ 向量进行初始化。

(3)根据结构的振动特性，选择适当的时间步 Δt。选择积分系数，本节采用 $\gamma=1/2$、$\beta=1/4$ 的常平均加速度法。

(4)要构造等效静力平衡方程。首先，根据式(6.57)，可求出 $\ddot{U}(t+\Delta t)$ 和 $\dot{U}(t+\Delta t)$ 的显式表达式如下：

$$\ddot{U}(t+\Delta t) = \frac{1}{\beta\Delta t^2}[U(t+\Delta t) - U(t)] - \frac{1}{\beta\Delta t}\dot{U}(t) - \left(\frac{1}{2\beta}-1\right)\ddot{U}(t)$$

$$\dot{U}(t+\Delta t) = \frac{\gamma}{\beta\Delta t}[U(t+\Delta t) - U(t)] - \left(\frac{\gamma}{\beta}-1\right)\dot{U}(t) - \frac{\Delta t}{2}\left(\frac{\gamma}{\beta}-2\right)\ddot{U}(t) \tag{6.59}$$

再设以下积分常数：

$$a_0 = \frac{1}{\beta\Delta t^2}, \quad a_1 = \frac{\gamma}{\beta\Delta t}, \quad a_2 = \frac{1}{\beta\Delta t}$$

$$a_3 = \frac{1}{2\beta}-1, \quad a_4 = \frac{\gamma}{\beta}-1, \quad a_5 = \frac{\Delta t}{2}\left(\frac{\gamma}{\beta}-2\right) \tag{6.60}$$

将式(6.60)代回式(6.59)，可得

$$\ddot{U}(t+\Delta t) = a_0[U(t+\Delta t) - U(t)] - a_2\dot{U}(t) - a_3\ddot{U}(t)$$

$$\dot{U}(t+\Delta t) = a_1[U(t+\Delta t) - U(t)] - a_4\dot{U}(t) - a_5\ddot{U}(t) \tag{6.61}$$

最后，将式(6.61)代回式(6.58)，合并整理，得到了等效静力平衡方程式：

$$\bar{K}U(t+\Delta t) = \bar{P}(t+\Delta t) \tag{6.62}$$

式中，$\bar{K}$ 和 $\bar{P}$ 为等效刚度和等效荷载，表达式如下：

$$\bar{K} = a_0 M + a_1 C + K$$

$$\bar{P}(t+\Delta t) = P(t+\Delta t) + M[a_0 U(t) + a_2\dot{U}(t) + a_3\ddot{U}(t)] + C[a_1 U(t) + a_4\dot{U}(t) + a_5\ddot{U}(t)] \tag{6.63}$$

(5) 对上一步的等效静力平衡方程求解，求出位移增量 $U(t+\Delta t)$，然后开始递推，求出位移、速度和加速度的时程结果。若是线性分析，直接对等效刚度 $\bar{K}$ 进行三角分解，回代即可求出 $U(t+\Delta t)$。若是非线性分析，则需要引入静力非线性平衡迭代的方法对式 (6.62) 进行求解，这是非线性动力分析与线性动力分析的最大区别。首先将式 (6.62) 改写成如下的迭代法公式：

$$\bar{K}\Delta U^{k+1} = \Delta \bar{P}^{k+1}(t+\Delta t)$$
$$U^{k+1}(t+\Delta t) = U^k(t+\Delta t) + \Delta U^{k+1} \tag{6.64}$$

式中，上标 k、$k+1$ 表示迭代次数，而迭代都是在同一时间步内进行。需要指出的是，$U^k(t+\Delta t)$ 的初始值 $U^1(t+\Delta t)$ 不是按式 (6.64) 增量叠加得到，而是根据 t 时刻的位移、速度和加速度向量代入式 (6.62) 求得。

本节采用修正的 Newton-Raphson 迭代法对式 (6.64) 进行求解，具体步骤如下。

(1) 根据上一步位移终值更新结构的节点坐标、单元内力，修正切线刚度阵 K_T，修正新的等效刚度矩阵 $\bar{K}$，并进行三角分解 $\bar{K} = LDL^T$；根据式 (6.62) 计算迭代的位移初值 $U^1(t+\Delta t)$。

(2) $k=1$，开始迭代。

(3) 将位移初始值 $U^1(t+\Delta t)$ 代入式 (6.61) 递推速度和加速度的初始值 $\dot{U}^k(t+\Delta t)$、$\ddot{U}^k(t+\Delta t)$。

(4) 更新结构的节点坐标、单元内力，重新计算等效节点荷载 $\bar{P}^k(t+\Delta t)$ 和等效节点抗力 $\bar{R}^k(t+\Delta t)$：

$$\bar{P}^k(t+\Delta t) = P^k(t+\Delta t) + M^k[a_0 U(t) + a_2 \dot{U}(t) + a_3 \ddot{U}(t)]$$
$$+ C^k[a_1 U(t) + a_4 \dot{U}(t) + a_5 \ddot{U}(t)] \tag{6.65}$$

$$\bar{R}^k(t+\Delta t) = (a_0 M^k + a_1 C^k + K_T{}^k) U^k(t+\Delta t) \tag{6.66}$$

则第 $k+1$ 次等效不平衡荷载为

$$\Delta \bar{P}^{k+1}(t+\Delta t) = \bar{P}^k(t+\Delta t) - \bar{R}^k(t+\Delta t) \tag{6.67}$$

(5) 回代求解位移修正量 ΔU^{k+1}，修正 $t+\Delta t$ 时刻的位移向量：

$$U^{k+1}(t+\Delta t) = U^k(t+\Delta t) + \Delta U^{k+1} \tag{6.68}$$

(6) 收敛准则检查：若 $\Delta U^{k+1} \leqslant$ eps（设定一个比较小的数），则收敛，跳出迭代；若不满足即不收敛，则 $k=k+1$，返回第 (3) 步重新计算。

(7) 将迭代终值 $U(t+\Delta t)$ 代回式 (6.61)，求出 $\dot{U}^k(t+\Delta t)$、$\ddot{U}^k(t+\Delta t)$，进入下一时间步。

本节基于 ANSYS 的颤振时域分析流程如图 6.18 所示。

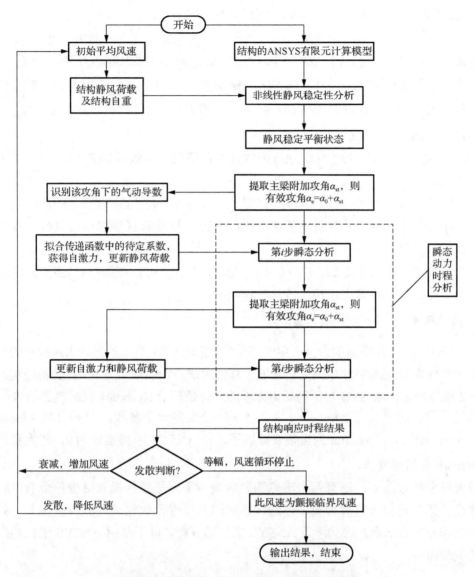

图 6.18　基于 ANSYS 的颤振时域分析流程

4. 自激力在颤振时程分析中的处理

在均匀流场中，进行大跨度桥梁颤振时程分析时，结构所受到的外荷载 $F(t)$ 计算式为

$$F(t) = F_G + F_{st} + F_{se}(t) \tag{6.69}$$

式中，F_G、F_{st} 和 $F_{se}(t)$ 分别为结构的自重、静风力和自激力。对自激力的计算有两个难点：一是 54 个气动系数的拟合；二是自激力公式 (6.49) 中积分项的计算采用了递推公式，涉及 $t_i + \Delta t$ 时刻的速度 $\dot{U}(t_i + \Delta t)$ 及加速度 $\ddot{U}(t_i + \Delta t)$，故要通过不停迭代确定，具体步骤如下。

(1) 在初始时刻 $t_i = 0$，有 $Z_i = 0$，$F(t_i) = F_G + F_{st}(t_i)$。

(2) 在 $t_i + \Delta t$ 时刻，由于不知道 $\dot{U}(t_i + \Delta t)$ 及 $\ddot{U}(t_i + \Delta t)$，故 Z_{i+1} 无法确定，$F_{se}(t_i + \Delta t)$ 也无法确定，则 $F(t_i + \Delta t)$ 无法求得，即不能用 Newmark-β 法求解动力平衡方程。不妨假设自激力一个初始值 $F_{se}^k(t_i + \Delta t)$，则 $F(t_i + \Delta t) = F_G + F_{st}(t_i) + F_{se}^k(t_i + \Delta t)$，此时求解动力平衡方程，可得到 $t_i + \Delta t$ 时刻位移 $\dot{U}(t_i + \Delta t)$、速度 $\dot{U}(t_i + \Delta t)$ 及加速度 $\ddot{U}(t_i + \Delta t)$。

(3) 更新自激力 $F_{se}^{k+1}(t_i + \Delta t)$。

(4) 比较 $F_{se}^k(t_i + \Delta t)$ 和 $F_{se}^{k+1}(t_i + \Delta t)$ 的欧几里得范数，若收敛则 $F_{se}^{k+1}(t_i + \Delta t)$ 为 $t_i + \Delta t$ 时刻真实的自激力。

(5) 若不收敛，则更新静风力和自激力，$t_i + \Delta t$ 时刻的外荷载 $F(t_i + \Delta t) = F_G + F_{st}(t_i + \Delta t) + F_{se}^{k+1}(t_i + \Delta t)$，重新求解动力平衡方程，然后重复步骤 (3)、(4)，直到欧几里得范数收敛为止。

每个时刻的自激力确定后，外荷载 $F(t)$ 也就确定了，可以根据第 (3) 步的方法求解非线性动力平衡方程，计算出结构的位移时程响应。

6.3.2　数值算例

本节采用 ANSYS 瞬态动力分析中的完全法，验证 6.3.1 节中论述的大跨桥梁的非线性颤振时域分析方法。ANSYS 中的完全法通过直接求解结构的动力方程，可获得结构的时程响应。数值算法上，ANSYS 对结构动力方程的求解是基于 Newmark 法或改进的 Newmark 法，比经常用到的常加速度法（$\gamma = 1/2$，$\beta = 1/4$）要多一个参数，即 $\gamma = 1/2 + \mathrm{gamma}$，$\beta = (1 + \mathrm{gamma})^2 / 4$，gamma 为振幅衰减因子，在 ANSYS 中将其设为 0，即为我们熟悉的 Newmark 常加速度法。

设置好分析方法后，还有两个难点需要解决：第一是如何提取结构各个节点的速度和加速度；第二是由于自激力要不停迭代直到欧几里得范数收敛，故要保存上一荷载步的结构状态及节点信息，这就涉及 ANSYS 重启动分析。以下是用 ANSYS 进行颤振时程分析的关键命令。

```
/solu                        ! 进入求解器
antype,trans                 ! 瞬态动力分析
rescontrol,define,all,last   ! 重启动参数设置
nropt,full                   ! 用完全法中的 Newmark 法求解动力方程
tintp,0                      ! 将 gamma 设置为 0，即熟悉的常加速度法
trnopt,full                  ! 用完全的 Newton-Raphson 法迭代计算
lumpm,1                      ! 采用集中质量矩阵
nlgeom,on                    ! 打开大变形效应
sstif,on                     ! 打开应力刚化开关
outres,all,last              ! 将计算结果写入结果文件(file.rst)中
timint,off                   ! 关闭瞬态效应开关，即该荷载步为静力计算
autots,on                    ! 采用自动时间步长
```

```
time,det                                    ! 荷载步结束时的时间值
nsubst,5                                    ! 采用 5 个荷载子步
kbc,1                                       ! 采用阶跃方式,在很短的时间内施加初始力
f,1,fy,-100                                 ! 在 1 号节点上施加沿 y 轴方向的力
f,1,mx,-500                                 ! 在 1 号节点上施加沿 x 轴方向的弯矩
solve                                       ! 第一荷载步求解
!提取主梁节点三个方向位移值
*do,i,1,nmax
disps(i,1)=UZ(nnode(i+1))
disps(i,2)=UY(nnode(i+1))
disps(i,3)=ROTX(nnode(i+1))*180/5.1415926   ! 单位为度
disps(i,4)=ROTX(nnode(i+1))                 ! 单位为弧度
*enddo
! 进入通用后处理提取节点沿 z 轴及 y 轴方向的速度和加速度
/post1
set,last                                    ! 读取最后一个荷载步的计算结果数据
*do,i,1,nmax
vv(i,1)=vz(nnode(i+1))                      ! 节点沿 z 轴速度
vv(i,2)=vy(nnode(i+1))                      ! 节点沿 y 轴速度
aa(i,1)=az(nnode(i+1))                      ! 节点沿 z 轴加速度
aa(i,2)=ay(nnode(i+1))                      ! 节点沿 y 轴加速度
*enddo
! 进入时间历程后处理提取节点绕 x 轴方向的角速度和角加速度
/post26
*do,i,1,nmax
nsol,2,nnode(i+1),omg,x,omgx1              ! 将节点绕 x 轴的角速度保存在数字变量 2 中
nsol,3,nnode(i+1),dmg,x,dmgx1              ! 将节点绕 x 轴的角加速度保存在数字变量 3 中
vget,abc1(1,i),2                           ! 将数字变量 2 中的数据保存到数组 abc1 中
vget,abc2(1,i),3                           ! 将数字变量 3 中的数据保存到数组 abc2 中
vv(i,3)=abc1(1,i)                          ! 节点绕 x 轴的角速度
aa(i,3)=abc2(1,i)                          ! 节点绕 x 轴的角加速度
*enddo
```

! 由于第一个荷载步计算完成之后进入到后处理中提取速度和加速度,故要进行重启动分析才能保证第二个荷载步计算是在第一个荷载步的基础上进行的

```
save                                       ! 保存当前数据库的全部信息
parsav,all,parameter                       ! 保存当前所有的参数
finish                                      ! 上一荷载步求解结束
/solu                                       ! 进入求解器
rescontrol,file_summary                    ! 重启动参数设置
antype,,rest, 1                            ! 以第一荷载步的求解结果为初始状态重启动计算
parres,,parameter                          ! 恢复之前保存的所有参数
nropt,full
```

```
tintp,0
trnopt,full
lumpm,1
nlgeom,off
sstif,on
outres,all,last
timint,on                    ! 打开瞬态积分效应，正式开始时程分析
autots,on
nsubst,10
alphad, 0.008536             ! 设置质量阻尼系数
betad, 0.002305              ! 设置刚度阻尼系数
time,det*2                   ! 第二荷载步结束时的时间值
kbc,0                        ! 采用斜坡荷载方式进行加载
*do,i,1,nmax                 ! 在各个节点上施加自激力
f,nnode(i+1),fz,fz1(i,1)
f,nnode(i+1),fy,fy1(i,1)
f,nnode(i+1),mx,mx1(i,1)
*enddo                       ! 加载完毕，循环结束
Solve                        ! 第二荷载步求解
```

此处仍以苏通大桥为例，计算该桥颤振临界风速，苏通大桥简介见 4.2.3 节。苏通大桥一阶对称竖弯频率和对称扭转频率分别为 0.1859Hz 和 0.5505Hz，根据竖弯和扭转模态阻尼比（均取 0.5%），确定结构阻尼矩阵 $C = \alpha M + \beta K$ 中的系数分别为 $\alpha = 0.008536$ 和 $\beta = 0.002305$。

在第一荷载步中，给结构一个较小的初始力，开始进行动力响应时程计算，接着不断地增加风速，可以得到各级风速下结构的动力时程响应，通过比较各级风速下振动的发展情况及等效阻尼分析结果，可以判断出结构在均匀流场中的颤振临界风速。苏通大桥在重力及自激力作用下，0°风攻角的颤振时域计算结果如图 6.19～图 6.21 所示。

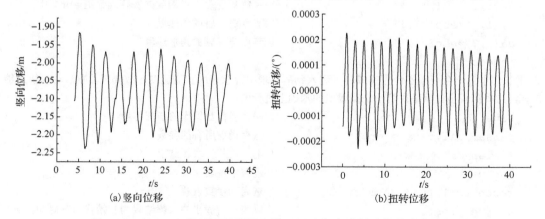

图 6.19　在 98m/s 的风速下苏通大桥 0°风攻角衰减振动位移响应时程

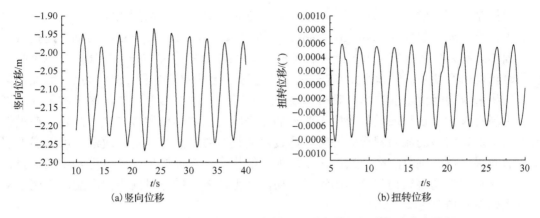

(a) 竖向位移　　　　　　　　　　　　　　(b) 扭转位移

图 6.20　在 99m/s 的风速下苏通大桥 0°风攻角等幅振动位移响应时程

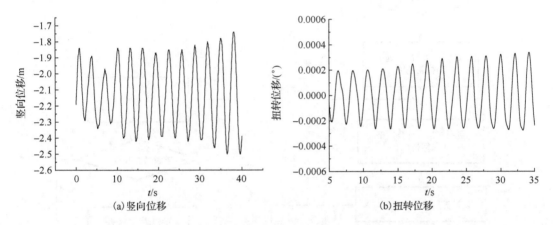

(a) 竖向位移　　　　　　　　　　　　　　(b) 扭转位移

图 6.21　在 100m/s 的风速下苏通大桥 0°风攻角增幅振动位移响应时程

由图 6.19～图 6.21 可知，随着风速增大，苏通大桥主梁断面在 0°风攻角下的振动由衰减振动经等幅振动逐步过渡到发散振动，该桥在 0°风攻角下的颤振临界风速约为 100m/s，与已有文献中计算结果相近，表明时域颤振分析方法合理有效。

6.4　计算流体力学方法

6.4.1　流固耦合作用

在实际工程问题中，常碰到流体和固体耦合作用的情况，边界随时间而改变，这类问题可以统称为动边界问题，常见的有飞机工程领域的机翼颤振问题、水流的自由液面流动问题、内燃机的燃烧活塞运动、血管里的血液流动，以及桥梁风工程桥梁的涡振、抖振、颤振等一系列问题。该问题主要研究结构与作用其上的空气动力学之间的相互耦合而产生的各种流体动力学问题，其主要支撑学科是结构力学和流体力学。近年以 CFD 和计算结构力学 (Computational Structural Mechanics，CSD) 为基础，进行流固耦合问题的研究是数值模拟领域研究的热点。

根据学科间求解问题的密切程度或流体、固体控制方程的求解策略，流固耦合计算方法大致可以分为强耦合（Strongly Coupling）和弱耦合（Weak Coupling）。强耦合是指将流体和固体控制方程写成统一的形式，将 CFD 和 CSD 程序合并成一个整体，在每个时间步同时求出所有变量；弱耦合则是在每个时间步分别计算 CFD 和 CSD 程序，因此弱耦合求解所获得的两种场下的解一般相差 $\mathrm{d}t$ 的时间步。另外，弱耦合方法易于实现并且能够利用现有技术，在附加质量效应不明显的流固耦合问题中应用较广泛。此外，在模拟已知物体运动状态的流固耦合问题时，通过对弱耦合算法进行一定的改进，可以实现强耦合的效果。该改进方法在一次结构、流体求解模块计算完毕后，通过引入相应的修正步，在修正步中调整结构与流体的求解结果，使得两者在同一时间步内匹配，其整个求解过程如图 6.22 所示。

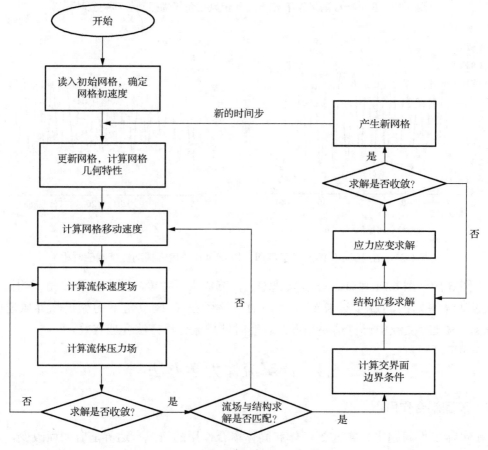

图 6.22 流固耦合求解流程示意图

6.4.2 数值算例

将结构和流场组成一个整体的系统，两者通过交界面进行信息的传递，即流体系统将断面所受的气动荷载传递给结构系统，结构系统又把求解所产生的位移变化反馈给流场系统，使得整个系统能够真实反映断面在任意风速下的气弹响应。其中主梁气动响应模型布置如图 6.23 所示，采用与桥梁模型风洞试验类似的方法，首先建立主梁特征断面的主梁节段，该节段为刚性单元，节段两端受 4 个弹簧单元的支撑，节段与弹簧之间采用刚臂连接，通过调整主梁节段的质量和弹簧单元的刚度、阻尼就可获得与风洞试验一致的动力系统。

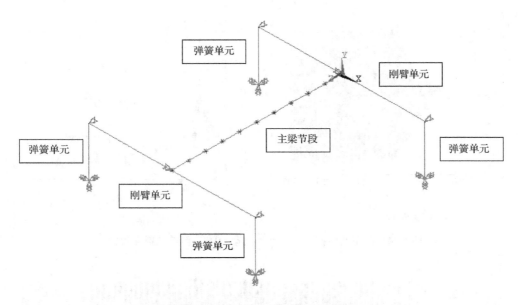

图 6.23　主梁气动响应模型布置图

算例 1　H 型桥梁断面颤振流固耦合数值模拟。

依托 Fluent 平台，通过自由振动数值模拟方法对 H 型断面的颤振形态进行了模拟，并探讨了大振幅振动状态下，自激力存在的非线性效应及初始风攻角和阻尼比等对于结构振动形态的影响。

（1）软颤振模拟及验证。

本节将对不同风速下的自由振动进行模拟，再现软颤振全过程，并对各阶段的振动形态进行讨论。数值模拟的 H 型断面几何缩尺比选用 1:25，频率比 5:1，风速比 1:5，风速取值为 U=0.2m/s～5.2m/s（0.2m/s 间隔）及 U=5.5m/s～4m/s（0.5m/s 间隔），同时考察当风速 U=5.5m/s 下降至 U=1.0m/s 过程中振动形态的变化，H 型断面动力特性见表 6.3，其中阻尼比在本节中分别选取 ξ=0.003、ξ=0.005 及 ξ=0.010 以研究阻尼比对于结构颤振形态的影响。

表 6.3　成桥阶段颤振结果列表

宽度 B /m	高度 D /m	质量 m /(kg/m)	质量惯矩 I_m /(kg/m)	竖弯频率 f_v /Hz	扭转频率 f_t /Hz	阻尼比
0.476	0.096	6.8	0.455	0.65	1	0.003 0.005 0.010

图 6.24 为 H 型断面在 U=2.2m/s 及 ξ=0.005 时发生的软颤振现象，从图中可以看出，

大约在 t=150s 以后，断面振动形式为自限幅的极限环振动形态，如图 6.25 所示。同时由于非线性自激力的作用，软颤振的扭转位移时程中存在明显的高次倍频现象，但倍频成分所占比重较小。

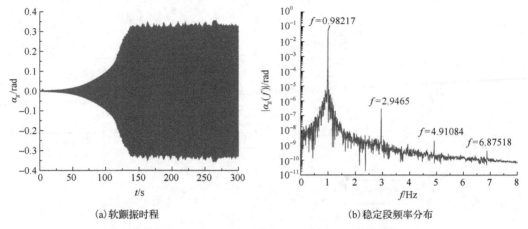

(a) 软颤振时程　　　　　　　　　　　　(b) 稳定段频率分布

图 6.24　H 型断面在 $U = 2.2$m/s、$\xi = 0.005$ 时的软颤振现象

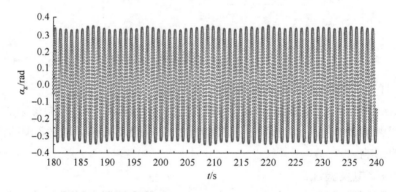

图 6.25　极限环振动形态（$U = 2.2$m/s，$\xi = 0.005$，$t = 180 \sim 240$s）

（2）初始攻角及结构阻尼比对于颤振振动形态的影响。

初始攻角及结构阻尼比是影响结构振动的关键因素，以往的桥梁断面风洞中也密切关注初始攻角及结构阻比等对结构风致振动形态的影响。本节通过数值模拟方法对 H 型断面在不同初始攻角及结构阻尼比下的软颤振振动形态的影响进行了探讨。本节初始攻角分别选取 $\alpha_g = 0°$ 和 $\alpha_g = 3°$，阻尼比选取 $\xi=0.003$、$\xi=0.005$ 和 $\xi=0.010$。

图 6.26（a）、（b）分别为不同初始攻角下，不同阻尼比时 H 型断面发生扭转软颤振现象极限环振幅随折减风速的变化曲线，其中图 6.26（a）对应初始攻角 $\alpha_g = 0°$，图 6.26（b）对应初始攻角 $\alpha_g = 3°$。同时图 6.26 中实线对应 H 型断面从静止状态起振，虚线对应 H 型断面在 U=5.5m/s（U^*=5.252）风速下达到稳定极限环振幅后，逐级降低风速，扭转振幅达到对应风速下的极限环振动状态时的稳定振幅。由图 6.26 可知：

① 阻尼比主要影响结构稳定 RMS 值随折减风速变化的发展趋势，阻尼越小，振幅发展速度越快。

② 当 $\alpha_g = 0°$ 时，H 型断面在 $\xi=0.003$ 状态时的起振风速会略低于 $\xi=0.005$ 状态，远低于 $\xi=0.010$ 状态；当 $\alpha_g = 3°$ 时，H 型断面在 $\xi=0.003$ 状态时的起振风速与 $\xi=0.005$ 状态时起振风速较为接近，均低于 $\xi=0.010$ 状态。同时，通过图 6.26（a）和（b）的横向对比可以发现，初始攻角 $\alpha_g = 0°$ 状态时对应阻尼下的起振风速均低于 $\alpha_g = 3°$。

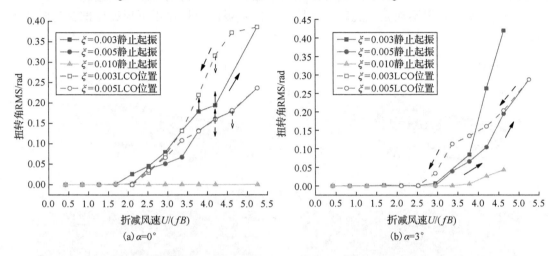

图 6.26 不同阻尼比时扭转极限环振幅 RMS 随折减风速变化曲线

（3）软颤振流场机理分析。

图 6.27 为截取扭转振幅上升段 $t=110.0\sim125.0s$ 时间范围内扭转振幅与升力矩时程示意，该图中扭转振幅及升力矩按右手法则以逆时针为正，顺时针为负，选取 10 个观测点（半周期）对其流场分布进行研究，观测点如图 6.28 所示。图 6.28 为截取扭转振幅上升段 $t=124.0\sim125.0s$ 内"柳叶型"迟滞环及半周期 1~10 观测点。

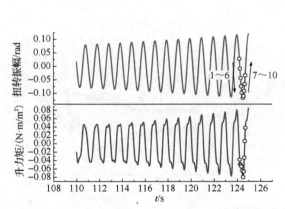

图 6.27 扭转振幅及升力矩（$t=110.0\sim125.0s$）
时程示意图

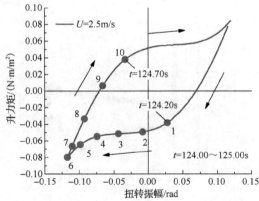

图 6.28 扭转振幅上升段（$t=124.0\sim125.0s$）
"柳叶型"迟滞环及半周期 1~10 观测点示意图

图 6.29 为 1～10 观测点随时间发展的动态流场演变规律，其中图 6.29(a)对应瞬时涡量，图 6.29(b)对应瞬时压力场，(c)列对应断面瞬时压力分布。从图 6.29 可以发现，在所截取时间段内，H 型断面上下表面均表现为负压分布，这说明上下表面一直受到断面附近旋涡的作用。这是由于 H 型前缘竖向挡板的存在，在运动的过程中，空气在前缘不断发生分离，不断向上下表面附近旋涡输入能量，但此时自由振动的振幅还较小，断面位形的限制使得旋涡不能完全脱落，在尾缘竖向挡板的阻挡作用下形成尾部交替脱落的旋涡。

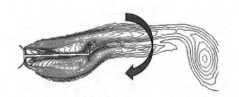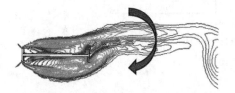

(a)二维瞬时涡量图

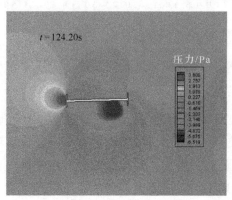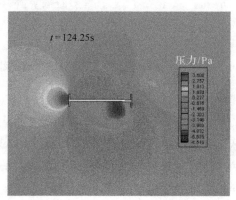

(b)瞬时压力场

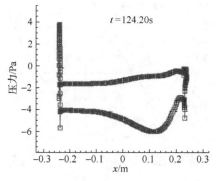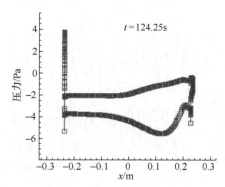

(c)断面瞬时压力分布

图 6.29　半周期 1～10 观测点动态流场演变规律

图 6.30 为截取扭转振幅稳定段 t=225.0～236.0s 时间范围内扭转振幅与升力矩时程示意，该图中正负方向与图 6.27 表示一致，同时选取了 t=228.20～228.70s 内 1～11 观测点

（半周期），并对其流场分布进行分析。图 6.31 为 $t=228.20\sim229.22$s 内"三环型"迟滞环及观测点分布。

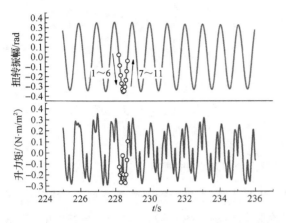

图 6.30　扭转振幅及升力矩（$t=225.0\sim236.0$s）
时程示意图

图 6.31　扭转振幅稳定段（$t=228.20\sim229.22$s）
"三环型"迟滞环及观测点示意图

图 6.32 为 1～11 观测点随时间发展的动态流场演变规律，其中图 6.32（a）对应瞬时涡量图，图 6.32（b）对应瞬时压力场，图 6.32（c）对应断面瞬时压力分布。由图可知：在振幅稳定段（此处截取时间段 $t=228.20\sim229.22$s，最大瞬时振幅约为 0.35rad），由于此时振动处于振幅稳定段，振幅较大，断面附近旋涡丰富。当 $t=228.20$s 时，H 型断面附近存在

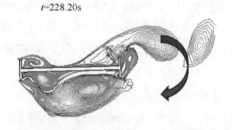
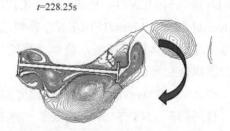

（a）瞬时涡量图

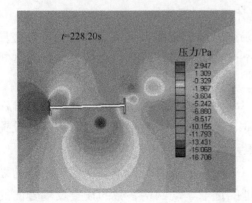
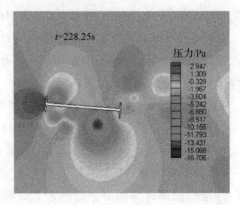

（b）瞬时压力场

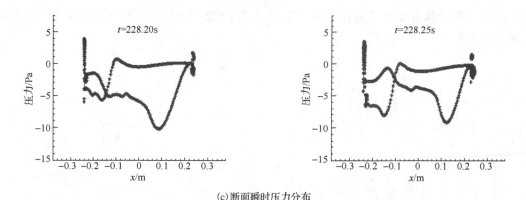

(c)断面瞬时压力分布

图6.32　半周期1~11观测点动态流场演变规律

由前缘竖向挡板阻挡引起的上下表面前缘涡(此时上表面前缘旋涡能量更强),移动至下表面尾缘的前缘涡、二次涡及高频小涡和尾缘脱落旋涡。图6.32(b)、(c)(t=228.20)在图中反映了旋涡位置处负压较强,断面受到负压力泡影响会形成大的压力降,此时扭转运动方向为顺时针。

算例2 斜拉桥最大单悬臂状态气弹响应数值模拟。

System Coupling 模块是 ANSYS15.0 新加入的一个模块,在此模块下可以建立和执行各项耦合分析。它是建立耦合分析的中间平台,属于 Workbench 工作平台系统的组件,流固耦合分析中常用的系统包括 Analysis Systems、Static Structural、Transient Structural、Fluid Flow(FLUENT)、Fluid Flow(CFX)。通过 System Coupling 模块平台将 Transient Structural 和 Fluid Flow(FLUENT)模块联系起来,在每一时间步内,将结构计算的位移等信息传递给流体计算模块,流体计算的压力等信息传递给结构计算模块,从而实现数据在流固耦合交界面传递。

在 ANSYS Workbench 下实现流固耦合计算的建模详细过程如下。

(1)打开 ANSYS Workbench 创建计算模块。其中包含 A-Geometry(几何模块)、B-Transient Structural(结构瞬态计算模块)、C-Fluid Flow(FLUENT)(流体计算模块)、D-System Coupling(数据交换模块)及 E-Results(计算后处理模块)。

(2)在 Geometry 模块下,创建结构计算和流体计算的模型,为了实现流固耦合交界面的数据交换,流体模型和固体模型共用同一个面(即流固耦合面),建模时流体模型和固体模型包含于同一个模型中。

(3)在 Transient Structural 模块下,"抑制"(Suppress)流体域,进行固体网格划分,并设置结构计算的相关参数,主要包括材料参数、流固耦合面的指定、约束条件的设置以及求解时间步等,从而建立起结构计算的有限元模型。

(4)在流体计算 FLUENT 模块下,"抑制"(Suppress)固体域,进行流体域网格的划分,并进行流体计算边界条件的设置、湍流模型的选取、动网格参数的设置及耦合面的设置,最后进行求解参数的设置。

（5）在 System Coupling 下建立流固耦合面数据传递的信息、流体和固体求解的顺序、迭代计算步数、收敛的残差及文件输出相关参数的设置。

基于 Workbench 的流固耦合计算架构示意图如图 6.33 所示。

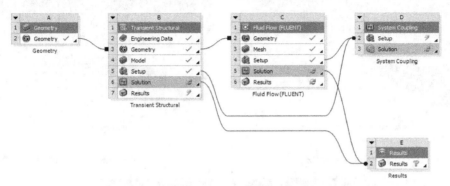

图 6.33　基于 Workbench 的流固耦合计算架构示意图

以八尺门大桥为例，其最大单悬臂施工状态中跨悬臂长度为 196.335m，主梁和桥塔约束条件为固结。在进行数值模拟之前，首先通过有限元建模分析了八尺门大桥施工最大单悬臂状态的结构动力参数，计算结果表明：边跨几乎不参与动力作用，因此在数值模拟中考虑网格数及计算时间的影响，将边跨段去掉，只保留桥塔至最大单悬臂端部分的主梁，桥塔侧主梁设置为固定约束。数值模拟的几何建模忽略了桥塔，斜拉索的参与用弹簧进行模拟，将主梁进行等效简化，保持主梁的外形、质量、刚度及动力特性等效相似。

在 Workbench Modal 下进行简化模型的模态拟合分析，采用四面体单元建立模型，弹性模量取 1.453^{8}Pa，泊松比取 0.3，材料密度为 449.03kg/m^3。为计算阻尼矩阵 $C = \alpha M + \beta K$ 中的系数，取该结构进行动力分析的各项参数如下：一阶竖弯频率 f_1=5.835Hz，一阶扭转频率 f_2=6.016Hz，阻尼比为 0.004，可得 α=0.09695，β=1.4375^{-4}。等效后的固体模型及各阶频率分别如图 6.34 和图 6.35 所示。表 6.4 为 1：60 模型与数值模拟频率对比，等效后的模态频率与理论频率吻合良好。

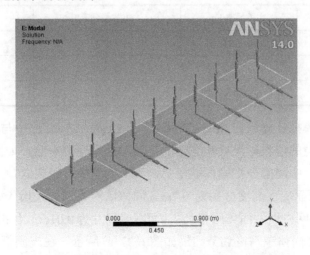

图 6.34　等效后八尺门大桥最大单悬臂 1：60 模型

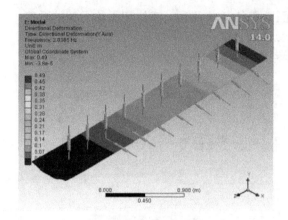
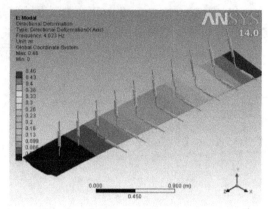

(a)一阶竖弯频率 5.8385Hz   (b)一阶侧弯频率 5.023Hz

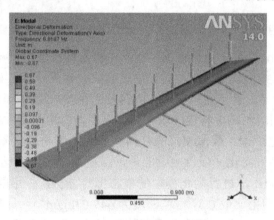

(c)一阶扭转频率 6.0187Hz

图 6.35　1∶60 模型数值模拟各阶频率

表 6.4　1∶60 模型与数值模拟频率对比

模态	实桥频率/Hz	1∶60 模型频率/Hz	数值模拟频率/Hz
一阶竖弯	0.3660	5.835	5.8385
一阶侧弯	0.5202	5.029	5.023
一阶扭转	0.7767	6.016	6.0187

　　流固耦合数值模拟计算域在 Ansys Workbench Design Modeler 中与等效的结构有限元模型一起建立，模型的形状与尺寸和等效的有限元模型完全对应，如图 6.36 所示。风洞计算域在矩形区域，中间部分把固体域挖空，其中桥面中心距离入口为 5.4m、距离出口为 5m、距离风洞顶面底面高度分别为 0.7m。固体域网格划分采用 Workbench 自带的结构化网格划分选项，网格以六面体网格为主，面网格尺寸为 0.016m，体网格尺寸为 0.028m，网格总数为 87000。固体域网格划分结果如图 6.37(a)所示。在流固耦合计算中，需要将桥梁设置为流固耦合面，桥梁断面周围区域即为变形区域，因此在流体域网格划分中桥

面周围区域采用四面体网格，距桥面较远处区域采用六面体网格。流体域网格划分总数为 315 万，其中桥面近壁动网格总数为 208 万，流体域网格划分如图 6.37(b)所示。

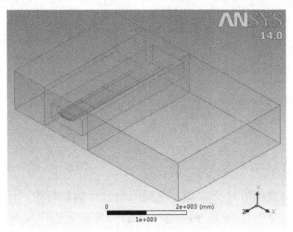

图 6.36　固体域和流体域计算模型

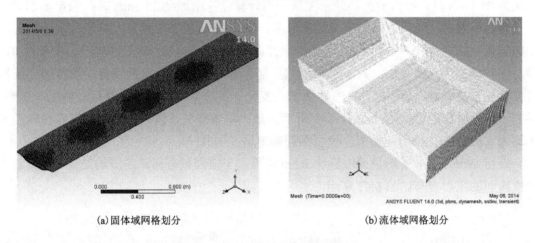

(a)固体域网格划分　　　　　　　　　　　　　(b)流体域网格划分

图 6.37　固体域与流体域网格划分

在流固耦合模拟边界条件设定时，固体域中应把除约束面 Fixed support 以外所有与流体接触的面设置为 Fluid Solid Interface，即流固耦合面，如图 6.38 所示。在流体域设置流固耦合面时，把预先命名的边界名称 wall_fsi 在 Dynamic Mesh Zones 面板中设置为 System Coupling，如图 6.39 所示。

动网格的设定在 Fluent 的 Dynamic Mesh Zones 中进行，采用弹簧光顺与局部网格重构相结合的动网格更新方法。包含计算耦合面在内的流体域为网格变形区域，其余流体域设置为静止。在弹簧光顺法参数设置中，设定弹性常数为 0.5，边界节点松弛因子为 1，收敛系数为 0.001，迭代次数为 20；网格重构参数中，设置最小、最大长度尺寸为 0，使得每一步计算中网格都重新生成，体网格最大网格扭曲率为 0.85，面网格最大网格扭曲率为 0.55，网格重构间隔为 1。

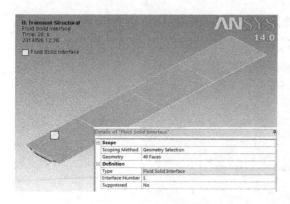
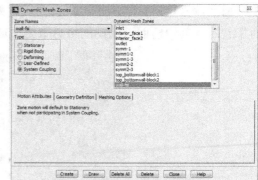

图 6.38　固体域流固耦合面设置　　　　图 6.39　流体域流固耦合面设置

固体单元采用 SOLID186 单元类型。在流固耦合计算过程中，计算时间步长为 0.003s，计算步数为 1000 步，计算时间为 3s。Fluent 中每时间步最大迭代次数为 20，System Coupling 模块中数据传递残差为 0.001，最大迭代次数为 5。依据前述颤振临界风速判断依据，当风速为 21.5m/s 时，结构的振动并未发散，当计算风速增加到 25.0m/s 时，悬臂端部的扭转位移趋于发散，此风速即为颤振临界风速。图 6.40 给出了主梁最大单悬臂端、悬臂跨中的竖弯、扭转位移。由图 6.40 可知，颤振时悬臂端部和跨中的位移时程相位差为 0，参与振动模态为一阶模态。对于悬臂端部，竖弯和扭转位移呈发散趋势；悬臂跨中仅扭转位移呈发散状态，竖弯位移在有限幅值内变化。对悬臂端部的位移时程做傅里叶变换，得到了位移时程的频谱图，如图 6.41 所示。最大单悬臂气弹模型颤振时竖弯和扭转的频率均为 5.8115Hz，小于刚性节段模型颤振频率值 5.073Hz。

采用 Workbench 的结果提取模块 Results 提取了流固耦合计算的流场结果，主梁上几个横断面的压力分布如图 6.42 所示。

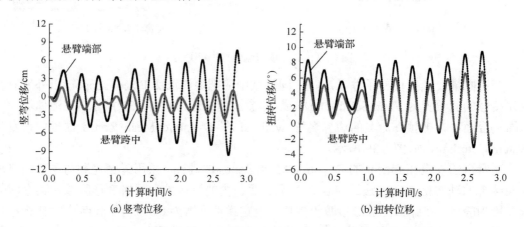

(a)竖弯位移　　　　　　　　　　　(b)扭转位移

图 6.40　颤振时主梁最大单悬臂端及悬臂跨中竖弯、扭转位移

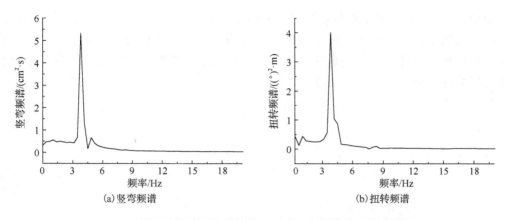

(a) 竖弯频谱　　　　　　　　　　(b) 扭转频谱

图 6.41　颤振时悬臂端及悬臂跨中竖弯、扭转位移时程频谱图

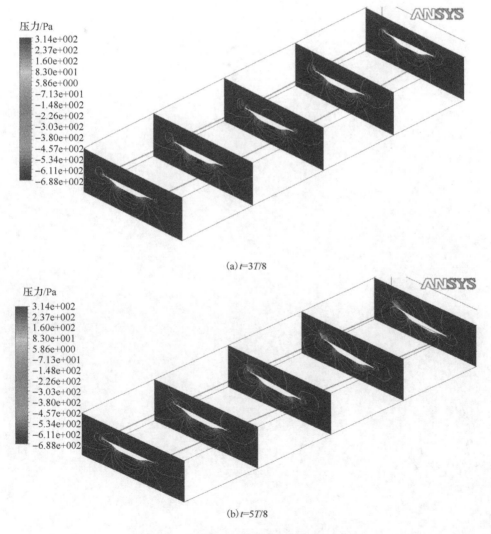

(a) $t=3T/8$

(b) $t=5T/8$

图 6.42　典型时刻主梁横断面压力分布图

由图 6.42 可知，当断面运动到正攻角时，迎风侧前缘下侧的压力值达到最大，由正攻角向负攻角运动，前缘下侧的压力值逐渐减小；当最大负攻角向正攻角运动时，处于断面前缘的较大正压力开始向前缘下侧移动。在靠近桥塔处，断面上的位移变化较小，越靠近最大悬臂端，压力的变化越大。

第7章 抖 振 分 析

抖振是脉动风引起的一种强迫振动，其虽然不会引起结构的直接破坏，但频繁的交变应力会缩短结构的疲劳寿命，过大的振幅也会影响行车稳定性。随着风速的增加及桥梁跨度的增长，大跨度桥梁风致抖振问题日益突出。

自认识到风荷载对桥梁的动力作用后，Davenport、Scanlan 等著名学者奠定了桥梁抖振分析的理论基础，即经典桥梁抖振理论。该理论在长期实践中得到不断完善，已广泛应用于大跨度桥梁的抖振分析。经典桥梁抖振分析理论假设脉动风速与桥梁抖振响应均为平稳随机过程，即平稳随机过程假设。近年来，针对台风、下击暴流的现场实测发现：特异风场常存在强对流特征，风速与风向具有明显的时变特性，为典型非平稳随机过程。因此，经典桥梁抖振分析理论逐渐由平稳向非平稳过渡，形成了适用于良态风与极端风下桥梁抖振分析的广义抖振分析理论。

本章主要介绍桥梁频域与时域抖振分析理论，包括平稳与非平稳抖振响应分析两个方面。同时，也从计算流体力学角度介绍桥梁抖振响应的数值模拟方法。

7.1 抖振基本原理

对于大跨度桥梁而言，抖振振幅与主梁跨度相比相对较小，因此桥梁抖振可视为微幅振动。平稳抖振分析可视为非平稳抖振分析的特例，即假设脉动风谱、气动力参数等不随时间而改变，因此本章以非平稳抖振分析为主，描述桥梁广义抖振分析理论。

风荷载作用下桥梁抖振响应的控制方程为

$$\boldsymbol{KX}(t) = \boldsymbol{F}_{\mathrm{s}}(t) \tag{7.1}$$

$$\boldsymbol{M\ddot{X}}(t) + \boldsymbol{C\dot{X}}(t) + \boldsymbol{KX}(t) = \boldsymbol{F}_{\mathrm{b}}(t) + \boldsymbol{F}_{\mathrm{se}}(t) \tag{7.2}$$

式中，$\boldsymbol{M}$、$\boldsymbol{C}$、$\boldsymbol{K}$ 分别为质量、阻尼和刚度矩阵；$\boldsymbol{\ddot{X}}(t)$、$\boldsymbol{\dot{X}}(t)$、$\boldsymbol{X}(t)$ 分别表示结构加速度、速度和位移列阵；$\boldsymbol{F}_{\mathrm{s}}(t)$ 为时变静风荷载列阵；$\boldsymbol{F}_{\mathrm{b}}(t)$ 为抖振力列阵；$\boldsymbol{F}_{\mathrm{se}}(t)$ 为气动自激力列阵。式(7.1)为桥梁静风响应分析方程，由于时变平均风速的变化较为缓慢，忽略了结构瞬态动力效应。式(7.2)为桥梁非平稳抖振动力分析方程。

根据准定常假设，非平稳脉动风速在单位长度主梁上引起的抖振力可表示为

$$D_{\mathrm{b}}(t) = \frac{1}{2}\rho\tilde{U}^2(t)H\left[2C_D[\alpha(t)]\chi_D\frac{u(t)}{\tilde{U}(t)} + \left(C_D'[\alpha(t)] - C_L[\alpha(t)]\right)\chi_D'\frac{w(t)}{\tilde{U}(t)}\right] \tag{7.3}$$

$$L_{\mathrm{b}}(t) = \frac{1}{2}\rho\tilde{U}^2(t)B\left[2C_L[\alpha(t)]\chi_L\frac{u(t)}{\tilde{U}(t)} + \left(C_L'[\alpha(t)] + C_D[\alpha(t)]\right)\chi_L'\frac{w(t)}{\tilde{U}(t)}\right] \tag{7.4}$$

$$M_{\mathrm{b}}(t) = \frac{1}{2}\rho\tilde{U}^2(t)B^2\left[2C_M[\alpha(t)]\chi_M\frac{u(t)}{\tilde{U}(t)} + C_M'[\alpha(t)]\chi_M'\frac{w(t)}{\tilde{U}(t)}\right] \tag{7.5}$$

式中，$D_b(t)$、$L_b(t)$、$M_b(t)$ 分别为抖振力中的阻力、升力和扭矩；$C_D'[\alpha(t)]$、$C_L'[\alpha(t)]$、$C_M'[\alpha(t)]$ 分别为阻力系数 $C_D[\alpha(t)]$、升力系数 $C_L[\alpha(t)]$ 和扭矩系数 $C_M[\alpha(t)]$ 关于攻角 $\alpha(t)$ 的一阶导数；$u(t)$、$w(t)$ 分别为顺风向与竖向非平稳脉动风速；χ_D、χ_D'、χ_L、χ_L'、χ_M、χ_M' 为气动导纳函数，用于考虑抖振力沿主梁宽度方向的相关性。

Scanlan 在 Davenport 抖振力的基础上进一步引入线性气动自激力模型，来考虑主梁与流场的耦合关系。早期，Scanlan 提出的气动自激力模型仅考虑了主梁的竖向与扭转运动，随后 Sarkar 等将该模型进一步推广，提出了考虑主梁侧向、竖向与扭转运动的线性自激力模型。非平稳风速在单位长度主梁上引起的气动自激力可表示为

$$D_{se} = \frac{1}{2}\rho\tilde{U}^2(t)B\left[KP_1^*\frac{\dot{p}}{\tilde{U}(t)} + KP_2^*\frac{B\dot{\alpha}}{\tilde{U}(t)} + K^2P_3^*\alpha + K^2P_4^*\frac{p}{B} + KP_5^*\frac{\dot{h}}{\tilde{U}(t)} + K^2P_6^*\frac{h}{B}\right] \tag{7.6}$$

$$L_{se} = \frac{1}{2}\rho\tilde{U}^2(t)B\left[KH_1^*\frac{\dot{h}}{\tilde{U}(t)} + KH_2^*\frac{B\dot{\alpha}}{\tilde{U}(t)} + K^2H_3^*\alpha + K^2H_4^*\frac{h}{B} + KH_5^*\frac{\dot{p}}{\tilde{U}(t)} + K^2H_6^*\frac{p}{B}\right] \tag{7.7}$$

$$M_{se} = \frac{1}{2}\rho\tilde{U}^2(t)B^2\left[KA_1^*\frac{\dot{h}}{\tilde{U}(t)} + KA_2^*\frac{B\dot{\alpha}}{\tilde{U}(t)} + K^2A_3^*\alpha + K^2A_4^*\frac{h}{B} + KA_5^*\frac{\dot{p}}{\tilde{U}(t)} + K^2A_6^*\frac{p}{B}\right] \tag{7.8}$$

式中，D_{se}、L_{se}、M_{se} 分别为气动自激力中的阻力、升力和扭矩；p、h、α 为主梁侧向、竖向和扭转位移；$\dot{x}$ $(x = p, h, \alpha)$ 表示主梁在对应方向的速度；$\ddot{x}$ 表示主梁在对应方向的加速度；$K = \omega B/\tilde{U}(t)$ 为折减频率；H_j^*、P_j^*、A_j^* $(j=1, 2,\cdots, 6)$ 为通过节段模型风洞试验或 CFD 数值模拟获得的 18 个气动导数，均为 K 的函数。

7.2　频域抖振分析

7.2.1　分析方法

以主梁为例，对非平稳抖振力和自激力的荷载列阵进行描述。假设主梁被划分为 M 个节点，则时变静风荷载列阵、非平稳抖振力列阵、非平稳自激力列阵分别表示为

$$F_s(t) = \frac{1}{2}C_{bu}(t)\tilde{U}(t) \tag{7.9}$$

$$F_b(t) = C_b(t)\Theta(t) \tag{7.10}$$

$$F_{se}(t) = K_{se}X(t) + C_{se}\dot{X}(t) \tag{7.11}$$

式中，$\tilde{U}(t) = \{\tilde{U}_1(t), \cdots, \tilde{U}_M(t)\}^T$ 为平均风速列阵，描述各节点的时变平均风速；$\Theta(t) = \{u(t)^T, w(t)^T\}^T$ 为脉动风速列阵，$u(t) = \{u_1(t),\cdots, u_M(t)\}^T$ 描述各节点处顺风向非平稳脉动风速，$w(t) = \{w_1(t),\cdots, w_M(t)\}^T$ 描述各节点处竖向非平稳脉动风速；$C_b(t) = \{C_{bu}(t), C_{bw}(t)\}$ 为时变气动力系数矩阵，$C_{bu}(t) = \mathrm{diag}\{C_{bu}^1(t), \cdots, C_{bu}^M(t)\}$；$C_{bw}(t) = \mathrm{diag}\{C_{bw}^1(t), \cdots, C_{bw}^M(t)\}$，$C_{bu}^k(t)$、$C_{bw}^k(t)$ $(k = 1, 2, \cdots, M)$ 表示单元时变气动力系数矩阵，可分别按下列公式计算：

$$C_{\mathrm{bu}}^k(t)=\frac{1}{2}\rho\tilde{U}_k(t)Bl_k\left[2C_{D,k}(t)H/B,\ 2C_{L,k}(t),\ 2BC_{M,k}(t)\right]^{\mathrm{T}} \tag{7.12}$$

$$C_{\mathrm{bw}}^k(t)=\frac{1}{2}\rho\tilde{U}_k(t)Bl_k\left\{\left[C_{D,k}'(t)-C_{L,k}(t)\right]H/B,\ \left[C_{L,k}'(t)+C_{D,k}(t)\right],\ BC_{M,k}'(t)\right\}^{\mathrm{T}} \tag{7.13}$$

式中，l_k 为第 k 个节点承担荷载区域的长度，取相邻两个单元长度和的一半；$C_{T,k}(t)\ (T=D,L,M)$ 表示第 k 个节点处的三分力系数，根据该时刻的有效攻角取值；$C_{T,k}'(t)$ 为 $C_{T,k}(t)$ 关于攻角的一阶导数。$\boldsymbol{K}_{\mathrm{se}}=\mathrm{diag}\{\boldsymbol{K}_{\mathrm{se}}^1,\cdots,\boldsymbol{K}_{\mathrm{se}}^M\}$ 为结构气动刚度矩阵，$\boldsymbol{C}_{\mathrm{se}}=\mathrm{diag}\{\boldsymbol{C}_{\mathrm{se}}^1,\cdots,\boldsymbol{C}_{\mathrm{se}}^M\}$ 为结构气动阻尼矩阵，$\boldsymbol{K}_{\mathrm{se}}^k$、$\boldsymbol{C}_{\mathrm{se}}^k$ 分别为单元气动刚度、气动阻尼矩阵，可分别按照式(7.14)和式(7.15)计算：

$$\boldsymbol{K}_{\mathrm{se}}^k=\rho B^2\omega^2 l_k\begin{bmatrix}P_{6,k}^* & P_{4,k}^* & BP_{3,k}^*\\ H_{4,k}^* & H_{6,k}^* & BH_{3,k}^*\\ BA_{4,k}^* & BA_{6,k}^* & B^2A_{3,k}^*\end{bmatrix} \tag{7.14}$$

$$\boldsymbol{C}_{\mathrm{se}}^k=\rho B^2\omega l_k\begin{bmatrix}P_{5,k}^* & P_{1,k}^* & BP_{2,k}^*\\ H_{1,k}^* & H_{5,k}^* & BH_{2,k}^*\\ BA_{1,k}^* & BA_{5,k}^* & B^2A_{2,k}^*\end{bmatrix} \tag{7.15}$$

式中，节点 k 处的 18 项气动导数需根据该节点处的有效攻角和时变平均风速共同确定。

根据模态叠加法，式(7.2)可写成模态坐标的形式，即

$$\ddot{\boldsymbol{q}}(t)+\tilde{\boldsymbol{C}}\dot{\boldsymbol{q}}(t)+\tilde{\boldsymbol{K}}\boldsymbol{q}(t)=\boldsymbol{Q}_{\mathrm{b}}(t) \tag{7.16}$$

式中，$\tilde{\boldsymbol{C}}=\boldsymbol{\Phi}^{\mathrm{T}}\boldsymbol{C}\boldsymbol{\Phi}-\boldsymbol{\Phi}^{\mathrm{T}}\boldsymbol{C}_{\mathrm{se}}\boldsymbol{\Phi}$ 为广义阻尼矩阵；$\tilde{\boldsymbol{K}}=\boldsymbol{\Phi}^{\mathrm{T}}\boldsymbol{K}\boldsymbol{\Phi}-\boldsymbol{\Phi}^{\mathrm{T}}\boldsymbol{K}_{\mathrm{se}}\boldsymbol{\Phi}$ 为广义刚度矩阵；$\boldsymbol{Q}_{\mathrm{b}}(t)=\boldsymbol{\Phi}^{\mathrm{T}}\boldsymbol{F}_{\mathrm{b}}(t)$ 为广义抖振力列阵；$\boldsymbol{q}(t)$ 为广义位移列阵，与实际位移列阵满足 $\boldsymbol{X}(t)=\boldsymbol{\Phi}\boldsymbol{q}(t)$ 的关系；$\boldsymbol{\Phi}$ 为结构前 N 阶模态振型坐标组成的振型矩阵，且通过式(7.17)进行标准化：

$$\boldsymbol{\Phi}^{\mathrm{T}}\boldsymbol{M}\boldsymbol{\Phi}=\boldsymbol{I} \tag{7.17}$$

式中，$\boldsymbol{I}$ 为 N 阶单位矩阵。

同时，振型矩阵可使下列关系成立：

$$\boldsymbol{\Phi}^{\mathrm{T}}\boldsymbol{C}\boldsymbol{\Phi}=\mathrm{diag}\{2\xi\omega_1,\cdots,2\xi\omega_N\} \tag{7.18}$$

$$\boldsymbol{\Phi}^{\mathrm{T}}\boldsymbol{K}\boldsymbol{\Phi}=\mathrm{diag}\{\omega_1^2,\cdots,\omega_N^2\} \tag{7.19}$$

式中，$\omega_j(j=1,\cdots,N)$ 为第 j 阶模态的模态频率。

结构抖振响应可采用虚拟激励法求解。为此，构造虚拟激励：

$$\tilde{\boldsymbol{Q}}_{\mathrm{b}}(\omega,t)=\boldsymbol{A}_{Q_{\mathrm{b}}}(\omega,t)\mathrm{e}^{\mathrm{i}\omega t} \tag{7.20}$$

式中，$\boldsymbol{A}_{Q_{\mathrm{b}}}(\omega,t)$ 通过对广义荷载列阵 $\boldsymbol{Q}_{\mathrm{b}}(t)$ 的演变谱密度矩阵 $\boldsymbol{S}_{Q_{\mathrm{b}}Q_{\mathrm{b}}}(\omega,t)$ 进行 Cholesky 分解，即

$$\boldsymbol{S}_{Q_{\mathrm{b}}Q_{\mathrm{b}}}(\omega,t)=\boldsymbol{A}_{Q_{\mathrm{b}}}(\omega,t)\boldsymbol{A}_{Q_{\mathrm{b}}}(\omega,t)^{\mathrm{T}} \tag{7.21}$$

式中，广义荷载列阵 $Q_b(t)$ 的演变谱密度矩阵为

$$S_{Q_b Q_b}(\omega,\ t) = \boldsymbol{\Phi}^T S_{F_b F_b}(\omega,\ t)\boldsymbol{\Phi} = \boldsymbol{\Phi}^T C_b(t) S_{\Theta\Theta}(\omega,\ t) C_b(t)^T \boldsymbol{\Phi} \tag{7.22}$$

以虚拟激励 $\tilde{Q}_b(\omega,\ t)$ 的第 j $(j=1,\ \cdots,\ N)$ 列 $\tilde{Q}_{b,j}(\omega,\ t)$ 作为荷载列阵，并代替式 (7.16)中的荷载列阵，从而形成方程

$$\ddot{y}_j(\omega,\ t) + \tilde{C}\dot{y}_j(\omega,\ t) + \tilde{K}y_j(\omega,\ t) = \tilde{Q}_{b,j}(\omega,\ t) \tag{7.23}$$

根据准平稳假设，上式的解为 $y_j(\omega,\ t) = H(\omega,\ t)\tilde{Q}_{b,j}(\omega,\ t)\mathrm{e}^{\mathrm{i}\omega t}$。其中，$H(\omega,\ t)$ 为时频传递函数矩阵，按式 (7.24)计算：

$$H(\omega,\ t) = \left[-\omega^2 I + i\omega\tilde{C} + \tilde{K}\right]^{-1} \tag{7.24}$$

在此基础上，结构抖振位移演变谱密度矩阵可表示为

$$S_{XX}(\omega,\ t) = \sum_{j=1}^{N}\left[\boldsymbol{\Phi}y_j(\omega,\ t)\right]\left[\boldsymbol{\Phi}y_j(\omega,\ t)\right]^T \tag{7.25}$$

待求得结构各节点抖振位移演变谱密度后，即可计算抖振位移响应的 RMS 值。

7.2.2 数值算例

根据有限单元法的基本原理，基于 MATLAB 编程建立了苏通大桥有限元模型，如图 7.1 所示。在该模型中，主梁、主塔及墩柱均通过欧拉梁单元进行模拟，斜拉索简化为单向受拉的索单元。在水平面内，采用欧拉梁单元建立垂直于主梁的无质量刚臂，并通过刚臂实现斜拉索与主梁的连接。根据主梁与主塔之间的实际约束条件，耦合主梁与主塔的侧向自由度。主塔与墩柱底部固结，不考虑土-桩-结构相互作用。

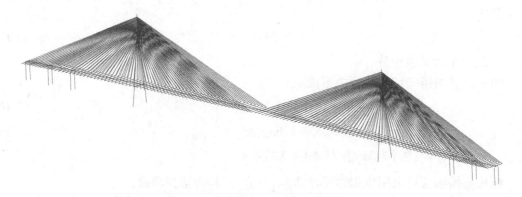

图 7.1　苏通大桥结构有限元模型

通过矩阵广义特征值和特征向量的求解，提取了结构前 40 阶模态，以用于该桥非平稳抖振分析。其中，部分典型模态详见表 7.1。主梁纵飘、一阶正对称侧弯、一阶正对称竖弯和一阶正对称扭转这四阶典型模态的振型如图 7.2 所示。

表 7.1　苏通大桥结构典型模态

阶次	频率/Hz	振型描述
1	0.055	主梁纵飘
2	0.100	主梁一阶正对称侧弯
3	0.186	主梁一阶正对称竖弯
4	0.226	主梁一阶反对称竖弯
5	0.299	主梁一阶反对称侧弯
6	0.323	主梁二阶正对称竖弯
7	0.375	主梁二阶反对称竖弯
8	0.387	主塔正对称侧弯
13	0.523	主梁一阶正对称扭转+侧弯
19	0.624	主梁一阶反对称扭转+侧弯

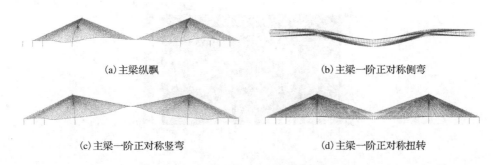

(a)主梁纵飘　　　　　　　　　　(b)主梁一阶正对称侧弯

(c)主梁一阶正对称竖弯　　　　　　　(d)主梁一阶正对称扭转

图 7.2　苏通大桥典型模态振型

　　根据桥梁多模态耦合非平稳抖振分析方法,以图 7.1 所示的有限元模型为基础,进行了台风作用下大跨度斜拉桥非平稳抖振响应分析。在分析过程中,采用的顺风向和竖向正则化非平稳脉动风谱如图 7.3 所示,采用 Davenport 模型描述脉动风的空间相干性。

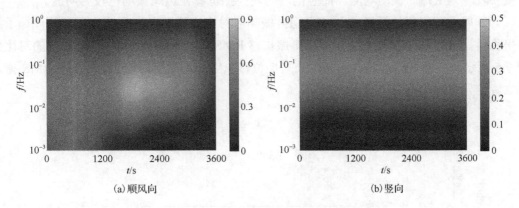

(a)顺风向　　　　　　　　　　　　(b)竖向

图 7.3　顺风向与竖向正则化非平稳脉动风谱

在大跨度斜拉桥主梁上，共考虑 201 个等间距的脉动风输入点。在各主塔沿高度方向考虑 20 个等间距的脉动风输入点。考虑到主塔的结构特征，对主塔仅计入水平向脉动风，忽略竖向脉动风的影响。苏通大桥主梁抖振位移 RMS 值分布如图 7.4 所示。图中，X_{Loc} 表示主梁各点距主跨中心的距离。

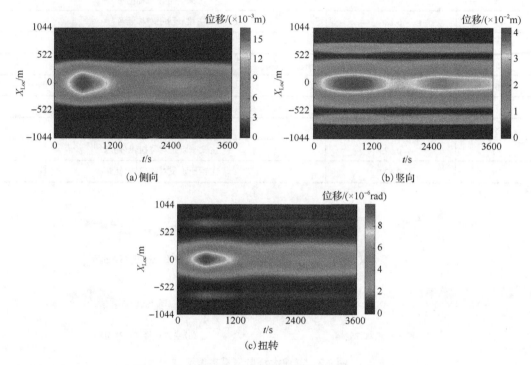

图 7.4　大跨度斜拉桥非平稳抖振位移 RMS 值分布

由图 7.4 可知，各方向主梁抖振位移 RMS 值的最大值出现在主梁跨中，且主梁各点抖振位移 RMS 值表现出明显的时变特征。对比竖向、侧向与扭转抖振位移，侧向抖振位移主要表现为主跨的振动响应，而竖向与扭转抖振位移在边跨振动也较为明显。

为开展大跨度斜拉桥平稳与非平稳抖振响应对比，采用平稳频域分析方法计算了结构平稳抖振响应 RMS 值。主梁非平稳抖振位移 RMS 值与平稳抖振位移 RMS 值的对比如图 7.5 所示。由图可知，各方向非平稳抖振位移 RMS 值均大于平稳抖振位移 RMS 值，且二者差异在主梁跨中位置最为明显。

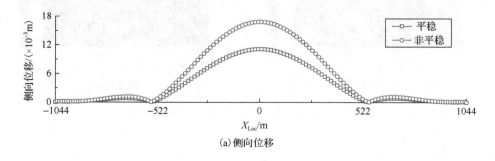

(a) 侧向位移

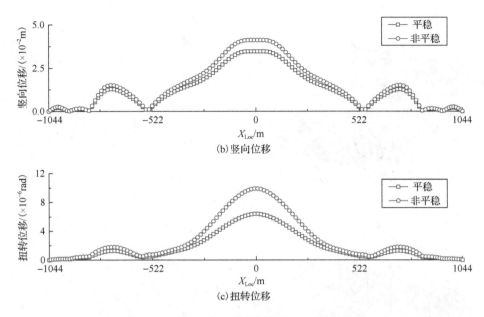

图 7.5 平稳与非平稳抖振位移 RMS 值对比

为进一步探究大跨度斜拉桥非平稳抖振机理，开展了主梁跨中抖振位移演变谱密度分析。图 7.6 描述了主梁跨中侧向、竖向和扭转抖振位移的演变谱密度，并将非平稳抖振位移演变功率谱密度(Evolutionary Power Spectral Density，EPSD)的时间切片与平稳抖振位移功率谱密度(Power Spectral Density，PSD)进行了对比。由图 7.6 可知，主梁抖振能量虽以低频为主，但表现出了多模态共同参与的规律。主梁侧向与竖向抖振位移 EPSD 的第一峰值对应的频率分别在 0.100Hz 和 0.186Hz 附近，同时第一个峰值所蕴含的能量也高于其他高频峰值，表明一阶侧弯模态与一阶竖弯模态分别对主梁竖向和侧向非平稳抖振位移的贡献最大。然而，对于扭转抖振位移 EPSD 而言，其第一个峰值对应的频率为 0.100Hz，即对应主梁一阶侧弯模态，而扭转模态所蕴含的能量相对较低。这主要由于大跨度斜拉桥主梁的侧向运动为空间运动，侧向位移也会导致主梁发生扭转；在当前风速等级下，单纯由扭转模态引起的扭转位移明显小于侧弯运动引起的主梁扭转位移，因此此时主梁非平稳扭转抖振位移主要为主梁侧弯运动的贡献。

此外，抖振位移 EPSD 各主导频率处的能量随着时间的变化而改变，其实际反映了台风荷载的时变效应。对比平稳抖振位移 PSD 与非平稳抖振位移 EPSD 的时间切片可知，平稳与非平稳抖振位移的主导模态基本一致；由于时变平均风速的变化范围较小，非平稳气动自激力并未对结构模态产生过大的影响。因此，引起大跨度斜拉桥平稳与非平稳抖振位移差异的主要原因在于台风荷载的时变效应。鉴于平稳与非平稳抖振位移的较大差异，在开展特异风场作用下的桥梁抖振响应分析时，有必要考虑风荷载的非平稳效应。

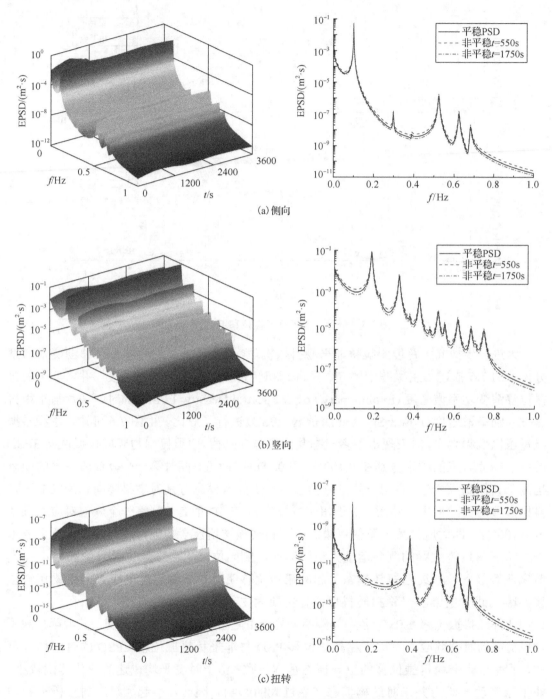

图 7.6　非平稳抖振位移 EPSD 与平稳抖振位移 PSD 的对比

7.3 时域抖振分析

在时域抖振分析中,结构气动力需表示为仅关于时间的函数。根据式(7.6)～式(7.8),气动自激力是关于时间和频率的联合函数。因此,在时域抖振分析中,须先获得主梁断面气动自激力的时域表达。如图 7.7 所示,主梁运动与紊流引起的尾流会持续对主梁气动力产生影响,直至尾流处于下游足够远时,其对气动力的贡献逐渐消失。主梁气动力的尾流效应即为类似杜阿梅尔积分中的记忆效应。为考虑记忆效应并实现气动自激力的时域化,需通过时移函数建立气动力与主梁响应之间的联系。目前,时域气动力与主梁响应之间的映射关系通常可采用阶跃函数法或脉冲函数法予以考虑。

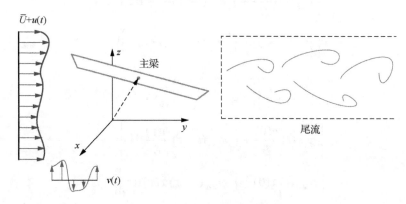

图 7.7 主梁气动力产生示意图

7.3.1 阶跃函数法

不同于流线型机翼断面,主梁断面周围的气流容易发生分离,难以确定阶跃函数的解析解。Scanlan 等基于半逆解法,推导了用于主梁气动力时域化的阶跃函数,其具体表达为

$$\varphi_{yx}(s) = 1 - \sum_{j=1}^{n} a_j e^{-b_j s} \tag{7.26}$$

式中, $s = \bar{U}t / B$ 为无量纲时间; $y = D, L, M$ 分别表示阻力、升力与扭矩的阶跃函数; $x = p, h, \alpha$ 分别表示主梁侧向、竖向与扭转位移; n 为模型的阶数; a_j、 b_j 为待定系数,可通过气动自激力的频域表达进行拟合。

由式(7.26)可知,阶跃函数是关于无量纲时间的函数,即气动自激力的记忆效应取决于平均风速与物理时间。当风速较大时,尾流将在很短的时间内处于下游较远位置,因此不再对气动自激力产生影响,此时气动自激力的记忆效应持时较短。

对于平稳气动自激力，其基于阶跃函数的时域表达式为

$$D_{se} = \frac{1}{2} \rho \bar{U}^2 B C'_D \left\{ \left[\varphi_{Dp}(t) \frac{\dot{p}(0)}{B} + \int_0^t \varphi_{Dp}(t-\tau) \frac{\ddot{p}(\tau)}{B} d\tau \right] \right.$$
$$+ \left[\varphi_{Dh}(t) \frac{\dot{h}(0)}{B} + \int_0^t \varphi_{Dh}(t-\tau) \frac{\ddot{h}(\tau)}{B} d\tau \right] \qquad (7.27)$$
$$\left. + \left[\varphi_{D\alpha}(t) \alpha(0) + \int_0^t \varphi_{D\alpha}(t-\tau) \dot{\alpha}(\tau) d\tau \right] \right\}$$

$$L_{se} = \frac{1}{2} \rho \bar{U}^2 B C'_L \left\{ \left[\varphi_{Lp}(t) \frac{\dot{p}(0)}{B} + \int_0^t \varphi_{Lp}(t-\tau) \frac{\ddot{p}(\tau)}{B} d\tau \right] \right.$$
$$+ \left[\varphi_{Lh}(t) \frac{\dot{h}(0)}{B} + \int_0^t \varphi_{Lh}(t-\tau) \frac{\ddot{h}(\tau)}{B} d\tau \right] \qquad (7.28)$$
$$\left. + \left[\varphi_{L\alpha}(t) \alpha(0) + \int_0^t \varphi_{L\alpha}(t-\tau) \dot{\alpha}(\tau) d\tau \right] \right\}$$

$$M_{se} = \frac{1}{2} \rho \bar{U}^2 B^2 C'_M \left\{ \left[\varphi_{Mp}(t) \frac{\dot{p}(0)}{B} + \int_0^t \varphi_{Mp}(t-\tau) \frac{\ddot{p}(\tau)}{B} d\tau \right] \right.$$
$$+ \left[\varphi_{Mh}(t) \frac{\dot{h}(0)}{B} + \int_0^t \varphi_{Mh}(t-\tau) \frac{\ddot{h}(\tau)}{B} d\tau \right] \qquad (7.29)$$
$$\left. + \left[\varphi_{M\alpha}(t) \alpha(0) + \int_0^t \varphi_{M\alpha}(t-\tau) \dot{\alpha}(\tau) d\tau \right] \right\}$$

分别对上述时域自激力模型和式(7.6)~式(7.8)所述自激力模型进行 Fourier 变换，并对两式的实部与虚部进行类比，即可将各气动导数表示为关于阶跃函数中待定参数的函数，从而根据气动导数的试验值进一步实现阶跃函数的拟合。

根据苏通大桥主梁断面 8 个气动导数对自激力中升力和扭矩的阶跃函数进行拟合，拟合结果详见表 7.2。各阶跃函数关于无量纲时间的时域表达如图 7.8 所示。由图 7.8 可知，$\varphi_{Lh}(s)$、$\varphi_{L\alpha}(s)$、$\varphi_{M\alpha}(s)$ 均为明显的阶跃函数，而 $\varphi_{Mh}(s)$ 的拟合结果恒等于 1，表明自激扭矩中竖向位移的记忆效应可以忽略不计。

表 7.2　苏通大桥主梁自激力中阶跃函数待定参数的取值

阶跃函数	a_1	b_1	a_2	b_2	a_3	b_3
$\varphi_{Lh}(s)$	100.000	0.187	-98.776	0.190	—	—
$\varphi_{L\alpha}(s)$	1.381	6.000	64.760	0.153	-63.583	0.157
$\varphi_{Mh}(s)$	200.000	0.200	-200.000	0.200	—	—
$\varphi_{M\alpha}(s)$	0.149	4.941	0.544	0.168	—	—

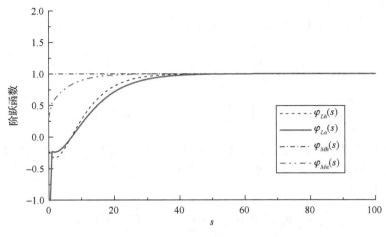

图 7.8 自激力中升力与扭矩的阶跃函数

与平稳风速不同，非平稳风速中存在明显的时变特征，因此非平稳风荷载与主梁的相互作用存在时变效应。此时，风-桥耦合系统应为时变系统。显然，非平稳时域自激力不能采用单一的阶跃函数进行表达。由于非平稳风速中的时变平均风速为时变函数，因此式(7.26)中的阶跃函数可由一维拓展至二维，即

$$\varphi_{yx}\left(t, U(\tau)\right) = 1 - \sum_{j=1}^{n} a_j \mathrm{e}^{-b_j[U(\tau)/B]t} \tag{7.30}$$

由式(7.30)可知，非平稳气动自激力的二维阶跃函数存在两个时间维度。时间维度 τ 与时变平均风速相关，表征流体记忆效应的强度；时间维度 t 与尾流位置相关，表征尾流记忆效应的衰退状态。显然，平稳气动自激力中记忆效应的强度并不会发生改变。

二维阶跃函数中的参数拟合对于非平稳时域自激力的准确表达至关重要。由于时变平均风速为关于时间的慢变函数，因此仍可采用时不变系统中通过平稳气动力参数识别的参数作为二维阶跃函数中的待定参数。

根据非平稳气动自激力模型，风-桥耦合系统可视为线性时变系统，因此基于二维阶跃函数的气动自激力仍满足叠加原理。在此基础上，非平稳时域气动自激力可表示为

$$
\begin{aligned}
D_{se} = \frac{1}{2}\rho\tilde{U}(t)^2 BC_D' &\left\{ \left[\varphi_{Dp}\left(t,\tilde{U}(0)\right)\frac{\dot{p}(0)}{B} + \int_0^t \varphi_{Dp}\left(t-\tau,\tilde{U}(\tau)\right)\frac{\ddot{p}(\tau)}{B}\mathrm{d}\tau \right] \right. \\
&+ \left[\varphi_{Dh}\left(t,\tilde{U}(0)\right)\frac{\dot{h}(0)}{B} + \int_0^t \varphi_{Dh}\left(t-\tau,\tilde{U}(\tau)\right)\frac{\ddot{h}(\tau)}{B}\mathrm{d}\tau \right] \\
&+ \left. \left[\varphi_{D\alpha}\left(t,\tilde{U}(0)\right)\alpha(0) + \int_0^t \varphi_{D\alpha}\left(t-\tau,\tilde{U}(\tau)\right)\dot{\alpha}(\tau)\mathrm{d}\tau \right] \right\}
\end{aligned} \tag{7.31}
$$

$$
\begin{aligned}
L_{se} = \frac{1}{2}\rho\tilde{U}(t)^2 BC_L' &\left\{ \left[\varphi_{Lp}\left(t,\tilde{U}(0)\right)\frac{\dot{p}(0)}{B} + \int_0^t \varphi_{Lp}\left(t-\tau,\tilde{U}(\tau)\right)\frac{\ddot{p}(\tau)}{B}\mathrm{d}\tau \right] \right. \\
&+ \left[\varphi_{Lh}\left(t,\tilde{U}(0)\right)\frac{\dot{h}(0)}{B} + \int_0^t \varphi_{Lh}\left(t-\tau,\tilde{U}(\tau)\right)\frac{\ddot{h}(\tau)}{B}\mathrm{d}\tau \right] \\
&+ \left. \left[\varphi_{L\alpha}\left(t,\tilde{U}(0)\right)\alpha(0) + \int_0^t \varphi_{L\alpha}\left(t-\tau,\tilde{U}(\tau)\right)\dot{\alpha}(\tau)\mathrm{d}\tau \right] \right\}
\end{aligned} \tag{7.32}
$$

$$M_{se} = \frac{1}{2}\rho\tilde{U}(t)^2 B^2 C_M' \left\{ \left[\varphi_{Mp}\left(t,\tilde{U}(0)\right)\frac{\dot{p}(0)}{B} + \int_0^t \varphi_{Mp}\left(t-\tau,\tilde{U}(\tau)\right)\frac{\ddot{p}(\tau)}{B}\mathrm{d}\tau \right] \right.$$

$$+ \left[\varphi_{Mh}\left(t,\tilde{U}(0)\right)\frac{\dot{h}(0)}{B} + \int_0^t \varphi_{Mh}\left(t-\tau,\tilde{U}(\tau)\right)\frac{\ddot{h}(\tau)}{B}\mathrm{d}\tau \right] \tag{7.33}$$

$$\left. + \left[\varphi_{M\alpha}\left(t,\tilde{U}(0)\right)\alpha(0) + \int_0^t \varphi_{M\alpha}\left(t-\tau,\tilde{U}(\tau)\right)\dot{\alpha}(\tau)\mathrm{d}\tau \right] \right\}$$

由非平稳时域气动自激力表达式可知，每一时刻的气动自激力均与主梁的前期运动状态相关，即尾流的记忆效应通过主梁的前期运动状态予以体现。上述时域自激力计算的核心可统一表示为

$$y(t) = \varphi\left(t,\tilde{U}(0)\right)x(0) + \int_0^t \varphi\left(t-\tau,\tilde{U}(\tau)\right)\dot{x}(\tau)\mathrm{d}\tau \tag{7.34}$$

显然，式(7.34)与 Duhamel 积分类似，式中二维阶跃函数的积分可通过卷积计算予以实现。二维阶跃函数卷积计算的基本原理如图7.9所示。由图7.9可知，若 $x(t)$ 表示位移，则 $y(t)$ 可视作对各时刻位移的加权和，各时刻的权系数即为对应的二维阶跃函数。由于当前时刻的气动自激力与当前时刻的结构运动状态相关，即式(7.34)中的积分包含了 $\varphi(0,\tilde{U}(t))\dot{x}(t)\mathrm{d}\tau$ 项，因此气动自激力的引入使得结构动力方程变为非线性方程，方程的求解需通过迭代予以实现。

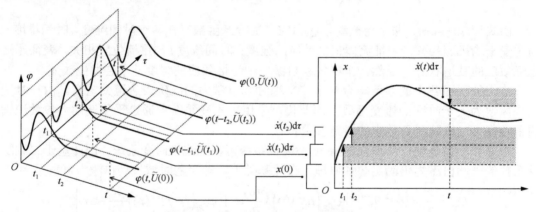

图7.9　二维阶跃函数卷积计算示意图

7.3.2　脉冲函数法

除阶跃函数法以外，单位长度主梁的平稳气动自激力也可表示为脉冲函数与结构位移间的卷积，即

$$D_{se} = \frac{1}{2}\rho\bar{U}^2 B \int_0^t \left[I_{Dp}(t-\tau)\frac{p(\tau)}{B} + I_{Dh}(t-\tau)\frac{h(\tau)}{B} + I_{D\alpha}(t-\tau)\alpha(\tau) \right]\mathrm{d}\tau \tag{7.35}$$

$$L_{se} = \frac{1}{2}\rho\bar{U}^2 B \int_0^t \left[I_{Lp}(t-\tau)\frac{p(\tau)}{B} + I_{Lh}(t-\tau)\frac{h(\tau)}{B} + I_{L\alpha}(t-\tau)\alpha(\tau) \right]\mathrm{d}\tau \tag{7.36}$$

$$M_{se} = \frac{1}{2}\rho\bar{U}^2 B^2 \int_0^t \left[I_{Mp}(t-\tau)\frac{p(\tau)}{B} + I_{Mh}(t-\tau)\frac{h(\tau)}{B} + I_{M\alpha}(t-\tau)\alpha(\tau) \right]\mathrm{d}\tau \tag{7.37}$$

式中，$I_{yx}(t)$ $(y=D,L,M;\ x=p,h,\alpha)$ 为气动自激力的脉冲函数，与前文所述阶跃函数相关。

通过对时域自激力模型（式(7.35)~式(7.37)）及时频混合自激力模型（式(7.6)~式(7.8)）进行 Fourier 变换，并比较对应项即可获得脉冲函数与气动导数的关系，具体如下：

$$\overline{I}_{Dp}=K^2(P_4^*+\mathrm{i}P_1^*),\quad \overline{I}_{Dh}=K^2(P_6^*+\mathrm{i}P_5^*),\quad \overline{I}_{D\alpha}=K^2(P_3^*+\mathrm{i}P_2^*) \tag{7.38}$$

$$\overline{I}_{Lp}=K^2(H_4^*+\mathrm{i}H_1^*),\quad \overline{I}_{Lh}=K^2(H_6^*+\mathrm{i}H_5^*),\quad \overline{I}_{L\alpha}=K^2(H_3^*+\mathrm{i}H_2^*) \tag{7.39}$$

$$\overline{I}_{Mp}=K^2(A_4^*+\mathrm{i}A_1^*),\quad \overline{I}_{Mh}=K^2(A_6^*+\mathrm{i}A_5^*),\quad \overline{I}_{M\alpha}=K^2(A_3^*+\mathrm{i}A_2^*) \tag{7.40}$$

式中，$\overline{I}_{yx}$ 表示脉冲函数 $I_{yx}(t)$ 的傅里叶变换。

对于脉冲函数，可通过有理函数近似表达为

$$I_{yx}(t)=A_1\delta(t)+A_2\frac{B}{\overline{U}}\dot{\delta}(t)+A_3\frac{B^2}{\overline{U}^2}\ddot{\delta}(t)+\sum_{j=1}^{n}\int_{-\infty}^{t}A_{l+3}\exp\left[-\frac{d_l\overline{U}}{B}(t-\tau)\dot{\delta}(\tau)\right]\mathrm{d}\tau \tag{7.41}$$

式中，$\delta(t)$ 为狄拉克 δ 函数；A_1、A_2、A_3、A_{l+3}、d_l 为待定参数；n 为模型的阶数。在式(7.41)中，包含参数 A_1 的项代表气动刚度；包含参数 A_2 的项代表气动阻尼；包含参数 A_3 的项代表气动质量，该项通常较小，可忽略不计；其余项均表示非定常项，其考虑了速度的滞后并通过正参数 d_l 估计滞后时间。

式(7.41)的频域表达为

$$\overline{I}_{yx}=A_1+A_2(\mathrm{i}K)+A_3(\mathrm{i}K)^2+\sum_{j=1}^{n}\frac{A_{l+3}\mathrm{i}K}{\mathrm{i}K+d_l} \tag{7.42}$$

结合式(7.38)~式(7.40)与式(7.42)，通过比较对应的实部与虚部，即可建立气动导数与脉冲函数中待定参数之间的关系。在此基础上，采用最小二乘法即可对式(7.42)中的参数进行拟合。

采用上述方法，对苏通大桥主梁自激力中脉冲函数的待定参数进行拟合，拟合结果详见表7.3。由表7.3可知，A_3 的值较小，表明气动质量的影响可忽略不计。为验证所拟合脉冲函数的有效性，通过各脉冲函数中的拟合参数计算了主梁断面气动导数，并与气动导数的试验值进行了对比，如图7.10所示。气动导数计算值与试验值吻合较好，表明所拟合的脉冲函数有效可靠，可用于时域自激力的计算。

表7.3 苏通大桥主梁自激力中脉冲函数待定参数的取值

脉冲函数	A_1	A_2	A_3	A_4	d_1	A_5	d_2
$I_{Lh}(t)$	30.463	−1.133	0.125	−30.760	0.0127	—	—
$I_{L\alpha}(t)$	127.650	−1.015	−0.001	−200.000	0.0168	71.102	0.0504
$I_{Mh}(t)$	−11.807	0.0681	−0.0130	11.775	0.0234	—	—
$I_{M\alpha}(t)$	0.714	−0.0720	0.0188	−19.713	0.685	19.534	0.696

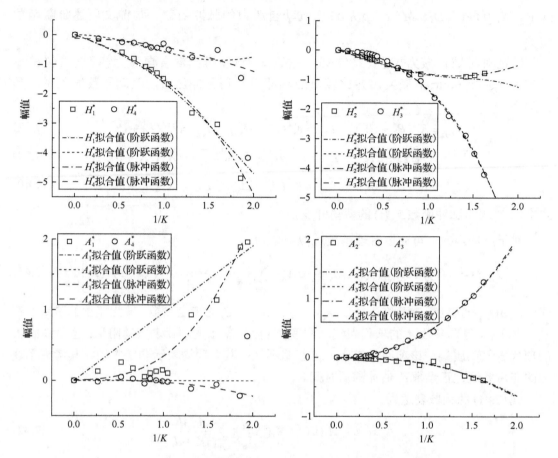

图 7.10　基于阶跃函数法和脉冲函数法的主梁气动导数拟合

在式(7.41)的基础上进一步考虑风速的时变特性,从而可将其推广为非平稳自激力的脉冲函数,具体可表示为

$$I_{yx}(t) = A_1\delta(t) + A_2\frac{B}{\tilde{U}(t)}\dot{\delta}(t) + A_3\frac{B^2}{\tilde{U}(t)^2}\ddot{\delta}(t) + \sum_{j=1}^{n}\int_{-\infty}^{t}A_{l+3}\exp\left[-\frac{d_l\tilde{U}(\tau)}{B}(t-\tau)\dot{\delta}(\tau)\right]\mathrm{d}\tau \quad (7.43)$$

以主梁竖向运动引起的升力自激力为例,该升力自激力可表示为

$$L_{se}^h = \frac{1}{2}\rho\tilde{U}(t)^2\int_0^t I_{Lh}(t-\tau)h(\tau)\mathrm{d}\tau \quad (7.44)$$

脉冲函数法可通过数值方法计算式(7.44)。将式(7.43)代入式(7.44),并进行积分可得

$$L_{se}^h = A_1h(t) + A_2\frac{B}{\tilde{U}(t)}\dot{h}(t) + A_3\frac{B^2}{\tilde{U}(t)^2}\ddot{h}(t) + \sum_{j=1}^{n}\phi_j(t) \quad (7.45)$$

式中,$\phi_j(t)$ 为考虑气动力相位滞后而引入的变量,其可通过式(7.46)计算:

$$\dot{\phi}_j(t) = -\frac{d_l\tilde{U}(t)}{B}\phi_j(t) + A_{l+3}\dot{h}(t) \quad (7.46)$$

式(7.46)为一常微分方程,因此在计算气动自激力前需先求解该常微分方程。在常微分方

程的求解中，$\phi_j(t)$ 与当前主梁的位移状态有关，而当前主梁的位移状态为未知量，这便使得结构动力学方程的求解变得复杂。因此，需将时间进行离散，通过数值方法求解该方程。常微分方程的求解可通过 Runge-Kutta 法进行，通过迭代运算使得结构当前位移状态满足各控制方程，从而该位移状态即为动力学方程在此刻的解。

根据 L_{se}^h 的计算方法，可类推各方向主梁运动对自激力的贡献。从而，主梁非平稳时域自激力可表示为

$$D_{se} = D_{se}^p + D_{se}^h + D_{se}^{\alpha} \tag{7.47}$$

$$L_{se} = L_{se}^p + L_{se}^h + L_{se}^{\alpha} \tag{7.48}$$

$$M_{se} = M_{se}^p + M_{se}^h + M_{se}^{\alpha} \tag{7.49}$$

式中，D_{se}^p、D_{se}^h、D_{se}^{α}、L_{se}^p、L_{se}^h、L_{se}^{α}、M_{se}^p、M_{se}^h、M_{se}^{α} 可参见式(7.45)。

7.3.3 数值算例

以苏通大桥主梁断面为例，开展主梁节段模型非平稳时域抖振数值模拟。主梁节段长度取 1m，宽度为 41m，高度为 4m。主梁断面转动惯量中的回转半径为 11.58m，节段模型质量共计 24.9t。根据苏通大桥结构动力特性，考虑各方向一阶频率作为节段模型的自振频率，主梁侧弯、竖弯与扭转频率分别取 0.10Hz、0.18Hz、0.58Hz。在抖振分析过程中，各阶模态频率对应的阻尼比均取 0.5%。

基于时变静风荷载作用下的主梁扭转位移，计算了各时刻风荷载的实际攻角，从而进一步计算了各时刻的主梁抖振力。由于脉冲函数法计算时域自激力相对更为复杂，采用阶跃函数法进行气动自激力时域化。基于式(7.2)开展主梁断面非平稳时域抖振分析，并通过 Newmark-β 法进行非线性方程求解。同时，基于"海葵"台风实测脉动风速拟合了平稳风谱模型，并采用 3.1.1 节方法模拟了主梁平稳脉动风场，从而根据经典桥梁抖振分析理论计算主梁断面平稳时域抖振响应。基于平稳与非平稳分析方法的主梁侧向、竖向与扭转位移响应对比如图 7.11 所示。

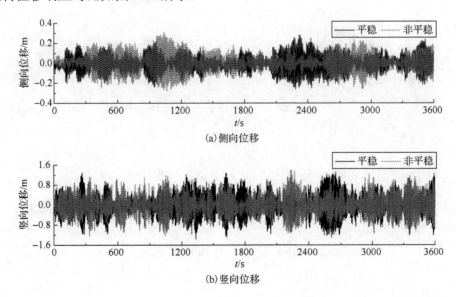

(a) 侧向位移

(b) 竖向位移

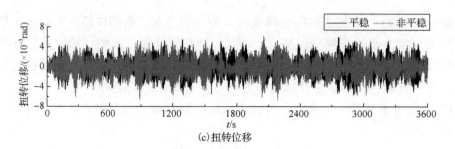

(c)扭转位移

图 7.11　主梁平稳与非平稳抖振响应时程对比

　　由图 7.11 可知，各方向平稳与非平稳抖振位移的幅值与相位存在明显差异，这一方面是由于平稳与非平稳脉动风速的差异，另一方面是由于二者气动力自激力存在幅值与相位的差异。从平稳与非平稳抖振位移的幅值来看，各方向非平稳抖振位移的幅值要略大于对应的平稳抖振位移幅值。例如，侧向、竖向和扭转非平稳抖振位移幅值的最大值依次为 0.31m、1.39m、6.8×10^{-3}rad，而对应的平稳抖振位移幅值依次为 0.28m、1.37m、6.0×10^{-3}rad。仅从平稳与非平稳抖振响应的幅值来看，二者差异不大。然而，抖振响应具有明显的随机性，因此需从统计学角度量化抖振响应。为此，分别计算了 100 个脉动风速样本下的结构平稳与非平稳抖振响应，并根据式(7.50)和式(7.51)分别计算了主梁平稳与非平稳抖振位移 RMS 值。由于平稳抖振响应满足各态历经性，因此其 RMS 值的计算除进行样本平均外还进行了关于时间的平均。主梁平稳与非平稳抖振位移 RMS 值的对比如图 7.12 所示。图中，L_{RMS}、V_{RMS}、T_{RMS} 分别表示侧向、竖向和扭转抖振位移 RMS 值。

$$平稳\ x_{\mathrm{RMS}}=\sqrt{\frac{1}{100}\sum_{j=1}^{100}\left[\frac{1}{T}\int_0^T x_j^2(t)\,\mathrm{d}t\right]} \tag{7.50}$$

$$非平稳\ x_{\mathrm{RMS}}(t)=\sqrt{\frac{1}{100}\sum_{j=1}^{100}x_j^2(t)} \tag{7.51}$$

式中，$x_j(t)$ 为第 j 条样本$(j=1, 2, \cdots, 100)$。

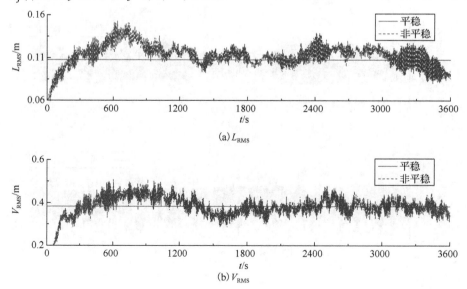

(a) L_{RMS}

(b) V_{RMS}

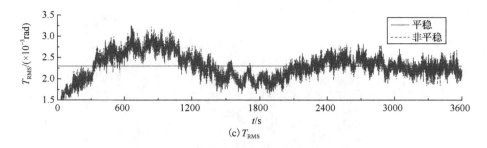

图 7.12　主梁平稳与非平稳抖振位移 RMS 值对比

由图 7.12 可知，与静风响应类似，非平稳抖振位移 RMS 值在平稳抖振位移 RMS 值附近波动，多个时段内的非平稳抖振位移 RMS 值明显大于平稳抖振位移。由于本章只计算了 100 条脉动风速样本下的非平稳抖振位移响应，因此未能完全消除抖振位移 RMS 值的随机性，从而导致 RMS 值仍呈现一定的波动状态。该 RMS 值的波动随着样本的增加逐渐消失。

7.4　计算流体力学方法

7.4.1　节段模型三分力系数计算

大跨度桥梁的抖振属于强迫振动，主要由抖振力引起，合理模拟抖振力是开展桥梁抖振分析的关键。通常，抖振力与湍流及断面三分力系数密切相关。湍流模拟已通过 3.2.2 节进行模拟，而三分力系数需采用风洞试验结果进一步验证。

为与后续苏通大桥主梁数值模型的计算网格保持一致，取模型几何缩尺比为 1∶50，并构造三维计算域，取主梁标准节段长度 16m 为计算域 z 方向尺寸，其 x-y 平面如图 7.13 所示。为便于后续的抖振响应数值模拟，采用多域网格划分方案以降低对模拟时间步长的要求。以 0° 攻角为例，网格划分时的计算域几何拓扑结构如图 7.14 所示，Fluent 中的边界条件设置如图 7.13、图 7.14 所示。

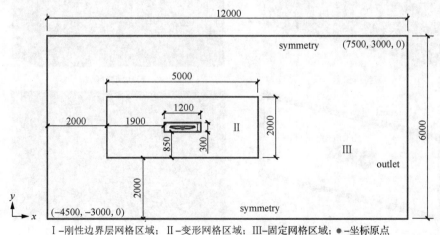

Ⅰ–刚性边界层网格区域；Ⅱ–变形网格区域；Ⅲ–固定网格区域；●–坐标原点

图 7.13　计算域 x-y 平面（单位：mm）

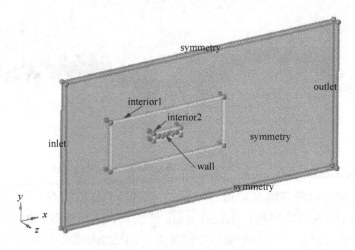

图 7.14　计算域几何拓扑结构

　　图 7.13 与图 7.14 中包括刚性边界层网格区域（Ⅰ）、变形网格区域（Ⅱ）与固定网格区域（Ⅲ）三部分。其中，Ⅰ区域网格与钢箱梁同时运动，并保持相对位置不变；Ⅱ区域网格使用 Fluent 中的光顺（Smoothing）和重构（Remeshing）技术实现动网格重构；Ⅲ区域网格在计算过程中不发生运动。由于动网格区域远离边界层，故减小了网格运动对边界层及其附近网格质量的影响，一定意义上确保了数值模拟精度。各网格区域由 interior 交界面分隔，各区域网格在交界面上共节点。

　　计算域采用几何适应性更强的非结构网格进行划分，边界层采用三棱柱网格划分，第一层边界层网格厚度为 0.001m，划分网格总数超 460 万（4611692 个），计算域网格划分情况如图 7.15 所示。

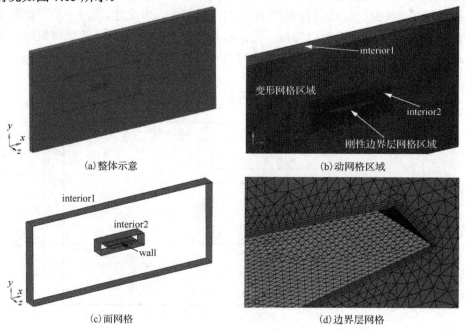

图 7.15　计算域网格划分

图 7.15 中网格最大等效翘曲度(Equivalent Skew)小于 0.7,满足 Fluent 计算要求。主梁三分力系数采用 RANS 法进行瞬态(Unsteady)计算,湍流模型取 Realizable k-ε 模型,设置变量与连续性方程残差小于 10^{-5} 为收敛标准,时间步长取 0.002s,时间步总数为 13000 步,数值模拟离散与插值方案见表 7.4。

表 7.4　数值模拟离散与插值方案

计算步骤	梯度插值	动量方程	湍流模型方程	P-U 耦合求解	时间离散
RANS	最小二乘法	中心差分	中心差分	SIMPLEC	Backward Euler

对三分力系数监测时,参考风速取 1 m/s,参考长度取 1 m,参考密度取 2 kg/m³,此时监测所得三分力系数值与三分力大小相同,应根据实际来流风速和密度对监测结果进行换算,从而获得真实的三分力系数。为验证数值模型气动参数的精度,分别对模型-3°到+3°攻角下(步长 1°)的三分力系数进行计算,并与风洞试验结果进行对比,如图 7.16 所示。

在图 7.16 中,升力系数与扭矩系数均随着风攻角的增大而增大,当风攻角为负数时,阻力系数随着风攻角的增大而降低,反之增加。各工况下,三分力系数的 CFD 计算值与风洞试验值相对误差不超过 20%,且变化趋势大体相同。结果表明,数值模型的三分力系数具有一定的精度,该模型可进一步用于后续苏通大桥主梁抖振响应数值模拟。

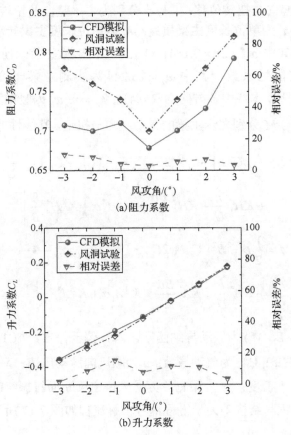

(a)阻力系数

(b)升力系数

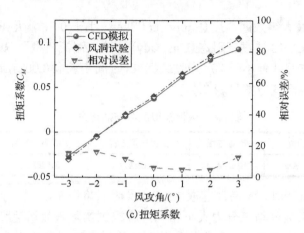

图 7.16　三分力系数对比

7.4.2　主梁抖振响应 CFD 数值模拟

对于二自由度主梁断面，仅考虑竖向与扭转自由度的动力学方程可写为

$$\begin{bmatrix} m_h & 0 \\ 0 & m_\alpha \end{bmatrix}\begin{bmatrix} \ddot{h} \\ \ddot{\alpha} \end{bmatrix} + \begin{bmatrix} c_h & 0 \\ 0 & c_\alpha \end{bmatrix}\begin{bmatrix} \dot{h} \\ \dot{\alpha} \end{bmatrix} + \begin{bmatrix} k_h & 0 \\ 0 & k_\alpha \end{bmatrix}\begin{bmatrix} h \\ \alpha \end{bmatrix} = \begin{bmatrix} L \\ M \end{bmatrix} \tag{7.52}$$

式中，h 与 α 分别为竖向与扭转位移；$\dot{h}$ 与 $\dot{\alpha}$ 分别为主梁竖向及扭转速度；$\ddot{h}$ 与 $\ddot{\alpha}$ 分别为竖向与扭转加速度；m_h 为单位长度主梁质量；m_α 为单位长度主梁转动惯量；$c_h = 2m_h\xi_h\omega_h$ 为竖向阻尼系数，其中 $\omega_h = 2\pi \times 0.1841 = 1.1567$ 为实测主梁一阶正对称竖弯频率；$c_\alpha = 2m_\alpha\xi_\alpha\omega_\alpha$ 为扭转阻尼系数，其中 $\omega_\alpha = 25.244$ 为实测主梁一阶正对称扭转频率；$\xi_j\,(j = h, \alpha)$ 表示阻尼比，本章中各方向均取 0.4%；$k_h = m_h\omega_h^2$ 为竖向刚度系数；$k_\alpha = m_\alpha\omega_\alpha^2$ 为扭转刚度系数；L 与 M 分别表示主梁的气动升力与扭矩，其线性非定常模型表达如下：

$$\begin{aligned}
L &= \frac{1}{2}\rho U^2 B\left[-C_L - 2C_L\chi_{Lu}\frac{u}{U} - \left(C_L' + C_D\right)\chi_{Lw}\frac{w}{U} \right. \\
&\quad \left. + KH_1^*\frac{\dot{h}}{U} + KH_2^*\frac{B\dot{\alpha}}{U} + K^2H_3^*\alpha + K^2H_4^*\frac{h}{B} \right] \\
M &= \frac{1}{2}\rho U^2 B^2\left(C_M + 2C_M\chi_{Mu}\frac{u}{U} + C_M'\chi_{Mw}\frac{w}{U} \right. \\
&\quad \left. + KA_1^*\frac{\dot{h}}{U} + KA_2^*\frac{B\dot{\alpha}}{U} + K^2A_3^*\alpha + K^2A_4^*\frac{h}{B} \right)
\end{aligned} \tag{7.53}$$

式中，χ_{ju} 与 $\chi_{jw}\,(j = L、M)$ 为气动导纳函数，本章偏于保守，取 1；$K = \omega B / U$ 表示折减频率；H_j^* 与 $A_j^*\,(j = 1,2,3,4)$ 为气动导数；u 为顺风向脉动风速；w 为竖向脉动风速；U 为平均风速；ρ 为空气密度；B 为梁宽。苏通大桥主梁断面抖振响应数值模拟在 Fluent 中直接完成，流体方程与结构动力学方程耦合求解流程如图 7.17 所示。

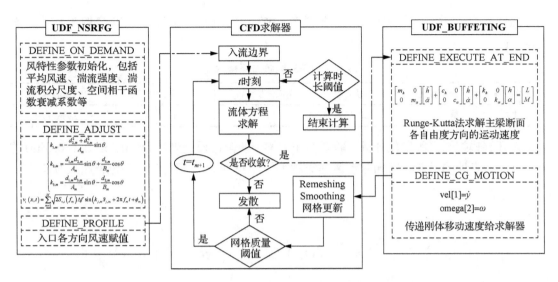

图 7.17　苏通大桥主梁抖振响应数值模拟流程

在图 7.17 中，通过 NSRFG 法生成 LES 入口湍流，并提取每一时间步上作用于主梁断面的气动荷载 L 与 M。据此编制 UDF，使用 4 阶 Runge-Kutta 法求解式 (7.52) 中主梁断面动力方程，从而确定主梁断面运动状态。最后，根据 Fluent 中自带的 Remeshing 与 Smoothing 方法实现网格更新。重复上述过程，直到完成给定的计算时长，计算结束。上述耦合过程由 CFD 求解器与 UDF_BUFFETING 间的数据交换体现，属于双向弱耦合。数值模型几何缩尺比为 1：50，模型中主要参数见表 7.5。

表 7.5　数值模型主要参数 ($n=50$)

名称	单位	实桥值	缩尺比	模型值
高度	m	4.0	$1/n$	0.08
竖弯刚度	N·m²	1.008×10^{12}	$1/n^5$	3225.6
扭转刚度	N·m²	1.070×10^{12}	$1/n^5$	3424.0
质量	kg/m	24900	$1/n^2$	9.96
质量惯矩	kg·m	3335977	$1/n^4$	0.534
风速	m/s	20	$1/\sqrt{n}$	2.828
竖弯频率	Hz	0.1841	$\sqrt{n}$	1.3018
扭转频率	Hz	0.5682	$\sqrt{n}$	4.0178

模拟时，入口湍流功率谱密度与式 (3.96) 保持一致，并采用常数风剖面，即式 (7.93) 中取 $\alpha = 0$。模拟在配置为 96 核 Intel(R) Xeon(R) Platinum 8163 CPU @ 2.50 GHz 的工作站上完成，采用 32 核并行计算。首先，关闭动网格，采用 LES 进行瞬态分析使流场发展稳定，LES 时间步长取 0.002s，时间步总数为 13000。然后，打开动网格，进行主梁断面抖振响应 FSI 模拟，LES 时间步长为 0.002s，时间步总数为 28000。设置变量与连续

性方程残差小于 10^{-5} 为收敛标准，模拟总耗时超 1800h（两个半月）。LES 离散与插值方案见表 7.6。

表 7.6　LES 离散与插值方案

计算步骤	梯度插值	动量方程	湍流模型方程	P-U 耦合求解	时间离散
LES	最小二乘法	二阶迎风	二阶迎风	PISO	Backward Euler

为开展模拟结果的量化分析与验证，在主梁节段附近设置坐标为(-0.5m, 0m, 0.16m)的监测点，测点处顺风向与竖向脉动风速时程如图 7.18 所示，相对应的湍流谱密度如图 7.19 所示。

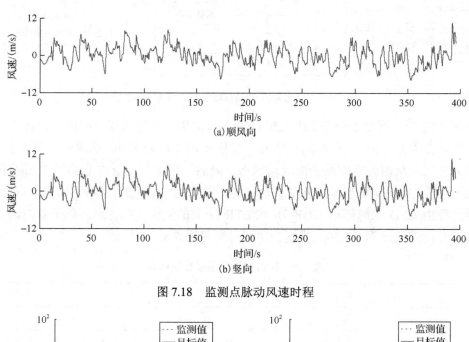

图 7.18　监测点脉动风速时程

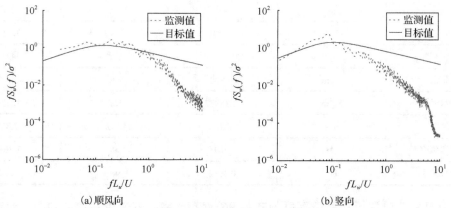

图 7.19　功率谱密度对比

由图 7.18 与图 7.19 可知，随着湍流在流域内不断发展，模型位置处功率谱密度监测值仅在低频区与目标值吻合良好，而在高频区迅速衰减。该现象一方面与数值算法产生的湍动能耗散有关，另一方面由于 LES 采用滤波函数过滤了风速时程中的高频成分，从而使 LES 得到的湍流功率谱在高频部分偏低。尽管如此，主梁节段模型竖弯与扭转频率仍位于 LES 解析尺度内，故生成的湍流场满足模型抖振模拟要求。将监测点脉动风速时程代入式(7.53)，采用 4 阶 Runge-Kutta 法求解式(7.52)，获得考虑与不考虑气动自激力时主梁节段抖振响应的理论解。将其与数值解进行对比，以验证模拟结果的合理性，如图 7.20 所示，相对应的位移响应功率谱密度分析结果如图 7.21 所示。

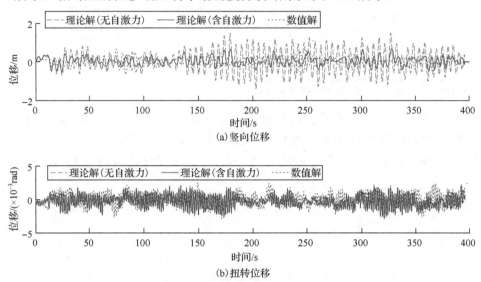

图 7.20　抖振响应数值解与理论解对比

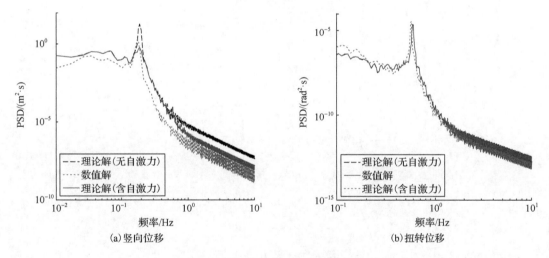

图 7.21　抖振响应功率谱密度对比

由图 7.20 和图 7.21 可知，当模拟风场湍流度较高时，主梁节段模型风振响应兼具强迫振动(随机性)与自激振动(周期性)特征，但以强迫振动为主。就时程结果而言，由于抖振力模型存在假设简化，且数值模型气动参数与风洞试验结果存在差异，故数值解与理论解并不完全吻合。当不考虑自激力时(即不考虑流固耦合效应)，竖向位移理论解明显偏大，而扭转位移理论解无明显变化。此外，抖振响应数值解与理论解所包含的频率成分相近，且主要频率成分与主梁节段竖弯及扭转频率相对应。对随机振动而言，统计量较时程结果更具代表性，故分别计算了抖振响应数值解与理论解的 RMS 值，结果列于表 7.7 中。

表 7.7　抖振响应 RMS 值对比

抖振响应	数值解 RMS	理论解 RMS（含自激力）	相对误差/%	理论解 RMS（无自激力）	相对误差/%
竖向/m	0.22293	0.21921	1.7	0.56710	60.7
扭转/(°)	0.06300	0.05270	19.5	0.05330	18.2

注：相对误差=|数值解 RMS−理论解 RMS|/理论解 RMS×100%。

由表 7.7 可知，不考虑自激力时的竖向位移 RMS 相对误差高达 60.7%，而考虑自激力时，竖向位移 RMS 相对误差仅为 1.7%。扭转位移 RMS 较小，是否考虑自激力对扭转位移 RMS 的影响也较小。实际工程中不考虑自激力获得的抖振响应总体上偏于安全。

第8章 涡振分析

工程实践表明，许多桥梁尤其是大跨度桥梁在较低风速下都有可能发生振幅较大的涡激振动。虽然涡激振动不像颤振会使得桥梁发生动力失稳破坏，但是抗风设计不当造成的涡振振幅偏高，会对桥梁构件安全性和行车的舒适性产生较大影响，甚至影响正常使用。且一般涡振的发生风速较低，对实际造成的危害可能更大，目前世界上有不少著名桥梁都曾被报道过发生涡激共振现象。历史上，英国 Second Severn 桥、丹麦 Great East Belt 桥等桥梁都曾出现过明显或强烈的竖向涡激共振，有关缆索承重桥梁的拉索或吊杆风致振动的报道更多，这类振动也与旋涡脱落引起的涡激力密切相关。

日本东京湾通道桥横跨日本东京湾，主桥为 10 跨一联的钢箱梁连续梁桥，全长 1630m，最大跨径为 240m，如图 8.1 所示。由于桥址处设计风速高达 66.7m/s，因此从设计初始就对该桥的抗风给予了足够的重视。风洞研究表明，该桥容易发生竖直平面内的涡激共振。该桥于 1994 年完成主梁架设，次年 2 月即观察到明显的涡激振动现象。

图 8.1　东京湾通道桥涡激共振

丹麦的 Great Belt East 桥位于 Funen 岛和 Zealand 岛之间，是一座主跨 1624m、两边跨各为 535m 的悬索桥，桥塔高 254m，桥面离海平面 75m。Great Belt East 桥通车后在风速 4～12m/s 范围内也产生了较为明显的涡激振动现象。该桥发生竖弯涡激振动时，在同一位置时间拍摄的静止在桥面上的车辆如图 8.2 所示。可以看出竖弯涡振振幅之大，足以影响行车舒适性和结构安全性。

2009 年建成通车的俄罗斯伏尔加河大桥，在建成的第二年就发生了明显的涡激振动现象，振幅达到 40～70cm，桥梁振动过程同时产生较大的噪声，如图 8.3 所示。在桥梁振动停止后，相关专家对桥梁各处进行了详细检查，发现桥梁并没有较为明显的裂纹和损伤，并判定为该桥出现了涡激共振现象。为了有效防止涡激共振现象的再次发生，在桥梁上安装了调频质量阻尼器对桥梁振动进行控制。

图 8.2　Great Belt East 桥涡激共振

图 8.3　伏尔加河大桥涡激共振

　　近年来我国关于桥梁方向的涡激振动也出现了数起较为典型的实例。例如，西堠门大桥安装有涡振监测系统，可对桥梁涡振安全进行实时判断。自西堠门大桥 2009 年 12 月建成通车以来，每年都会监测到数十次的涡振现象，每次持续时间数分钟～数十分钟不等，但其振幅较小，均在规范允许范围内。2020 年 5 月 5 日，广东虎门大桥因临时施工架设水马导致了涡激共振现象(图 8.4)，经相关专家组研究认定其主要原因是在主梁上游靠近护栏位置设置水马，该临时装置在特定风环境下致使主梁表面生成了周期性的旋涡，旋涡沿主梁下移并与尾部的旋涡合并，从而产生了与桥梁结构具有相同频率的气动激励，因此导致了主梁的涡激共振现象。2020 年 4 月 26 日，鹦鹉洲长江主梁发生了较为明显的振动，桥上车辆驾驶员有不舒适感，引起了社会关注。该桥安装有健康监测系统，并实时记录了桥梁振动过程的响应数据。相关人员通过对振动数据的科学分析，得出以下主要结论：①该桥发生振动的风速为 7.0～7.5m/s，对应的大气湍流度为 6%左右，说明实桥的涡激振动易在小湍流度条件下发生；②振动以竖弯振动为主，扭转成分相对较小，主梁振动频率约为 0.244Hz，最大竖向振幅约为 0.55m，对应实桥的四阶竖向反对称竖弯振型；③振动舒适性评价结果表明，该次振动属于人体能短期忍受的振动。

图 8.4 广东虎门大桥涡激共振

1940 年，塔科马海峡大桥的风毁事件引起了人们对钝体绕流和涡致振动问题的兴趣。20 世纪 70 年代起，人们建立了许多数学模型，旨在不经过复杂试验而用理论方法达到预测结构涡振的目的，提出的代表性数学模型包括尾流振子模型、相关模型、离散涡模型和非耦合模型等。到目前，人们除用理论分析和风洞试验预测评估涡振、进行涡振抑制措施研究，还用计算流体力学、现场测振及测压手段，以及粒子成像技术等研究钝体周围的流动现象，为涡振的产生和旋涡的生成、移动、脱落等现象的解释提供了有力支持。

桥梁断面一般属于钝体断面，当气流流经的时候会发生气流分离，从而产生复杂的涡脱，涡脱的形式、数量、频率等都会对涡激振动的锁定区间、涡振振幅等产生影响，因此涡激振动对于桥梁气动外形十分敏感，包括断面形式、断面的宽高比、风嘴的角度、桥梁附属结构、检修车轨道位置、护栏形状等。同济大学、西南交通大学、湖南大学等国内外同行就涡致振动产生机理及其控制方法开展了一系列富有成效的工作。本章介绍较为常用的涡激力模型，并结合工程实例开展了计算流体力学法的直接验证。

8.1 涡振基本原理

8.1.1 旋涡脱落

1878 年，Strouha 研究了风竖琴的振动现象，实验发现当流体绕过圆柱体后，在尾流中会出现交替脱落的旋涡，当旋涡被丝线的自然频率锁定后，丝线的振动就会产生同步现象。

浸没在气流中的桥梁断面，在断面尾流区会出现周期性交替脱落的旋涡，从而产生周期性的气动力并引起结构的振动，这种振动称为涡激振动。涡激振动通常在低风速下发生，兼有自激振动和强迫振动的性质，是风致限幅振动的一种。涡激振动虽然不会造成毁灭性破坏，但其发生风速较低，振幅较为明显，会对行车安全和舒适性产生严重影响。涡激振动还可能引发拉索参数共振等其他类型的振动，从而可能对桥梁结构造成灾难性的破坏。因此，桥梁结构涡激振动性能评价与控制也是桥梁抗风设计中重点关注的问题之一。

气动外形直接决定了气流遇到钝体之后的流动和分离，影响涡激振动发生的频率和

·184·

振幅。Strouhal 推出了著名的 Strouhal 公式，在涡激振动理论中，反映截面形状变化的参数是 Strouhal 数：

$$St = \frac{fd}{U} \tag{8.1}$$

式中，f 为旋涡脱落频率；d 为特征长度；U 为风速。

　　Strouhal 数是反映旋涡脱落频率的一个无量纲系数，它不仅与断面的气动外形有关，还与雷诺数有关。1941 年，Nokkentved 进行了大量的相关试验，将不同断面的 Strouhal 数绘制成表，供后人研究，并得出结论，圆柱的 Strouhal 数一般为 0.2 左右。

8.1.2　涡激共振

　　浸没在气流中的桥梁断面，当断面尾流区出现的旋涡脱落频率与结构自身的振动频率接近时，便极有可能诱发结构的涡激共振，一旦结构开始共振，结构的振动幅度会显著增大，结构运动与气流之间会产生剧烈的相互作用，称为气弹效应。这种气弹效应会使旋涡脱落频率被结构机械振动频率所影响，进而在一定的风速区间内将旋涡脱落频率锁定，使得旋涡脱落频率与结构频率保持一致，这种现象称为涡锁。当风速继续增加而超过涡激共振锁定区风速范围时，涡振消失，旋涡脱落频率又重新按照 Strouhal 数规律脱落，这是涡激共振的典型特点，即自激自限幅特性（图 8.5）。

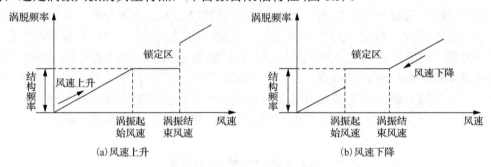

图 8.5　涡脱频率随风速变化示意图

8.2　涡激力模型

　　涡激力经验模型为推广应用涡振试验结果而建立，主要目的是根据试验结果预测不同于试验振动参数（如质量、阻尼、频率等）下的涡振振幅。现有涡激力模型包括简谐力模型、尾流振子模型和单自由度经验模型等。通过风洞试验或数值模拟确定简谐力模型中涡激力的幅值、相位随振动幅度和振动折算频率的变化关系，能够较准确地预测不同参数的涡激振动，而尾流振子模型和单自由度经验模型在一定程度上能够反映涡振振动过程中的自激和自限幅特性。

　　单自由度模型具有形式简单的特点，其可以通过单个振动微分方程来描述结构的涡激振动现象，即

$$m\left(\ddot{y} + 2\zeta\omega_n\dot{y} + \omega_n^2 y\right) = F\left(y, \dot{y}, \ddot{y}, U, t\right) \tag{8.2}$$

式中，m 为结构单位长度质量；y 为结构振动位移；ζ 为阻尼比；ω_n 为结构固有圆频率；U 为来流平均风速；F 为涡激力。在最初的涡激振动研究中，由于观察到的振动现象和简谐力非常相似，于是假设涡激力具有简谐力一样的形式：

$$F = \frac{1}{2}\rho U^2 B C_L \sin\left(\omega_s t + \phi\right) \tag{8.3}$$

式中，ρ 为空气密度；B 为结构断面特征尺寸；C_L 为升力系数；ω_s 为旋涡脱落频率；ϕ 为初相位。然而该模型不能反映结构涡振振幅随风速的变化关系，并且对于升力系数为零的对称断面来说，该简谐力模型显然是不合理的。据此进一步发展出了负阻尼模型。

负阻尼模型将涡激振动过程中的流体-结构耦合关系近似为作用于结构上的附加气弹效应。在该模型所表达的涡振系统中，流体与结构之间的能量转换机制被解释为系统总阻尼的变化，当总阻尼变为零时，系统即达到稳态涡振。

Scanlan 在 1981 年建立了具有线性气动阻尼和线性气动刚度的经验模型，并用一个机械振子项来表达旋涡周期性脱落引起的强迫力：

$$F = \frac{1}{2}\rho U^2 D\left[Y_1(K)\frac{\dot{y}}{U} + Y_2(K)\frac{y}{D} + C_L(K)\sin\left(\omega_s t + \phi\right)\right] \tag{8.4}$$

式中，D 为结构迎风特征尺寸；$K = \dfrac{\omega_n D}{U}$ 为折减频率；$Y_1(K)$、$Y_2(K)$、$C_L(K)$、ϕ 为待识别参数。由于采用了线性的自激力模型，问题得到了简化，且该模型能够较为准确地预测结构涡振最大共振峰值附近的响应振幅。但是，用线性函数来描述具有显著非线性特性的涡激振动显然具有一定的近似性，使其无法解释涡振中存在的自激、自限特性以及"锁定"现象。

Vickerz 和 Basu 在 1983 年利用 van der Pol 振子建立了一个能够考虑涡激力中非线性阻尼效应的模型，该模型假设由旋涡脱落引起的力是一个窄带的随机力，主要在随机振动理论的框架内分析烟囱以及电视塔这类具有圆形截面的结构所发生的涡激振动。

为了克服前述经验线性模型的缺点，Ehsan 和 Scanlan 提出了一个经验非线性模型，其形式为

$$F = \frac{1}{2}\rho U^2 D\left[Y_1(K)\left(1 - \varepsilon\frac{y^2}{D^2}\right)\frac{\dot{y}}{U} + Y_2(K)\frac{y}{D} + C_L(K)\sin\left(\omega_s t + \phi\right)\right] \tag{8.5}$$

基于 van der Pol 振子的概念，Scanlan 经验非线性模型在其线性模型的基础上引入了一个三次非线性阻尼项，从而将涡激力的描述引入了非线性范围内。根据定性分析，该经验非线性模型可以有效反映涡振的自激自限特性，并且在同一结构断面的试验内能够准确地计算出结构的涡振响应振幅，因此得到了广泛应用。尽管如此，近年来许多研究表明 Scanlan 经验非线性模型的参数会随着结构 Scruton 数的变化而变化，这使得其在工

程中的应用受到很大的限制，因为试验对象往往难以做到与实际工程结构具有相近的质量阻尼特性，使得基于试验结果所进行的实际工程结构涡振振幅预测产生较大的误差。此外，该模型重构出的涡激力与试验实测得到的涡激力也具有较大的差别。

　　Goswami 在 1992 年对 Scanlan 经验非线性模型做了改进。研究结果表明，在结构发生涡激振动后，Scanlan 经验非线性模型中涡脱强迫力项的贡献相较于其自激力项是很小的，所以 Goswami 忽略了这一部分，同时改进模型中增加了一个参数激励项以考虑尾流与结构之间的耦合作用，改进模型的形式如下：

$$F = \frac{1}{2}\rho U^2 D \left[Y_1(K)\frac{\dot{y}}{U} + Y_2(K)\frac{y^2}{D^2}\frac{\dot{y}}{U} + J_1(K)\frac{y}{D} + J_2(K)\frac{y}{D}\cos(2\omega_s t) \right] \tag{8.6}$$

　　Larsen 在 1995 年对采用 van der Pol 振子来描述涡振自激力这一做法产生怀疑，为此，他将 van der Pol 振子中非线性项的阶次进行了参数化处理，提出了一个无量纲化模型：

$$F_G = \mu f C_a \left(1 - \varepsilon|\eta|^{2\nu}\right)\eta' \tag{8.7}$$

式中，F_G 为无量纲涡激力；η 为无量纲位移；$\mu = \dfrac{\rho D^2}{m}$ 为质量比；f 为振动频率；C_a、ε、ν 为模型参数。通过风洞试验结果与结构原型实测值的比较，表明了基于 Larsen 广义非线性模型所预测得到的结构涡振响应随 Scruton 数的变化关系与观测结果基本吻合，但该模型在桥梁断面上是否适用仍需进一步研究。

　　Mashnad 等发现涡激力中的气动阻尼部分具有显著的幅变效应，而气动刚度部分几乎不随结构运动振幅变化，因此，他们将 Scanlan 线性颤振模型中的气动导数 H_1^* 拓展了一个振幅参数维度，并提出了以下模型：

$$F = \frac{1}{2}\rho U^2 D \left[KH_1^*(A/D, K)\frac{\dot{y}}{U} + K^2 H_4^*(K)\frac{y}{D} + C_L(K)\sin(\omega_s t + \phi) \right] \tag{8.8}$$

式中，A 为结构运动的振幅；H_1^*、H_4^* 为模型参数。该模型与前述非线性涡激力模型的不同之处在于，其直接通过考虑气动阻尼参数的幅变效应来描述涡激力的非线性特性，而放弃了使用非线性高次阻尼项。

　　朱乐东等根据泰勒展开多项式分别建立了应用于扁平钢箱梁断面和中央开槽箱梁断面的改进竖向涡激力模型，并提出了以下简化的竖向涡激力经验非线性模型：

$$F = \rho U^2 D \left[Y_1(K)\left(1 + \varepsilon_{03}\frac{\dot{y}^2}{U^2}\right)\frac{\dot{y}}{U} + Y_2(K)\frac{y}{D} \right] \tag{8.9}$$

　　通过拟合实测涡激力的时程得到该改进模型的参数，重构得到的涡激力不但能够准确地模拟实测涡激力的时程、频谱特性，而且利用重构结果能够较准确地预测结构的涡振幅值。

8.3　计算流体力学方法

通过 8.2 节介绍的涡激力模型可以看出，目前并不存在一个普适性的涡激力模型，能够较为全面准确地预测结构的涡激振动现象。主要原因包括：①钝体断面本身的流场就很复杂，而振动更是增加了流场的复杂程度；②涡激力较小，较难获取准确的涡激力时程，制约了涡激力模型的研究；③涡激力模型的研究还需要从流场机理本身出发，才有可能获得普适性的涡激力模型。因此，采用计算流体力学法，结合流场显示等手段进行涡振分析及研究，是桥梁结构涡振研究一种较好的方法。涡激振动数值计算问题仍然是流固耦合问题，以弱耦合方法为例，其大致分析流程如下：在一个时间步内，依次计算流体方程和结构响应方程，然后通过一定方式的数据交换，实现两个场的耦合求解，详细的数值模拟实现过程可参考第 6 章的颤振直接数值模拟部分内容，其计算流程如图 8.6 所示。

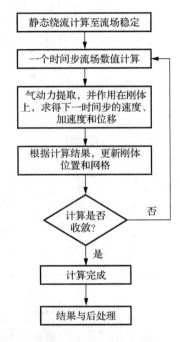

图 8.6　涡振计算流程图

8.3.1　算例 1：箱梁断面涡振性能模拟

该算例结构模型的建立与流固耦合系统参数的选取与“6.4.2 节的算例 1：桥梁节段模型直接颤振模拟”一致，直接在该模型的基础上进行涡振性能的分析，由于涡振对风速变化较为敏感，因此计算风速的变化步长选取得更小。

该算例在搜索主梁成桥状态+3°风攻角下的颤振临界风速时，发现在低风速区域(3～5m/s)出现了竖弯和扭转的涡振，因此为了较详细地研究其涡振特性，增大风速的搜索范围，并选取较小的风速步长，确定模拟风速范围为 1.0～4.9m/s，风速间隔 0.1m/s，共 40个工况，典型工况下结构的气动响应如图 8.7、图 8.8 所示(图中竖向响应单位为米(m)，扭转响应单位为弧度(rad))。

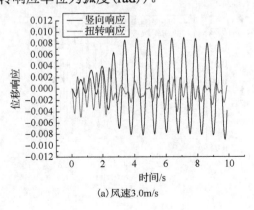

(a) 风速3.0m/s

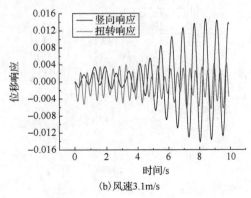

(b) 风速3.1m/s

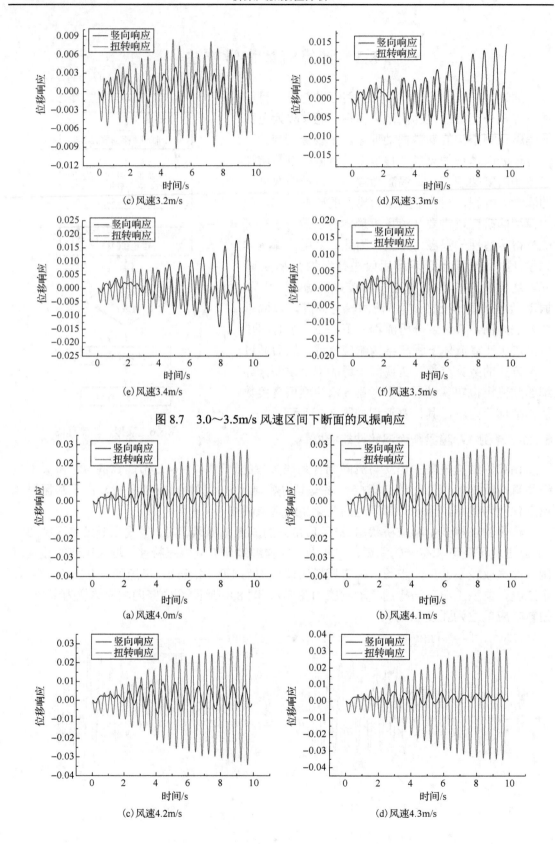

图 8.7　3.0~3.5m/s 风速区间下断面的风振响应

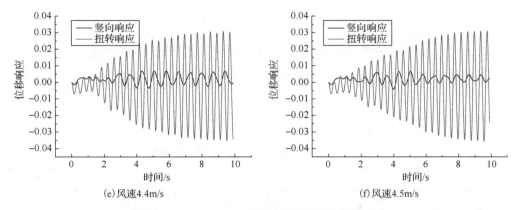

(e) 风速4.4m/s   (f) 风速4.5m/s

图 8.8 4.0~4.5m/s 风速区间下断面的风振响应

通过以上一系列风速范围内结构的气弹响应可以得出,竖向涡振存在两个风速区间,分别对应 3.0~3.5m/s 和 4.7~5.1m/s,扭转涡振风速区间为 3.1~4.8m/s,各风速下的竖向、扭转涡振振幅分别如图 8.9、图 8.10 所示。

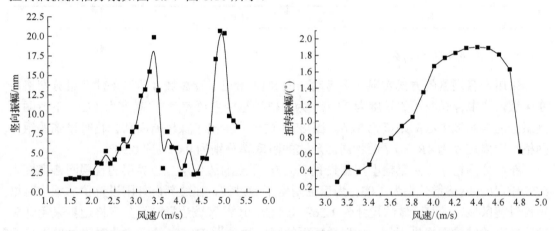

图 8.9 竖向振幅随风速变化曲线   图 8.10 扭转振幅随风速变化曲线

以上算例表明,将结构模型与流场计算模型耦合在一起,可以进行基于数值风洞的桥梁断面涡振响应直接模拟计算。该数值模拟得到了主梁断面竖向较为明显的两个涡振风速区间和振幅,以及扭转涡振的风速区间和振幅。

8.3.2 算例 2:临时设施对主梁涡振性能的影响

本节算例研究了临时设施(以水马为例)对典型钢箱梁断面涡振性能的影响。图 8.11 给出了悬索桥主梁断面的基本尺寸,施加临时设施前,主梁为流线型扁平钢箱梁断面,主梁宽 36.9m,高 3.0m。为研究临时设施对主梁涡振的影响,在迎风侧上游设置临时设施,临时设施高度为 1.2m,宽度为 0.2m。

主梁结构的一阶竖弯频率为 0.1337Hz,等效质量为 26676kg/m。数值建模时,对实桥的动力学参数采用一定的相似比进行缩放,实桥及数值模型的主要动力学参数见表 8.1。

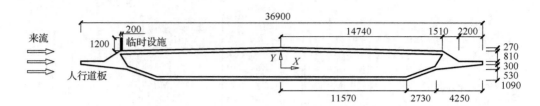

图 8.11　主梁断面示意图(单位: mm)

表 8.1　实桥及数值模型的主要动力学参数

参数	模型值	相似比	实桥值
宽度 B_0/m	0.461	1:80	36.9
高度 H_0/m	0.0375	1:80	3.0
单位长度质量 M/(kg/m)	4.618	$1:80^2$	26676
时间 T/s	20	1:80	1600
频率 f/Hz	10.672	80:1	0.1334
阻尼比	0.001		

1. 计算域及网格划分

采用嵌套网格的方式实现网格运动。图 8.12 给出了计算域、边界条件及组分网格所在区域,其中背景网格的长度为 $24B$(B 为数值模型中主梁宽度),高度为 $12B$,下游网格到组分网格区域中心的距离为 $18B$。图 8.13 进一步给出了裸桥断面和含临时设施的组分网格,网格尺寸为 $4B \times 3B$,两种断面形式的阻塞率分别为 0.67% 和 0.95%。

在组分网格中,主梁模型周围设置 $0.027B$ 厚度的边界层,边界层的首层网格高度为 $6.78 \times 10^{-5} B$,网格增长率为 1.05。为保证网格平稳过渡,在边界层外围设置了非结构网格矩形过渡区域,过渡区域的尺寸为 $1.36B \times 0.41B$,过渡区域边界到组分网格边界采用计算效率较高的结构网格进行划分。裸桥断面的网格数量为 229695 个,含临时设施的网格数量为 241229 个,背景网格中网格总数为 86795 个。

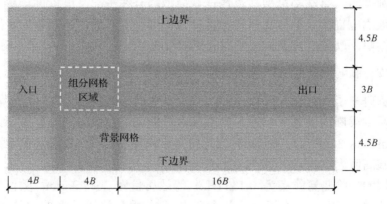

图 8.12　计算域及边界

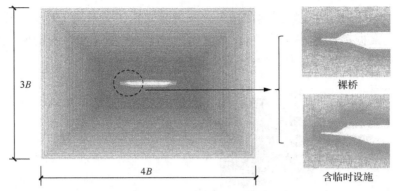

图 8.13 组分网格及主梁断面形式

计算域左侧为速度入口,右侧为压力出口,出口压力为标准大气压;上下两侧设置为对称边界,主梁模型表面为无滑移壁面边界。采用瞬态求解方式,计算时间步长为 0.001s,湍流模型选用 SST k-ω 模型,离散格式为二阶迎风格式,并采用速度-压力耦合的 Coupled 算法。两种断面形式下主梁表面的 $y+$(无量纲壁面距离)值基本都在 1 之下,最大值不超过 2,满足所选用的湍流模型对边界层的要求。

2. 数值结果验证

为了验证数值模型的准确性,图 8.14 对比了风速为 15.0m/s 时裸桥断面三分力系数的数值模拟与风洞试验结果,从图中可知,当风攻角为-5°~5°时,三分力系数的数值模拟结果与风洞试验结果变化趋势一致,升力系数、扭转系数数值上吻合良好。鉴于风洞试验和数值模拟断面无法避免的差异以及风洞试验时测定不确定性,试验模拟的阻力系数与风洞试验结果稍有偏差,但仍在合理范围内。

3. 涡激振动数值结果

图 8.15 给出了布设临时设施的主梁涡振风速锁定区间。由于临时设施的搭建破坏了主梁断面流线型形式,当风攻角为 0°、风速为 7.0~10.0m/s 时会诱发主梁断面发生涡振现象。

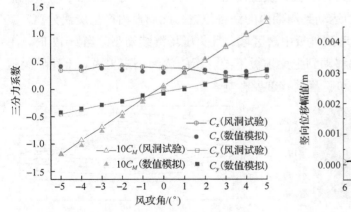

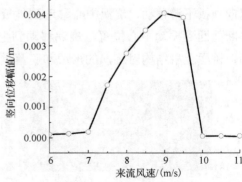

图 8.14 组分网格及主梁断面形式　　　图 8.15 布设临时设施的主梁涡振风速锁定区间

选取来流风速为 8.0m/s 的工况,该风速在主梁涡振风速锁定区间内。如图 8.16(a)

所示，主梁的竖向位移响应幅值逐渐增大，一段时间后，位移响应达到稳定状态。当涡振稳定时，主梁振动的频率分布如图 8.16(b) 所示。由图可知，振动响应的卓越频率 10.632Hz 与结构的固有频率 10.672Hz 基本保持一致。

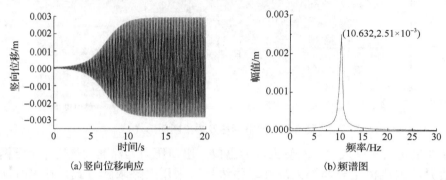

(a) 竖向位移响应　　　　　　　　　　　　　(b) 频谱图

图 8.16　主梁涡振时竖向位移响应及频谱图

4. 涡激振动流场形态分析

图 8.17 给出了主梁涡振达到稳定状态后一个周期内以 $T/4$（T 为振动周期）时间间隔的主梁周围流场压力云图和流线图，以分析压力场变化与旋涡演变对主梁涡振的影响。由图可知，临时设施的加入导致了显著的流动分离现象，在主梁上方生成较大的旋涡。在一个振动周期内，旋涡相继经历了生成、分离、再附着和脱落的演变。流场的演变导致作用在主梁表面的压力产生周期性变化，进而驱动主梁振动。

由图 8.17 可知，当主梁运动时刻 $t=0$ 时，主梁断面运动到振动的中心位置，上一周期的旋涡移动到主梁顶板下游，新的旋涡还未生成。当 $t=0.25T$ 时，主梁断面运动到一个周期内的波峰位置，由临时设施导致的大型负压场旋涡逐渐生成，旋涡中心作用在顶板上游区域，上一周期产生的旋涡附着到顶板尾部，并扩展到腹板、人行道板上方区域。当 $t=0.5T$ 时，主梁断面运动到振动中心位置，旋涡向顶板下游扩展，旋涡具有分离趋势，上一周期产生的旋涡于主梁尾部人行道板处发生脱落；同时，负压场逐渐缩小，负压极值下降。当 $t=0.75T$ 时，主梁断面运动到周期内的波谷位置，此周期内产生旋涡分离，旋涡向顶板下游移动，旋涡中心移动到顶板中游区域，且负压场继续缩小。当 $t=1T$ 时，主梁断面回到振动中心位置，旋涡移动到主梁顶板下游，新的旋涡还未生成。上述结果说明，桥面上游结构对旋涡的形成和脱落具有重要影响。

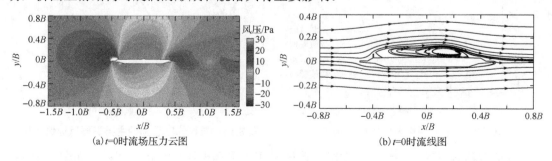

(a) $t=0$ 时流场压力云图　　　　　　　　　　(b) $t=0$ 时流线图

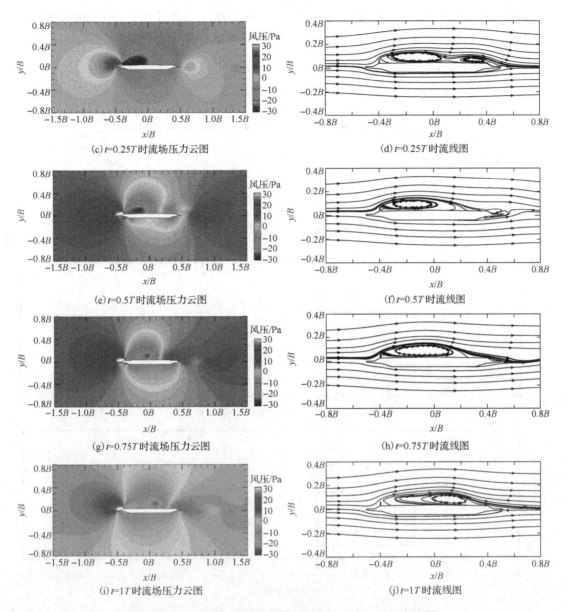

(c) $t=0.25T$ 时流场压力云图 (d) $t=0.25T$ 时流线图

(e) $t=0.5T$ 时流场压力云图 (f) $t=0.5T$ 时流线图

(g) $t=0.75T$ 时流场压力云图 (h) $t=0.75T$ 时流线图

(i) $t=1T$ 时流场压力云图 (j) $t=1T$ 时流线图

图 8.17 一个振动周期内主梁周围流场压力云图及流线图

8.3.3 算例 3：考虑地面效应的箱梁断面涡振模拟

此处地面效应主要是指当桥梁主梁接近地面时，地面会使断面的绕流与在远离地面时的情况不同，主梁距地高度将成为影响主梁气动性能的重要因素，这可能对主梁在风荷载作用下的静力和动力响应产生不利的影响。

1. 计算模型、计算域和工况

参照试验模型尺寸，数值模拟断面尺寸布置如图 8.18 所示，计算域选取如图 8.19 所示，即入口位于断面前端 10B 距离处，出口位于断面后端 20B 距离处，上边界距断面顶面 15h。其中，B 为断面宽度，h 为断面高度，H 为断面底面离地高度，d 为粗糙条高度。

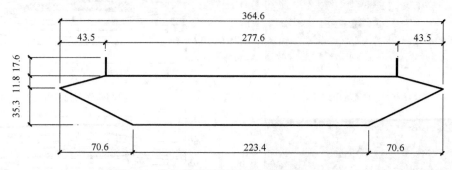

图 8.18　数值模拟断面尺寸布置(单位：mm)

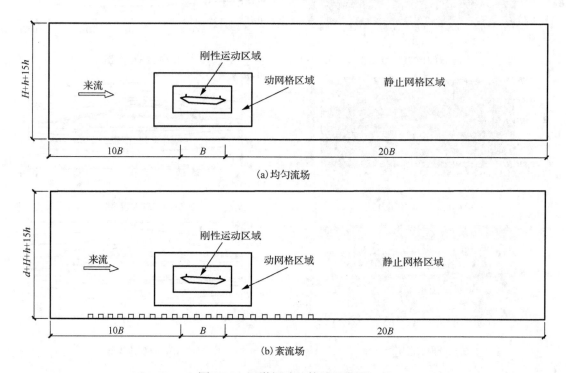

图 8.19　涡激振动计算域示意图

由于地面效应对近流线型断面涡激共振的影响规律具有一致性，本节在此仅针对断面在+3°攻角条件下，均匀流场 H/B=0.2、均匀流场 H/B=∞和紊流场 H/B=0.2 三个工况(分别记为 U0.2、UINF 和 T0.2)的竖弯涡激振动进行数值模拟。根据工况不同，H 取值分别为 0.2B 和 15h。

2. 网格划分

网格划分采用 ANSYS ICEM CFD 软件，采用二维非结构化网格进行划分。为解决动网格中的网格畸变问题，尽量避免负体积产生，采取了图 8.20 所示的网格划分方法。

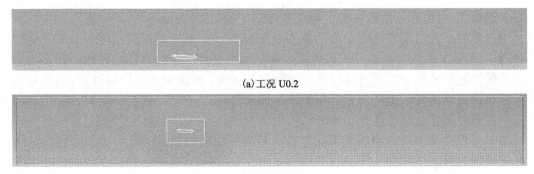

(a)工况 U0.2

(b)工况 UINF

图 8.20 全局网格划分示意

将计算域分为刚性运动区域、动网格区域和静止网格区域共三块区域。刚性运动区域采用非结构四边形网格划分，并划分边界层网格，第一层网格厚度设为 0.0001m，以保证模拟精确性。这部分网格随着断面一起运动，运动过程中不进行网格光顺和局部重构。动网格区域全部采用三角形网格进行划分，由于这部分网格已经远离结构，可采用较大的网格，在网格重构的过程中不容易出现负体积，从而有效地解决结构大幅振动可能引起的网格畸变和负体积问题。最外层静止网格区域采用四边形和三角形混合网格，并在计算过程中不进行网格光顺和重构，从而保证计算效率。

U0.2 和 T0.2 工况整个区域总网格大约在 15 万，UINF 工况区域网格总数为 61766。图 8.20 给出了计算域全局网格划分示意，图 8.21 所示为计算域局部网格划分示意图。

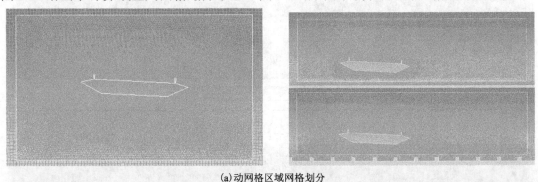

(a)动网格区域网格划分

(b)刚性运动区域网格

(c)边界层网格

图 8.21 局部网格划分示意

3. 湍流模型及边界条件

计算采用二维非定常分离式求解器。根据文献和静力三分力的模拟结果，对于均匀流场，选取了 SST k-ω 进行计算，对于紊流场，选取 Realizable k-ε 模型。

边界条件：入口采用速度入口，来流湍流强度 I=0.5%，湍流黏性比为 10%；出口采用相对压力为 0 的压力出口；上边界采用对称边界条件；下边界在考虑地面和不考虑地面效应的情况下分别采用无滑移壁面和对称边界条件；断面采用无滑移壁面（wall）；动网格区域和静止网格区域的分界采用交界面边界条件；压力-速度耦合的求解采用 SIMPLEC 方法；物理时间步长均设置为 0.0002s。

在分析涡激振动动态绕流的流场之前，可先对结构静态绕流流场进行分析，对结果进行初步的判断。

对于结构静态绕流的数值模拟，计算模型、计算域和边界条件不变，取消动网格设置，来流速度设置为 4m/s。为了获得更加丰富的流场信息，对于均匀流场静态绕流采用了基于 SST k-ω 的二维 DES 湍流模型。

涡振的发生离不开周期性的旋涡脱落。一般用"涡度"来度量旋涡脱落的强度，定义为 $\mathrm{rot} = \left(\dfrac{\partial v}{\partial x} - \dfrac{\partial u}{\partial y} \right) \boldsymbol{k}$，其中 v 为 y 方向速度矢量，u 为 x 方向速度矢量，$\boldsymbol{k}$ 为 z 方向单位向量。图 8.22 和图 8.23 给出了通过数值模拟得到的断面在 +3° 攻角条件下，工况 U0.2 和工况 UINF 下的涡度场。

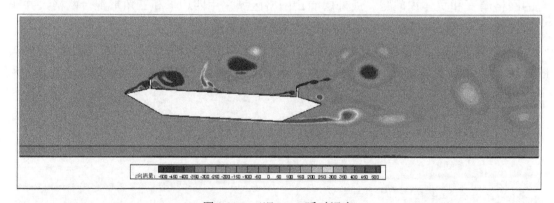

图 8.22　工况 U0.2 瞬时涡度

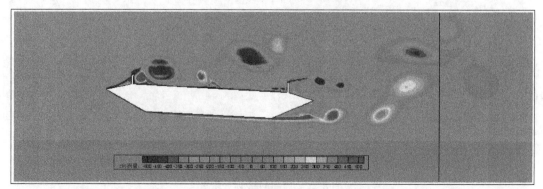

图 8.23　工况 UINF 瞬时涡度

由图 8.22 和图 8.23 可知：

(1) 断面附近的流场是由迎风侧栏杆造成的旋涡脱落和梁底后缘的旋涡脱落所主导。

断面上的压力分布随着上下两侧旋涡的交替脱落而变化。当旋涡周期性脱落频率接近结构自振频率时，就会导致涡激振动的发生。

（2）均匀流场中两种离地高度的流场具有很大的相似性。来流经过上游栏杆时，气流受栏杆的阻挡而产生明显的流动分离，在断面上缘产生第一个"负涡"，同时给梁体一个逆时针环量，诱导栏杆后侧卷起能量较小的贴体"正涡"。随着时间推移，第一个"负涡"向断面下游移动，涡量逐渐变小，移动速度减慢。同时，贴体"正涡"不断合并，能量不断增大，此时第二个"负涡"产生。两个"负涡"相互合并，产生能量较大的"负涡"，吸引"正涡"脱离剪切层，两者一并向后方移动，越过下侧栏杆，与梁底下缘脱落的"正涡"相互吸引，向下游迁移，完成一个周期的旋涡脱落。

（3）均匀流场梁底尾部的旋涡脱落。从涡度图可以看出，地面的存在使梁底的"正涡"脱落位置远离断面，梁底涡脱对断面的影响减弱。

4. 涡激振动响应计算结果

竖弯涡激振动数值模拟针对+3°攻角条件下 $H/B=0.2$ 和 $H/B=\infty$ 两种离地高度进行。模型主要参数包括断面高度 0.04m，断面宽度 0.3647m，单位质量 5.036kg/m，竖弯频率 8.10Hz，竖弯阻尼比取 1.5‰。

（1）工况 U0.2：均匀流场，+3°攻角，离地高度 $H/B=0.2$。

采用风速连续计算和各风速独立计算分别进行。其中，连续风速为 2.9～5.3m/s，共 9 个风速点。表 8.2 给出了各个计算时间所对应的风速值，风速点对应的位移时程在图 8.24（a）中标出。

表 8.2　涡激振动连续计算，风速-计算时间对应表（均匀流 $H/B=0.2$）

计算时间区间/s	0～10	10～30	30～40	40～50	50～60	60～70	70～80	80～90	90～100
风速/(m/s)	2.9	3.2	3.5	3.8	4.1	4.4	4.7	5.0	5.3

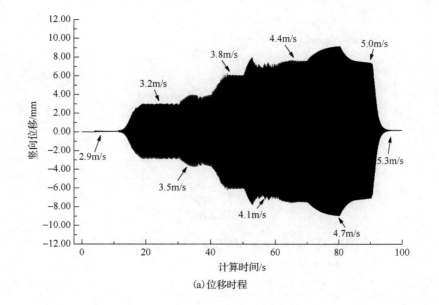

(a)位移时程

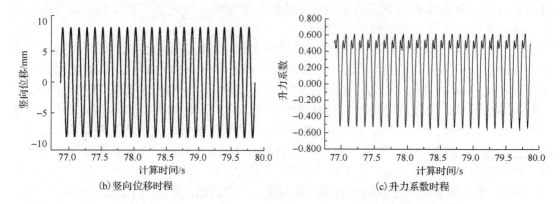

(b) 竖向位移时程　　　　　　　　　　　　　(c) 升力系数时程

图 8.24　工况 U0.2 下风速在 2.9～5.3m/s 连续变化时涡激振动响应

　　独立计算风速分别为 3m/s、3.25m/s、3.5m/s、3.75m/s、4m/s、4.1m/s、4.25m/s、4.5m/s。图 8.25 和图 8.26 给出了最大振幅附近风速 3.75m/s 和 4m/s 的位移时程和频谱图。

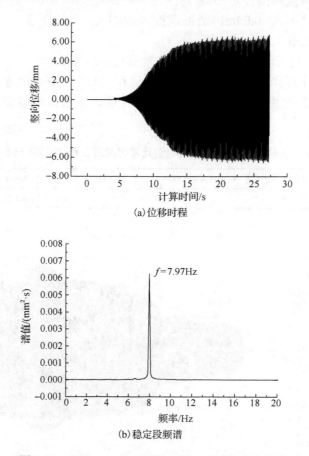

(a) 位移时程

(b) 稳定段频谱

图 8.25　工况 U0.2 下风速为 3.75m/s 时的响应频谱

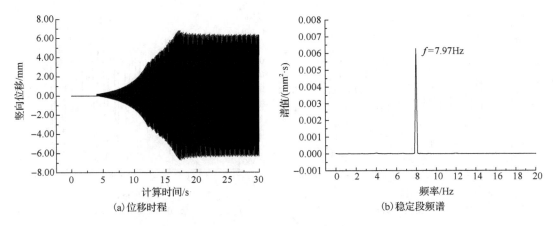

図 8.26　工况 U0.2 下风速为 4m/s 时的响应频谱

(2)工况 UINF：均匀流场，+3°攻角，离地高度 $H/B=\infty$。

采用风速连续计算和各风速独立计算分别进行。其中，连续计算风速为 3.7～6.5m/s，共 12 个风速点。表 8.3 给出了各个计算时间所对应的风速值，风速点对应的位移时程在图 8.27(a)中标出。

表 8.3　涡激振动连续计算的风速-计算时间对应表($H/B=\infty$)

计算时间区间/s	0～7	7～40	40～57	57～70	70～87	87～100	100～117	117～130	130～140	140～150	150～180	180～190
风速/(m/s)	3.7	4.1	4.4	4.6	4.8	5.0	5.2	5.5	5.7	5.9	6.2	6.5

独立计算风速分别为 3.75m/s、4m/s、4.25m/s、4.5m/s、4.75m/s、4.9m/s、5.1m/s、5.25m/s、5.5m/s、5.75m/s。图 8.28 和图 8.29 给出了最大振幅附近风速为 4.9m/s 和 5.1m/s 的位移时程和频谱图。

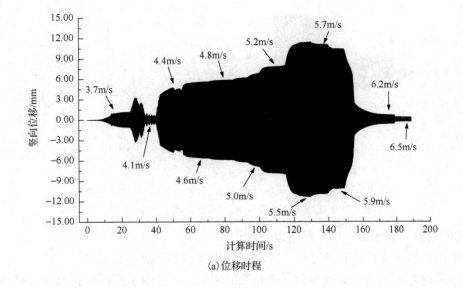

(a)位移时程

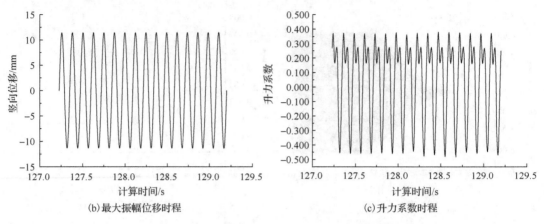

(b) 最大振幅位移时程　　　　　　　　　(c) 升力系数时程

图 8.27　工况 UINF 下风速在 3.7～6.5m/s 连续变化时涡激振动响应

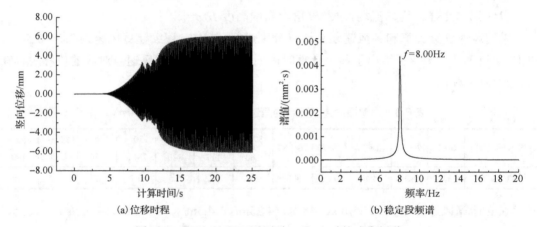

(a) 位移时程　　　　　　　　　　　(b) 稳定段频谱

图 8.28　工况 UINF 下风速为 4.9m/s 时的响应频谱

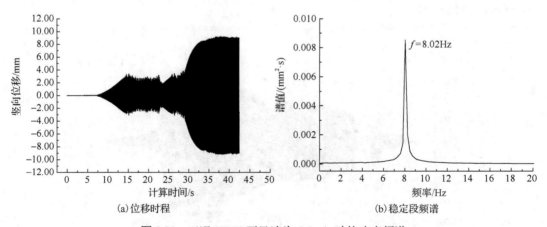

(a) 位移时程　　　　　　　　　　　(b) 稳定段频谱

图 8.29　工况 UINF 下风速为 5.1m/s 时的响应频谱

根据图 8.24～图 8.29，可以得出以下结论。

(1)采用风速连续计算和风速独立计算均能够捕捉到涡激振动现象。

(2)当风速为 4.1m/s 时，观察到了"拍"的现象。这是由于流场旋涡脱落频率与结构自振频率接近，但还不能完全耦合产生涡激振动。在风速继续增大后，涡激振动产生，幅值明显增大。

（3）在能引起涡激振动的风速下，位移频谱图均存在一个峰值，能量非常集中。卓越频率为 8Hz 左右，与结构竖弯频率 8.1Hz 十分接近。

（4）与位移时程对应的升力系数时程也具有很强的周期性，其卓越频率与位移时程的卓越频率完全相同，位移和气动力耦合非常明显。

（5）各工况的升力系数曲线均不是完美的正弦单频曲线。均匀流场中升力系数频谱存在两个能量十分集中的频率，这是由断面存在两个明显的涡脱引起的。

（6）从位移时程和升力系数时程可以明显看出，位移时程与升力系数时程存在明显的不超过 90° 的相位差，相位差反映了涡激力中气动阻尼的作用。

图 8.30 给出了两种计算工况下，采用风速连续计算和风速独立计算的竖弯涡振响应结果与试验的对比。

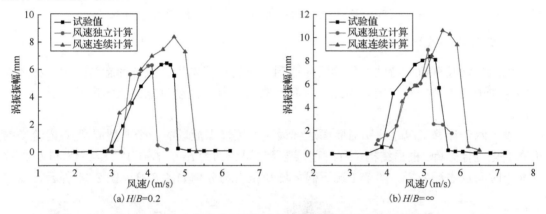

(a) $H/B=0.2$　　　　　　　(b) $H/B=\infty$

图 8.30　+3°攻角条件下不同离地高度涡激振动响应计算结果

由图 8.30 可以看出：

（1）采用风速连续计算方法所得到的竖弯涡振区间更为光滑，且锁定区间范围大于风速独立计算结果。

（2）均匀流场中，两种计算方法的最大振幅和锁定区间随离地高度的变化趋势相同。

（3）采用风速独立计算，其结果的准确性不足，相邻风速振幅会产生"突变"。在某些风速下无法捕捉到涡振现象，因此采用连续风速计算的结果更合理。

表 8.4 给出了两个计算工况风速连续计算时的涡振区间、最大振幅、最大振幅所对应的风速以及升力系数均值和脉动值。

表 8.4　各计算工况涡激振动特性

风攻角	计算工况	涡振锁定区间 /(m/s)	最大振幅 /mm	最大振幅对应 风速/(m/s)	升力系数均值	升力系数脉动 RMS 值
+3°	均匀流场 $H/B=0.2$	2.9～5.3	8.37	4.7	0.2093	0.3826
	均匀流场 $H/B=\infty$	3.7～6.5	10.61	5.5	0.0410	0.2715

从表 8.4 可以看出:

(1)从涡振锁定区间、最大振幅及其对应的风速来看,其趋势与试验结果相同。

(2)从升力系数来看,地面的存在使得断面在发生涡激共振时的升力系数均值和脉动值明显增大。这与许多研究结果中,雷诺数对升力系数的影响规律相同,即低雷诺数时的升力系数平均值比高雷诺数时要高,可以认为地面效应有抑制断面雷诺数的作用。

(3)尽管考虑地面效应时的升力系数均值和脉动值大于无地面效应的情况,但涡振振幅却小于不考虑地面效应的情况,这也符合涡激共振经验非线性模型中的假设,即当涡脱频率被结构的振动频率锁定时,升力对振幅的影响可忽略不计。

(4)数值模拟结果最大振幅大于试验结果,锁定区间存在较小偏移,产生误差的原因可能有:数值方法自身的误差;数值模拟为二维计算,风洞试验存在三维效应;数值计算误差导致作用在结构上的气动力获取不准确;数值模拟的边界条件与实际风洞存在差异;计算一定时间后,结构位移较大、运动周期较多导致网格质量下降等。

5. 涡激振动流场形态分析

涡激振动具有自激特性,桥梁断面达到相对稳定状态后,流场形态与结构位移之间的耦合作用也达到相对稳定。因此,对涡激振动下典型振动位置的流场进行分析是有意义的。

基于两个计算工况,分别对断面达到最大振幅过程流场的一个典型周期 T 内流场的形态变化进行分析。根据结构位移时程,选择时间分别为 $t_1=0$、$t_2=1/4T$、$t_3=2/4T$ 和 $t_4=3/4T$ 共 4 个时间点进行分析。两个工况下涡量场和压力场分别如图 8.31~图 8.34 所示。

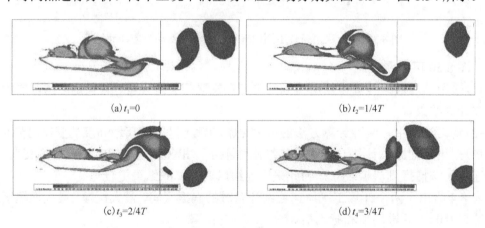

(a)$t_1=0$　　　　　　　　　　　　　　　(b)$t_2=1/4T$

(c)$t_3=2/4T$　　　　　　　　　　　　　　(d)$t_4=3/4T$

图 8.31　工况 UINF 涡量场($U/(fB)$=1.8618)

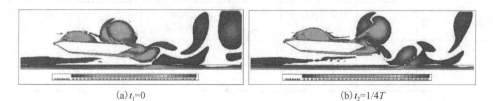

(a)$t_1=0$　　　　　　　　　　　　　　　(b)$t_2=1/4T$

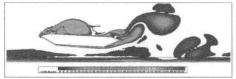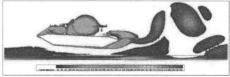

(c) t_3=2/4T　　　　　　　　　　　　　　(d) t_4=3/4T

图 8.32　工况 U0.2 涡量场（$U/(fB)$=1.5910）

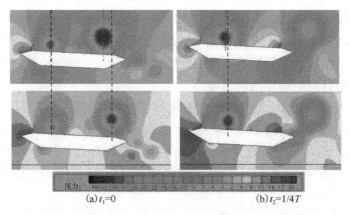

(a) t_1=0　　　　　　　　　　　　　　(b) t_2=1/4T

图 8.33　两种工况下压力场分布对比（t=0 和 t=1/4T 时刻）

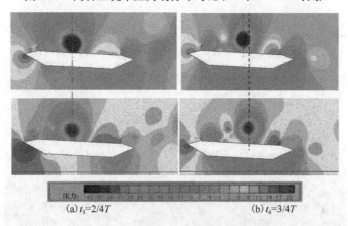

(a) t_3=2/4T　　　　　　　　　　　　　(b) t_4=3/4T

图 8.34　两种工况下压力场分布对比（t=2/4T 和 t=3/4T 时刻）

　　从图 8.31 和图 8.32 可以看出：两种情况下的瞬时流场有很大的相似之处，断面周围的流动在迎风侧栏杆处分离，形成强烈的周期性涡脱落和漂移现象。一个涡流意味着一个升力面，涡流的移动意味着升力面的移动。这种周期性的涡脱和转移将在结构上产生周期性的力，导致涡激振动的发生。

　　图 8.33 和图 8.34 显示，地面效应同时加强上表面的流动分离，加速了上部涡的脱落和移动，使涡激振动提前发生。这种交替涡脱落作用在箱梁上的涡激力随旋涡强度的增加呈线性增加，但随涡核与箱梁表面距离的增加呈二次减小。地面效应增大了旋涡诱导的升力面与箱梁表面距离，减弱了旋涡的强度，从而减小了气动力。

第9章 驰振分析

驰振是细长物体因气流作用发生自激的纯弯曲的大幅振动，理论上的这种振动是发散的、不稳定的。这种振动先是在结冰电线上被发现，振动波在两根电杆间的电线上快速传递，形状酷似快马奔腾，振动幅度能够达到10倍的电线直径。驰振是桥梁风致振动形式的一种，桥梁的主梁、桥塔、拉索均可能发生驰振现象，而且驰振是发散性的自激振动，严重影响结构安全。驰振常常发生在矩形、H型、D型等钝体断面的细长结构上，如桥塔、拉索、吊杆以及结冰的电线等。

经报道日本名古屋的 Meiko-Nishi 桥曾发生过驰振，该桥拉索外层包裹着聚乙烯层，拉索底部安装有黏滞阻尼器。2005年某天，当时桥址处风速为18m/s 左右，突然拉索产生剧烈的振动，振动幅度超过1.5m。振动不仅严重破坏拉索表面的聚乙烯保护层，而且使拉索与主梁的连接处也发生不同程度的破坏，拉索底部的阻尼器同样没有幸免，如图9.1所示。

图9.1 日本名古屋 Meiko-Nishi 桥驰振导致主梁破坏

对驰振的研究最早来自航空航天领域，由于早期的飞机空气动力性能不是很高，飞机机翼经常被气流引起的驰振毁坏，造成机毁人亡的惨剧，于是人们开始了对驰振的研究。伯恩鲍姆在20世纪20年代，第一次提出了气动升力的表达式，之后有更多的学者对平板的驰振进行了研究。Den Hartog 在1932年研究冻雨导致输电线振荡时的原因，并且第一次阐述了驰振现象及其发生的机理，同时还提出了著名的 Den Hartog 判据。

9.1 驰振基本原理

驰振根据产生机理的不同，通常可以分为尾流驰振和横流驰振两种。尾流驰振是由绕过前方结构的波动性来流激发下游结构物产生的不稳定振动，如斜拉桥的拉索、悬索桥吊杆最容易发生尾流驰振。横流驰振是由升力曲线的负斜率所引起的发散性弯曲自激振动，这种负斜率使得振动过程中结构的位移始终与空气力的方向相一致，结构不断从外界吸收能量，从而形成不稳定振动。横流驰振一般发生在具有棱角的非流线型截面的柔性轻质结构中，悬吊体系桥梁结构中的拉索和吊杆最有可能发生横流驰振。此外，对于宽高比较小的梁式钢桥，高柔的大跨径斜拉桥、悬索桥桥塔以及连续钢构桥在最大悬臂施工阶段的主梁都存在着发生驰振发散的可能性。

驰振现象最早是在 1929 年 Davison 对结冰电线发生大幅风致振动现象的调查中发现的。1932 年，Den Hartog 研究了结冰电线的横向振动现象，并首次将其定义为驰振，同时初步介绍了驰振现象产生的机理。1956 年，Den Hartog 在其出版的专著中系统论述了横风向驰振现象，基于准定常假设，给出了著名的驰振发生的判别准则——Den Hartog 判据。这一理论认为驰振发生的原因是气动力引起的系统负阻尼。此后，风工程领域很多关于驰振的研究都是在 Den Hartog 判据的基础上展开的，Edwards 通过风洞试验的方法验证了 Den Hartog 判据。Novak 和 Nakamura 研究了紊流对横风向驰振性能的影响。Parkinson 基于准定常理论，对结构断面的三分力系数曲线进行了多项式拟合，建立了描述驰振气动力的数学模型。李胜利通过数值模拟方法研究了门形桥塔的驰振，考虑了塔柱间的气动干扰效应。

Den Hartog 判据是在准定常理论假设下进行推导的，实际上断面在风致振动过程中会对周围流场造成一定影响，使其不再满足准定常假设；并且钝体断面气动自激力通常包含非线性成分，而 Den Hartog 判据并未考虑该影响因素。因此，根据 Den Hartog 判据计算所得驰振临界风速通常与实际情况存在一定的偏差，这种情况下考虑气动力的非定常效应与非线性特性是有必要的。

朱乐东等通过方形截面的风洞试验发现，基于准定常理论的驰振临界风速比节段模型测振试验的结果偏高约 30%。由于准定常假设会对计算结果带来一定影响，因此，许多学者开始研究非定常气动力模型，例如，Parkinson 等将准定常驰振力项添加到 Harden-Currie 尾流振子涡振模型中来考虑驰振气动力与涡激力的耦合影响。Tamura 针对方形截面横风向振动问题，将非线性尾流振子模型与准定常气动力模型组合，提出了一个近似的非定常驰振力模型。周帅、陈政清等建立了矩形构件涡振与驰振耦合状态下的幅值估算经验公式，该经验公式只限于宽高比为 0.5～2.5 的矩形截面构件，并且涡振和驰振的临界风速相近以致耦合的情况。总体来说，这些驰振力模型都是基于特定问题提出的，普适性相对较差，关于非定常驰振力理论还有许多问题亟待解决。同时很多学者也对桥梁构件的驰振性能开展了试验方面的相关研究。李永乐、廖海黎等针对钢桥塔的驰振性能开展了三维大缩尺比的气弹模型试验研究，分别分析了阻尼比和桥塔断面切角等因素对桥塔驰振性能的影响。李胜利、鸥进萍等针对大跨径悬索桥施工期尖顶型主缆驰振性能，分别研究了主缆三角形形状、五边形形状及施工工艺等对主缆驰振性能的影响。卢照亮、刘庆宽等针对斜拉索的干索驰振问题开展了拉索表面粗糙度对其的影响，研究结果表明，随着拉索服役时间的增长，表面粗糙度增加，对拉索的振动具有抑制作用，雷诺数效应减弱。白桦、李加武等以 H 型吊杆为研究背景，通过节段模型测振试验和 CFD 数值模拟方法研究了腹板、翼板开孔方式和开孔率等因素对驰振的影响，研究得到了腹板和翼板的较优开孔率建议值。

9.2　准定常假设的驰振分析

9.2.1　驰振力模型

当气流垂直流经处于微振动的细长构件时，即使来流是定常的，构件与气流之间的相对攻角也不断变化，相对攻角的改变必然导致三分力的改变，三分力的变化部分就形成了动力荷载，即气动自激力。按照相对攻角变化建立的气动自激力理论，忽略了构件对周围流场的影响，仍将气流看成定常流，这种理论即准定常理论，相应的气动力即准定常力。

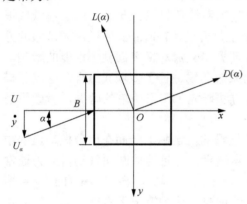

图 9.2　来流流过构件断面

为了导出准定常气动力，以二维定常流问题为研究对象，如图 9.2 所示。在风轴坐标系下，当气流以攻角 α、风速 U_α 流过一个二维断面时，阻力 $D(\alpha)$ 和升力 $L(\alpha)$ 分别为

$$\begin{cases} D(\alpha) = \dfrac{1}{2}\rho U_\alpha^2 B C_D(\alpha) \\ L(\alpha) = \dfrac{1}{2}\rho U_\alpha^2 B C_L(\alpha) \end{cases} \tag{9.1}$$

式中，ρ 为气流密度；B 为断面宽度；$C_D(\alpha)$、$C_L(\alpha)$ 分别是攻角 α 下的阻力系数和升力系数。

它们在竖直方向的分量为

$$F_y(\alpha) = -D(\alpha)\sin\alpha - L(\alpha)\cos\alpha \tag{9.2}$$

为便于讨论，可将 $F_y(\alpha)$ 记为另一种形式：

$$F_y(\alpha) = \frac{1}{2}\rho U^2 B C_{Fy}(\alpha) \tag{9.3}$$

式中，U 为 U_α 的水平分量，即 $U = U_\alpha \cos\alpha$。

将式(9.3)代入式(9.2)，并将 $C_D(\alpha)$、$C_L(\alpha)$ 分别简记为 C_D、C_L，可得

$$F_y(\alpha) = \frac{1}{2}\rho U^2 B(-C_D\tan\alpha - C_L)\sec\alpha \tag{9.4}$$

将式(9.4)和式(9.3)进行对比可得

$$C_{Fy}(\alpha) = -(C_D\tan\alpha + C_L)\sec\alpha \tag{9.5}$$

当来流水平经过物体表面时，此时攻角为 0，假设构件现有来流方向的垂直振动为微振动，速度为 $\dot{y}$，如图 9.2 所示。根据相对运动原理，可以看成构件不动，来流以相对攻角流过构件。来流速度和攻角分别为

$$U_\alpha = (U^2 + \dot{y}^2)^{\frac{1}{2}} \quad \alpha = \arctan \frac{\dot{y}}{U} \tag{9.6}$$

由于垂直振动是微振动，可近似认为

$$\alpha \approx \frac{\dot{y}}{U} \to 0 \tag{9.7}$$

将 $F_y(\alpha)$ 在 $\alpha = 0$ 处关于 α 进行一阶泰勒展开：

$$F_y(\alpha) = F_y(0) + \frac{\partial F_y}{\partial \alpha}\bigg|_{\alpha=0} \cdot \alpha + o(\alpha) \tag{9.8}$$

式中，$F_y(0)$ 是不随时间变化的，在动力响应中可以略去；$o(\alpha)$ 表示气动力中比 α 高阶的余项，也可以略去。于是有

$$F_y(\alpha) \approx \frac{\partial F_y}{\partial \alpha}\bigg|_{\alpha=0} \cdot \alpha = \frac{1}{2}\rho U_\alpha^2 B \frac{\mathrm{d}C_{Fy}}{\mathrm{d}\alpha}\bigg|_{\alpha=0} \cdot \frac{\dot{y}}{U} \tag{9.9}$$

由式 (9.5) 可得

$$\frac{\mathrm{d}C_{Fy}}{\mathrm{d}\alpha}\bigg|_{\alpha=0} = -\left(\frac{\mathrm{d}C_L}{\mathrm{d}\alpha} + C_D\right)\bigg|_{\alpha=0} \tag{9.10}$$

于是可得到准定常气动力的表达式：

$$F_y(\alpha) \approx -\frac{1}{2}\rho U^2 B\left(\frac{\mathrm{d}C_L}{\mathrm{d}\alpha} + C_D\right)\bigg|_{\alpha=0} \cdot \frac{\dot{y}}{U} \tag{9.11}$$

将式 (9.11) 代入竖向振动方程可得

$$m(\ddot{y} + 2\xi\omega\dot{y} + \omega^2 y) = -\frac{1}{2}\rho U^2 B\left(\frac{\mathrm{d}C_L}{\mathrm{d}\alpha} + C_D\right)\bigg|_{\alpha=0} \cdot \frac{\dot{y}}{U} \tag{9.12}$$

式中，m 为结构质量；ξ 为结构阻尼比；ω 为结构的自振圆频率。

将式 (9.12) 右端移到左端，用速度 $\dot{y}$ 前的系数表示系统的净阻尼，用 d 表示可得

$$d = 2m\xi\omega + \frac{1}{2}\rho UB\left(\frac{\mathrm{d}C_L}{\mathrm{d}\alpha} + C_D\right)\bigg|_{\alpha=0} \tag{9.13}$$

由式 (9.13) 可看出，只有当 $s = \left(\dfrac{\mathrm{d}C_L}{\mathrm{d}\alpha} + C_D\right)\bigg|_{\alpha=0} < 0$ 才有可能出现驰振现象，其中 s 称为驰振系数。式 (9.13) 即为驰振判断的 Den Hartog 判据。

令式 (9.13) 等于 0，可得到驰振的临界风速：

$$U_{cr} = \frac{-4m\xi\omega}{\rho B\left(\dfrac{\mathrm{d}C_L}{\mathrm{d}\alpha} + C_D\right)} \tag{9.14}$$

9.2.2　数值算例

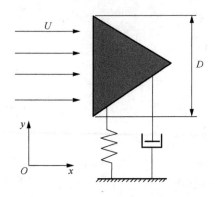

图 9.3　正三棱柱振子布置示意图

本算例为选取正三棱柱放置在水洞中进行流致振动的研究,试验振子模型的截面形式为正三角形。已有研究结果表明,当三棱柱底面垂直来流方向时,柱体处于最不稳定状态,存在发生驰振的趋势。试验系统如图 9.3 所示,正三棱柱边长为 0.06m,系统刚度 K 为 100N/m,系统质量为 3.283kg,展长方向为 0.5m,振子所处空间对应替代水的质量为 0.779kg。

计算域布置如图 9.4 所示,整体网格划分(图 9.5)约 4 万,分别选取了来流方向 0°、1°、2°、3°、4°、5° 和 6° 等风攻角进行数值模拟,风攻角的改变是通过固定周围边界而旋转正三棱柱边界的方法实现的,分别模拟不同风攻角下断面的三分力系数,结果见表 9.1。

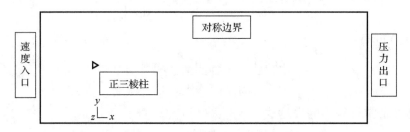

图 9.4　正三棱柱计算域布置

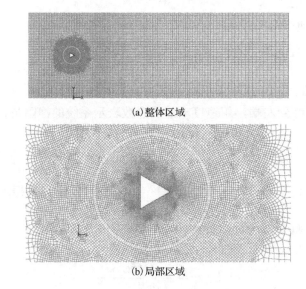

(a) 整体区域

(b) 局部区域

图 9.5　流场区域网格划分

表 9.1　断面三分力系数

风攻角/(°)	C_D	C_L	C_M
0	1.746	0.000	0.000
1	1.745	−0.043	0.009
2	1.740	−0.059	0.019
3	1.720	−0.053	0.029
4	1.696	−0.044	0.041
5	1.662	−0.147	0.070
6	1.578	−0.186	0.082

选取 0° 和 1° 的三分力系数进行相应的驰振相关参数分析可得

$$\frac{\mathrm{d}C_L}{\mathrm{d}\alpha} + C_D = \frac{-0.043}{3.1416/180} + 1.746 = -0.718$$

取振动系统参数：单位长度质量 m 为 6.566kg，系统振动圆频率为 4.74，阻尼比为 0.1，流体密度为 1000kg/m³，参考高度取 0.06m，结合 Den Hartog 判据可得驰振流速为

$$U_{\mathrm{cr}} = \frac{-4m\xi\omega}{\rho B\left(\dfrac{\mathrm{d}C_L}{\mathrm{d}\alpha} + C_D\right)} = \frac{-4\times6.566\times0.1\times4.74}{1000\times0.06\times(-0.723)} = 0.287(\mathrm{m/s})$$

定义折减流速 $U_{\mathrm{r}} = U/(fD)$，此处 U 为流速，f 为系统振动频率，因此可得

$$U_{\mathrm{r}} = U/(fD) = 0.287/(0.754\times0.06) = 6.34$$

试验获得的驰振折减流速约为 9.20，由 Den Hartog 判据获得的驰振流速相对略低。图 9.6 显示了不同来流攻角下正三棱柱周围的速度流场，可以较为明显地看出每个工况下都出现了较为明显的旋涡上下交替产生的涡街分布。

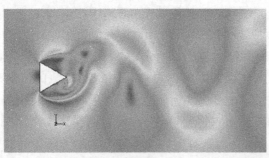

(a)风攻角=0°

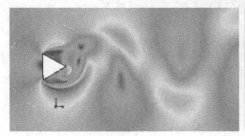

(b)风攻角=1°

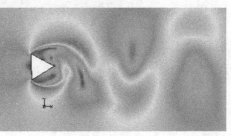

(c)风攻角=2°

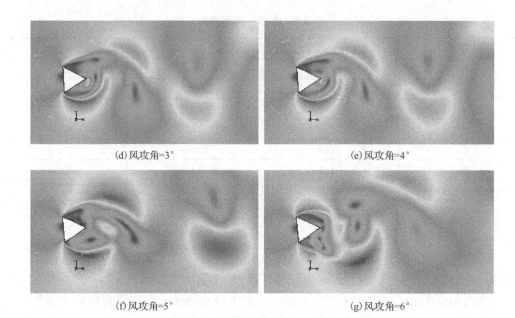

(d) 风攻角=3°　　　　　　　　　　　　(e) 风攻角=4°

(f) 风攻角=5°　　　　　　　　　　　　(g) 风攻角=6°

图 9.6　不同来流攻角下正三棱柱周围的速度流场显示

9.3　考虑非定常效应的驰振分析

9.3.1　基于气动导数法的驰振分析

Den Hartog 驰振理论是基于准定常假设推导的，当结构在来流作用下产生流致振动时，结构振动也会影响周围流场，流场表现为较为明显的非定常特性，气动力中也相应地包含了非线性分量，Den Hartog 驰振理论并未考虑该因素，因此，建立能考虑非定常因素的驰振分析理论能够更好地进行驰振分析。

从本质上讲，结构的驰振可以看成一种单自由度的竖向颤振，而气动力的非定常特性可以通过气动导数来体现。因此，可以运用气动导数的方法来计算结构驰振临界风速。

结构的驰振响应为单自由度的竖向颤振，仅考虑横风向振动对应的自由度，不考虑扭转自由度，即 $\dot{\alpha}=0$，$\alpha=0$，则有横风向的驰振运动方程表达式为

$$m(\ddot{y}+2\xi\omega\dot{y}+\omega^2 y)=\frac{1}{2}\rho U^2(2B)\left(KH_1^*\frac{\dot{y}}{U}+K^2 H_4^*\frac{y}{B}\right) \tag{9.15}$$

式 (9.15) 仅考虑与 $\dot{y}$ 有关的气动阻尼项，而与 y 有关的气动刚度项对系统刚度影响非常小，可忽略不计，于是有横风向的驰振运动方程：

$$m(\ddot{y}+2\xi\omega\dot{y}+\omega^2 y)=\frac{1}{2}\rho U^2(2B)\left(KH_1^*\frac{\dot{y}}{U}\right) \tag{9.16}$$

将式 (9.16) 右端移到左端，则有系统总阻尼：

$$d = 2m\xi\omega - \rho UBKH_1^*$$ (9.17)

令式 (9.17) 为 0，并将 $K = \omega B/U$ 代入可得驰振临界状态对应的气动导数：

$$H_1^* = \frac{2m\xi}{\rho B^2}$$ (9.18)

为了得到结构驰振临界风速，可以先识别出断面不同量纲风速下对应的气动导数 H_1^* 曲线，通过与式 (9.18) 的对比即可得到驰振状态对应下的无量纲风速 U_r^0，并最终可得结构的驰振实际风速：

$$U_{cr}^0 = U_r^0 \cdot fB$$ (9.19)

9.3.2 数值算例

继续使用 9.2.2 节算例，利用识别气动导数的方法进行正三棱柱的驰振分析。

首先进行正三棱柱断面竖向气动导数的分析，借助计算流体力学方法来完成，详细求解思路可参见 3.2 节内容。选取正三棱柱宽度为 0.06m，进行振幅为 0.002m 的竖向强迫振动，通过设置不同的来流速度和对应的振动频率来获取不同折减流速下的竖向 H_1^* 气动导数 (折减流速的参考宽度 B 取断面宽度 0.06m)，结果见表 9.2。

表 9.2 断面气动导数 H_1^* 数值模拟结果

序号	折减流速 $(U/(fB))$	H_1^*	序号	折减流速 $(U/(fB))$	H_1^*
1	0.417	−0.614	11	4.583	−6.03
2	0.834	−1.131	12	5.000	−3.955
3	1.250	−1.367	13	5.417	−1.596
4	1.667	−1.892	14	5.834	−1.188
5	2.083	−3.304	15	6.250	−0.770
6	2.500	−5.822	16	6.666	0.505
7	2.916	−9.680	17	7.083	1.768
8	3.333	−10.819	18	7.500	3.605
9	3.750	−9.552	19	7.917	5.768
10	4.167	−7.348	20	9.333	7.138

从图 9.7 断面气动导数 H_1^* 数值模拟结果可以看出：随着折减流速的增大，H_1^* 的变化规律表现为先减小后增大；当折减流速较小时，H_1^* 为负值，可认为此时相当于给系统增加了正的气动阻尼，系统总阻尼大于零，即结构产生的振动会逐渐衰减，从而不会发生驰振现象；而当折减流速较大时，H_1^* 由负值变为正值，当减算流速足够大时，系统总阻尼会出现大于零的情况，负阻尼会增强结构的振动响应，表现为结构进入驰振的状态。

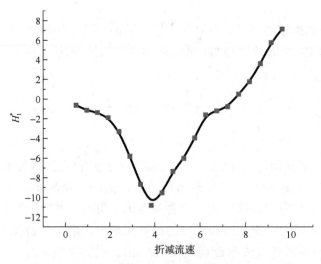

图 9.7　断面气动导数 H_1^* 数值曲线

参照式 (9.8)，代入结构相应参数可得：$H_1^* = \dfrac{2m\xi}{\rho B^2} = 4.33$，结合表 9.2 气动导数 H_1^* 列表可通过线性插值获得临界状态下 H_1^* 对应的折减流速为 7.64。将折减流速 7.64 代入式 (9.19) 可得驰振实际流速为：$U_{cr}^0 = U_r^0 \cdot fB = 7.64 \times 0.754 \times 0.06 = 0.346(\text{m/s})$。

在本算例中，对比试验获得的驰振折减流速为 9.20 左右，基于气动导数法计算所得的驰振折减风速为 7.64，从而可以看出该方法计算所得的驰振临界风速偏低，其原因可能在于本节采用的气动导数识别 H_1^* 的方法只是基于系统线性的小幅振动识别，未能准确考虑系统振动的非定常效应。为了提高该方法的计算精度，可以考虑引入更精确的气动导数模型。

9.4　计算流体力学方法

9.4.1　计算流体分析理论

驰振的数值计算与本书讨论的颤振、涡振直接模拟相类似，也是流固耦合问题。在一个时间步内，依次计算流体方程和结构响应方程，然后通过一定方式的数据交换，实现两个场的耦合求解。驰振计算流程如图 9.8 所示。

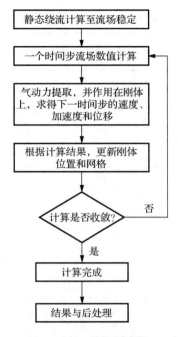

图 9.8 驰振计算流程图

9.4.2 算例 1：正三棱柱

继续使用 9.2.2 节算例，利用计算流体力学方法直接进行正三棱柱的驰振分析。计算工况如表 9.3 所示。

表 9.3 各计算工况对应的流速

序号	流速/(m/s)	折减流速 ($U/(fB)$)	序号	流速/(m/s)	折减流速 ($U/(fB)$)
1	0.150	3.3	9	0.350	7.7
2	0.175	3.9	10	0.375	8.3
3	0.200	4.4	11	0.400	8.8
4	0.225	5.0	12	0.425	9.4
5	0.250	5.5	13	0.450	9.9
6	0.275	6.1	14	0.475	10.5
7	0.300	6.6	15	0.500	11.0
8	0.325	7.2			

将表 9.3 所列每个流速作为入口边界条件，分别直接模拟三棱柱振动系统的振动响应，各工况下的结果如表 9.4 所示，其中频率比为振动过程的系统频率与系统的自振频率比值，振幅比为振幅与棱柱边长的比值。

表9.4　直接数值模拟结果

序号	流速/(m/s)	折算流速 $(U/(fB))$	频率/Hz	频率比	振幅/m	振幅比
1	0.150	3.3	0.399	0.53	0.026	0.43
2	0.175	3.9	0.512	0.68	0.033	0.56
3	0.200	4.4	0.641	0.85	0.040	0.66
4	0.225	5.0	0.923	1.22	0.050	0.84
5	0.250	5.5	0.927	1.23	0.054	0.91
6	0.275	6.1	0.896	1.19	0.058	0.97
7	0.300	6.6	0.960	1.27	0.064	1.06
8	0.325	7.2	0.946	1.25	0.069	1.15
9	0.350	7.7	0.869	1.15	0.077	1.28
10	0.375	8.3	0.878	1.16	0.083	1.38
11	0.400	8.8	0.789	1.05	0.097	1.62
12	0.425	9.4	0.576	0.76	0.111	1.84
13	0.450	9.9	0.613	0.81	0.123	2.05
14	0.475	10.5	0.613	0.81	0.128	2.14
15	0.500	11.0	0.650	0.86	0.130	2.16
16	0.150	3.3	0.399	0.53	0.026	0.43

从图9.9可以看出：

（1）计算流体力学方法与试验结果整体表现较为一致，能够较为完整地再现随着流速的变化系统振动强弱和振动形态的变化过程。

（2）正三棱柱的流致振动响应可分为三个主要过程，分别对应涡激振动区间、涡振-

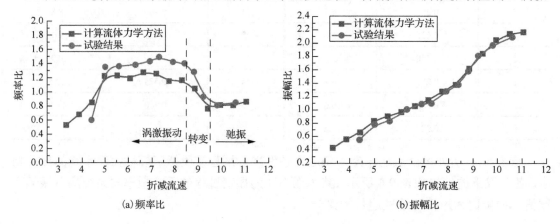

(a) 频率比　　　　　　　　　　　　　(b) 振幅比

图9.9　正三棱柱频率比和振幅比随折减流速变化曲线

驰振转变区间和驰振区间，振子的振幅随流速增大而增大，当振子跨过涡振区后并未出现常规的振幅减小阶段，而是进入驰振转变区间，驰振表现为发散性振动，因此振幅持续表现为增加。

(3) 涡激振动区间 $3.3 \leqslant U_r < 8.5$，初始阶段频率比和振幅比都较小，随后振幅随着折减流速的增加而增大，而频率表现较为稳定，即呈现较为明显的"锁频"现象，该阶段主要是由旋涡脱落引起的周期性变化升力来激励柱体发生周期性的振动。

(4) 涡激-驰振转变区间 $8.5 \leqslant U_r < 9.4$，系统的频率比明显下降，同时振幅明显增大，该特征表明三棱柱的流致振动状态正由涡激振动向驰振转变，该过程旋涡脱落引起的周期性变化升力和攻角变化造成的升力失稳共同诱发柱体的振动。

(5) 驰振区间 $U_r \geqslant 9.4$，频率比逐渐趋于平稳，而振幅比继续增大，但增速逐渐变缓，该阶段升力失稳是诱发振动的主要原因，而旋涡脱落对振动的影响逐渐变弱。各工况下的位移时程曲线如图 9.10 所示。

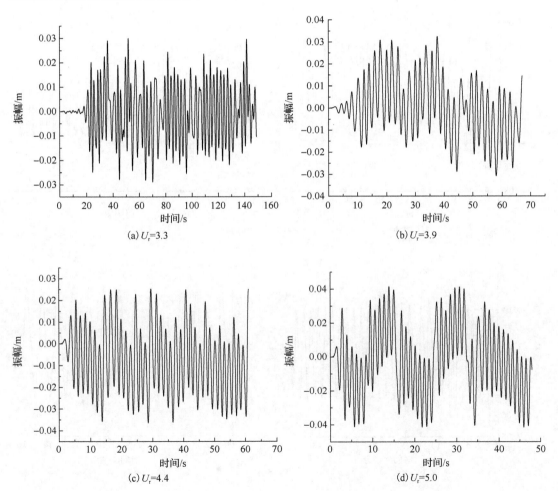

(a) $U_r = 3.3$

(b) $U_r = 3.9$

(c) $U_r = 4.4$

(d) $U_r = 5.0$

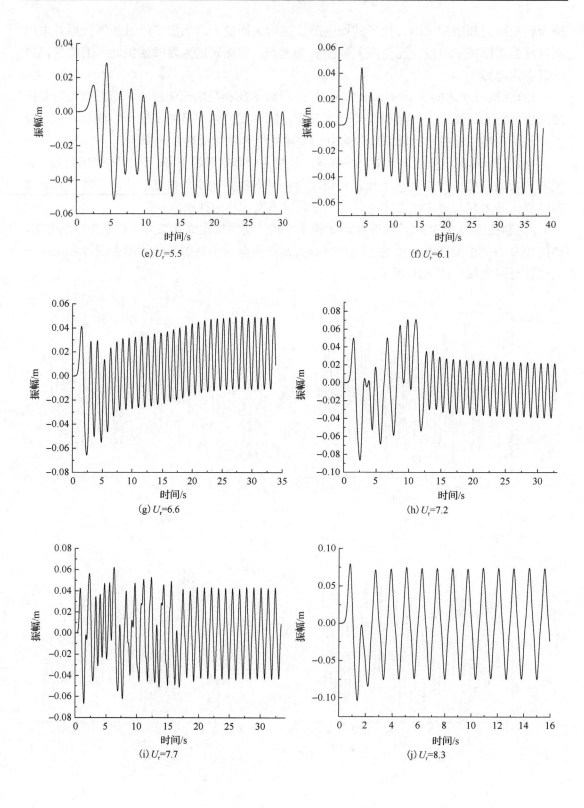

(e) U_r=5.5

(f) U_r=6.1

(g) U_r=6.6

(h) U_r=7.2

(i) U_r=7.7

(j) U_r=8.3

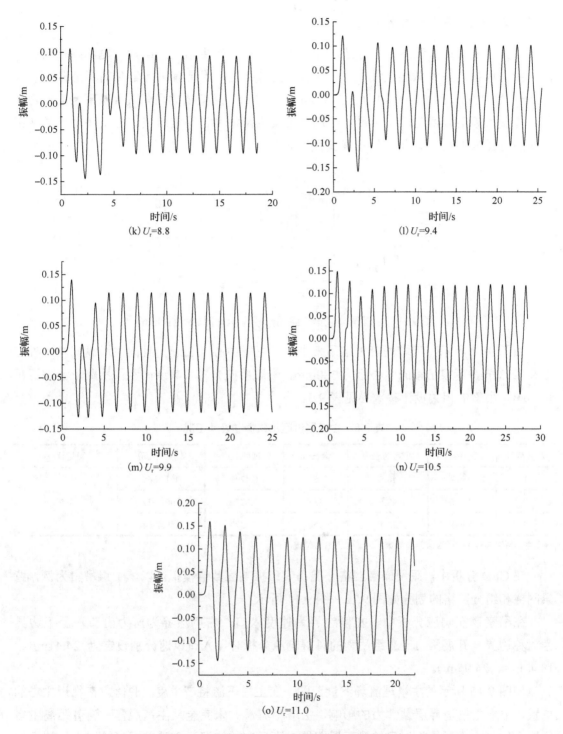

图 9.10　各典型工况下系统振动位移时程曲线

9.4.3　算例2：主塔尾流区吊索

本算例采用计算流体力学方法，开展大跨度悬索桥主塔塔周吊索的尾流致振响应分析。主塔单根塔柱的截面如图 9.11 所示。主塔塔柱采用带有方形倒角的矩形截面，长 16.2m，宽 12m，四个倒角均为边长 1.4m 的正方形。悬索桥的吊索采用圆形断面，每个吊点位置吊索沿顺桥向成对布置，即每组吊索由两根平行吊索组成。距主塔最近的两组吊索的直径为 116mm，第 3 组吊索直径为 82mm。

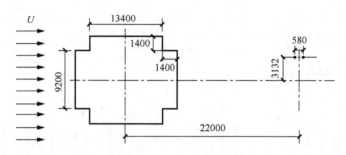

图 9.11　主塔尾流区第 1 组吊索模型示意图(单位：mm)

如图 9.11 所示，近塔处第 1 组吊索中心距主塔中心点 22m，且向主塔纵向轴线外侧偏离 3.132m，两根吊索的中心距为 580mm，沿顺桥向布置。其余吊索依次距上游邻近吊索 16m。吊索的相关设计参数详见表 9.5。

表9.5　主塔尾流区吊索振动设计工况

吊索编号	索力/kN	质量/(kg/m)	索长/m	基频/Hz	刚度/(N/m)	阻尼比/%
1	2500	48.6	265	0.4279	351.3565	
2	1350	48.6	258	0.3230	200.1677	0.2
3	1200	25.1	250	0.4373	189.4964	

注：吊索编号1、2、3表示塔后第1、2、3组吊索位置。

在 CFD 分析中，采用嵌套网格开展吊索风振响应数值模拟。以第 1 组吊索为例，背景网格和组分网格的划分如图 9.12～图 9.14 所示。

在吊索风振响应分析中，左侧边界为速度入口，右侧边界为压力出口，上下边界为对称边界。开展第 1～3 组吊索的风振响应分析时，入口风速分别设定为 24.41m/s、18.43m/s、24.95m/s。

如图 9.15 所示的主塔尾流场涡量云图，在主塔下游将产生旋涡脱落。在靠近主塔的位置，由于主塔边界层黏性力的影响，主塔尾流涡并未完全从主塔脱落。随着距离主塔位置变远，主塔尾流旋涡开始呈现周期性、正反向的旋涡，且随着距离的增大，旋涡的涡量也逐渐降低，说明主塔尾流的影响随着距离增大而减小。因此，在近主塔位置的尾流旋涡与远处的尾流性质有差异。

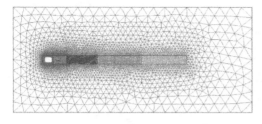

图 9.12 主塔区背景网格   图 9.13 主塔及其尾流加密区

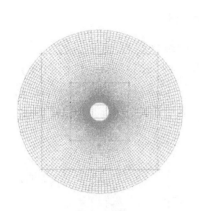

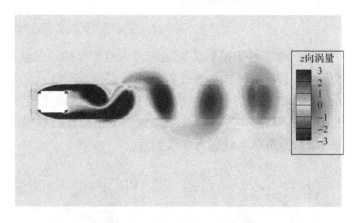

图 9.14 吊索部件网格   图 9.15 主塔尾流场涡量云图

图 9.16 为主塔尾流区第 1~3 组吊索的无量纲振幅(A/D)时程。A 为吊索实际振幅，D 为吊索直径，x 表示顺风向，y 表示横风向。当尾流旋涡的脱落频率和吊索基频接近时，主塔尾流区的第 1 组吊索将发生最大 $10D$ 左右的大幅振动。同时，振幅时程中出现明显的"拍"现象，表明该吊点处主塔尾流对吊索的振动影响十分复杂，旋涡脱落频率与吊索基频接近但不完全相同。

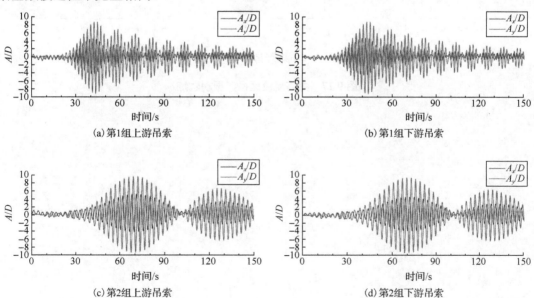

(a) 第1组上游吊索   (b) 第1组下游吊索

(c) 第2组上游吊索   (d) 第2组下游吊索

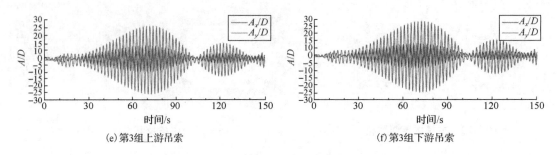

(e) 第3组上游吊索　　　　　　　　　　　　　(f) 第3组下游吊索

图 9.16　主塔尾流区吊索无量纲振幅时程

图 9.17 描述了吊索的振动轨迹。由图可知,三组吊索的振动轨迹均为椭圆形。近桥塔处两组吊索振动轨迹的长轴方向与来流并不垂直,与入口处风速存在略小于 90°的夹角,表明该位置的风向受桥塔影响,使得旋涡的流向发生了一定偏移。对于第 3 组吊索,其距离主塔较远,尾流旋涡基本沿着主塔塔柱的纵轴线往下游移动。此时,吊索振动轨迹的长轴基本与入口来流方向垂直。

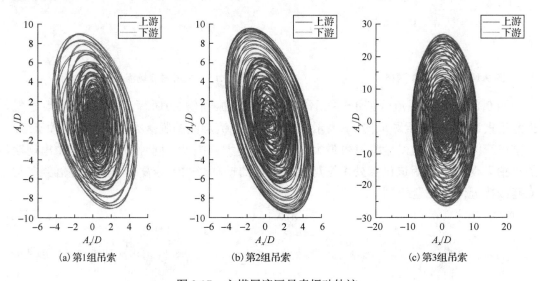

(a) 第1组吊索　　　　　　　　　(b) 第2组吊索　　　　　　　　　(c) 第3组吊索

图 9.17　主塔尾流区吊索振动轨迹

参 考 文 献

艾辉林, 陈艾荣, 2009. 均匀湍流场下矩形断面流场及气动参数数值模拟[J]. 空气动力学学报, 27(4): 456-461.

白桦, 李锐, 郭聪敏, 等, 2020. H 型吊杆气动性能优化研究[J]. 振动与冲击, 39(17): 186-193.

陈政清, 2005. 桥梁风工程[M]. 北京: 人民交通出版社.

陈政清, 于向东, 2002. 大跨桥梁颤振自激力的强迫振动法研究[J]. 土木工程学报, 35(5): 34-41.

程进, 肖汝诚, 项海帆, 2001. 大跨径斜拉桥静风稳定性的参数研究[J]. 土木工程学报, 34(2): 55-61.

葛耀君, 2011. 大跨度悬索桥抗风[M]. 北京: 人民交通出版社.

顾明, 陈甦人, 2004. 大跨桥梁气动耦合抖振响应分析的实用方法[J]. 土木工程学报, 37(2): 33-37, 110.

贺德馨, 2006. 风工程与工业空气动力学[M]. 北京: 国防工业出版社.

华旭刚, 陈政清, 2007. 基于 ANSYS 的桥梁全模态颤振频域分析方法[J]. 中国公路学报, 20(5): 41-47.

贾玉心, 2005. 概率论与随机过程[M]. 北京: 中国科学技术出版社.

郎天翼, 王浩, 贾怀喆, 等, 2022. 桥面临时设施作用下大跨悬索桥主梁涡振性能及表面风压分布[J]. 东南大学学报(自然科学版), 52(5): 833-840.

李春光, 张佳, 韩艳, 等, 2019. 栏杆基石对闭口箱梁桥梁涡振性能影响的机理[J]. 中国公路学报, 32(10): 150-157.

李加武, 方成, 侯利明, 等, 2014. 大跨径桥梁静风稳定参数的敏感性分析[J]. 振动与冲击, 33(4): 124-130.

李胜利, 张通, 陈淮, 等, 2012. 门型桥塔驰振气动干扰效应数值模拟[J]. 中国铁道科学, 33(1): 27-34.

李永乐, 廖海黎, 李佳圣, 等, 2012. 大跨度斜拉桥钢桥塔基于涡振的气动选型及驰振性能风洞试验研究[J]. 实验流体力学, 26(1): 50-54.

林建忠, 2000. 湍动力学[M]. 杭州: 浙江大学出版社.

刘高, 强士中, 周述华, 2001. 悬索桥颤振的多模态耦合及机理研究[J]. 土木工程学报, 34(3): 59-66.

刘君, 廖海黎, 万嘉伟, 等, 2015. 检修车轨道导流板对流线型箱梁涡振的影响[J]. 西南交通大学学报, 50(5): 789-795.

刘天成, 葛耀君, 曹丰产, 2009. 桥梁断面静风荷载的格子 Boltzmann 方法数值计算[J]. 空气动力学学报, 1: 17-24.

钱国伟, 曹丰产, 葛耀君, 2015. II 型叠合梁斜拉桥涡振性能及气动控制措施研究[J]. 振动与冲击, 34(2): 176-181.

是勋刚, 1994. 湍流[M]. 天津: 天津大学出版社.

孙延国, 廖海黎, 李明水, 2012. 基于节段模型试验的悬索桥涡振抑振措施[J]. 西南交通大学学报, 47(2): 218-223, 264.

陶天友, 王浩, 2019. 大跨度桥梁主梁节段模型非平稳抖振时域模拟与分析[J]. 振动工程学报, 32(5): 830-836.

陶文铨, 2001. 数值传热学[M]. 2 版. 西安: 西安交通大学出版社.

童兵, 2001. 湍流的三维大涡模拟[D]. 成都: 西南交通大学.

王福军, 2004. 计算流体动力学分析——CFD 软件原理与应用[M]. 北京: 清华大学出版社.

王浩, 李爱群, 2014. ANSYS 大跨度桥梁高等有限元分析与工程实例[M]. 北京: 中国建筑工业出版社.

王浩, 李爱群, 谢静, 等, 2010. 台风作用下超大跨度斜拉桥抖振响应现场实测研究[J]. 土木工程学报, 43(7): 71-78.

王明辉, 2015. 应用数值分析[M]. 北京: 化学工业出版社.

王勖成, 2003. 有限单元法[M]. 北京: 清华大学出版社.

王勖年, 2002. 低速风洞试验[M]. 北京: 国防工业出版社.

项海帆, 葛耀君, 朱乐东, 2005. 现代桥梁抗风理论与实践[M]. 北京: 人民交通出版社.

徐梓栋, 王浩, 刘震卿, 2023. 大跨索承桥梁流线型钢箱梁抖振响应流固耦合数值模拟[J]. 振动工程学报, 36(1): 179-187.

许福友, 陈艾荣, 2008. 苏通大桥三维颤振分析[J]. 工程力学, 25(8): 139-144.

阎超, 2006. 计算流体力学方法及应用[M]. 北京: 北京航空航天大学出版社.

杨易, 季长慧, 张之远, 等, 2021. 一种改进的大涡模拟入口湍流生成方法研究[J]. 工程力学, 38(12): 17-24.

姚仁太, 郭栋鹏, 2015. 计算流体力学基础与 STAR-CD 工程应用[M]. 北京: 国防工业出版社.

张建, 郑史雄, 唐煜, 等, 2015. 基于节段模型试验的悬索桥涡振性能优化研究[J]. 实验流体力学, 29(2): 48-54.

张立翔, 郭亚昆, 王文全, 2010. 强耦合流激振动的建模及求解的预测多修正算法[J]. 工程力学, 27(5): 36-44.

张相庭, 2006. 结构风工程——理论·规范·实践[M]. 北京: 中国建筑工业出版社.

张志田, 陈政清, 葛耀君, 等, 2010. 紊流中大跨桥梁的扭转发散特性[J]. 工程力学, 27(2): 108-116.

《中国公路学报》编辑部, 2014. 中国桥梁工程学术研究综述·2014[J]. 中国公路学报, 27(5): 1-96.

中国气象局, 2020. 中国气象灾害年鉴[M]. 北京: 气象出版社.

中华人民共和国交通运输部, 2018. 公路桥梁抗风设计规范(JTG/T 3360-01-2018)[S]. 北京: 人民交通出版社.

钟万勰, 林家浩, 吴志刚, 等, 2000. 大跨度桥梁分析方法的一些进展[J]. 大连理工大学学报, 40(2): 127-135.

周斌, 2009. 基于 Fluent 大涡模拟方法的桥梁断面气动参数识别[D]. 上海: 同济大学.

周斌, 葛耀君, 曹丰产, 2009. 基于大涡模拟方法的闭口箱梁气动三分力系数识别[J]. 科学技术与工程, 9: 2384-2388, 2396.

周帅, 牛华伟, 陈政清, 2014. 矩形构件涡振与驰振耦合状态下的幅值估算[J]. 中国公路学报, 27(7): 74-84.

周志勇, 陈艾荣, 项海帆, 2002. 涡方法用于桥梁断面气动导数和颤振临界风速的数值计算[J]. 振动工程学报, 15(3): 327-331.

周志勇, 杨立坤, 2009. Π 形板梁分离流扭转颤振机理数值研究[J]. 空气动力学学报, 27(6): 683-689.

AHN H T, KALLINDERIS Y, 2006. Strongly coupled flow/structure interactions with a geometrically conservative ALE scheme on general hybrid meshes[J]. Journal of computational physics, 219(2): 671-696.

AMMANN O H, VON KÁRMÁN T, WOODRUFF G B, 1941. The failure of the tacoma narrows bridge: A report to the administrator[R]. Report to the federal works agency, Washington.

ASSI G R S, BEARMAN P W, MENEGHINI J R, 2010. On the wake-induced vibration of tandem circular cylinders: the vortex interaction excitation mechanism[J]. Journal of fluid mechanics, 661: 365-401.

BASU R I, VICKERY B B J J, 1983. Across-wind vibrations of structure of circular cross-section. Part 2: development of a mathematical model for full-scale application[J]. Journal of wind engineering and industrial aerodynamics, 12(1): 75-97.

BAZILEVS Y, CALO V M, ZHANG Y, et al, 2006. Isogeometric fluid-structure interaction analysis with applications to arterial blood flow[J]. Computational mechanics, 38(4-5): 310-322.

BAZILEVS Y, MICHLER C, CALO V M, et al, 2010. Isogeometric variational multiscale modeling of wall-bounded turbulent flows with weakly enforced boundary conditions on unstretched meshes[J]. Computer methods in applied mechanics & engineering, 199(13-16): 780-790.

BABUŠKA I, 1973. The finite element method with Lagrangian multipliers[J]. Numerische Mathematik, 20(3): 179-192.

BIENKIEWICZ B, KUTZR F, 1990. Applying the discrete vortex method to flow about bluff bodies[J]. Journal of wind engineering and industrial aerodynamics, 36: 1011-1020.

BOONYAPINYO V, YAMADA H, MIYATA T, 1994. Wind-induced nonlinear lateral-torsional buckling of cable-stayed bridges[J]. Journal of structural engineering, 120(2): 486-506.

BÖRGERS C, PESKIN C S, 1987. A Lagrangian fractional step method for the incompressible Navier-Stokes equations on a periodic domain[J]. Journal of computational physics, 70(2): 397-438.

BRAUN A L, AWRUCH A M, 2005. Aerodynamic and aeroelastic analysis of bundled cables by numerical simulation[J]. Journal of sound and vibration, 284(1-2): 51-73.

BREBBIA C A, 1978. The boundary element method for engineers[M]. London: Wiley.

BREZZI F, 1974. On the existence, uniqueness and approximation of saddle-point problems arising from Lagrangian multipliers[J]. Revue franaise d automatiqueinformatique recherche opérationnelle mathématique, 8(2): 129-151.

BROOKS A N, HUGHES T J R, 1982. Streamline upwind/Petrov-Galerkin formulations for convection dominated flows with particular emphasis on the incompressible Navier-Stokes equations[J]. Computer methods in applied mechanics & engineering, 32(1-3): 199-259.

CALLANDER S J, 1989. Force oscillator model for rectangular cylinder[J]. Journal of engineering mechanics, 115(6): 1336-1346.

CAO S Y, NISHI A, KIKUGAWA H, et al, 2002. Reproduction of wind velocity history in a multiple fan wind tunnel[J]. Journal of wind engineering and industrial aerodynamics, 90(12-15): 1719-1729.

CAO S Y, OZONO S, HIRANO K, et al, 2007. Vortex shedding and aerodynamic forces on a circular cylinder in linear shear flow at subcritical Reynolds number[J]. Journal of fluids and structures, 23(5): 703-714.

CAO Y H, XIANG H F, ZHOU Y, 2000. Simulation of stochastic wind velocity field on long-span bridges[J]. Journal of engineering mechanics, 126(1): 1-6.

CEBECI T, SMITH A M O, LIBBY P A, 1974. Analysis of turbulent boundary layers[J]. Journal of applied mechanics, 43(1): 189.

CHEN X Z, 2015. Analysis of multimode coupled buffeting response of long-span bridges to nonstationary winds with force parameters from stationary wind[J]. Journal of structural engineering, 141(4): 04014131.

CHEN X Z, MATSUMOTO M, KAREEM A, 2000. Time domain flutter and buffeting response analysis of bridges[J]. Journal of engineering mechanics, 126(1): 7-16.

CHEN Z Q, LIU M G, HUA X G, et al, 2012. Flutter, galloping, and vortex-induced vibrations of H-section hangers[J]. Journal of bridge engineering, 17(3): 500-508.

CHOW P, CROSS M, PERICLEOUS K, 1996. A natural extension of the conventional finite volume method into polygonal unstructured meshes for CFD application[J]. Applied mathematical modelling, 20(2): 170-183.

COSTA C, BORRI C, 2006. Application of indicial functions in bridge deck aeroelasticity[J]. Journal of wind engineering and industrial aerodynamics, 94(11): 859-881.

DAVENPORT A G, 1962. Buffetting of a suspension bridge by storm winds[J]. Journal of the structural division, 88(3): 233-270.

DAVENPORT A G, 1968. The dependence of wind load upon meteorological parameters[C]. Proceedings of international research seminar on wind effects on building and structures, Toronto.

DAVISON A E, 1929. Ice-coated electrical conductors[J]. Hydro-electric of power commission of Ontario, 26(9): 271-280.

DEN HARTOG J P, 1956. Mechanical vibrations[M]. 4th ed. New York: McGraw Hill.

DENOEL V, 2003. Generation of spatially correlated wind histories[C]. Proceedings of the first international conference on finite element methods, Luxembourg.

DEODATIS G, 1996. Simulation of ergodic multivariate stochastic processes[J]. Journal of engineering mechanics, 122(8): 778-787.

DIELEN B, RUSCHEWEYH H, 1995. Mechanism of interference galloping of two identical circular cylinders in cross flow[J]. Journal of wind engineering and industrial aerodynamics, 54-55: 289-300.

DING Q S, ZHU L D, XIANG H F, 2006. Simulation of stationary Gaussian stochastic wind velocity field[J]. Wind and structures, 9(3): 231-243.

DING Q, CHEN A, XIANG H, 2002. Coupled flutter analysis of long-span bridges by multimode and full-order approaches[J]. Journal of wind engineering and industrial aerodynamics, 90(12-15), 1981-1993.

EDWARDS A T, MADEYSKI A, 1956. Progress report on the investigation of galloping of transmission line conductors[J]. Transactions of the American institute of electrical engineers part III: power apparatus and system, 75(3): 666-686.

FEIEREISEN W J, REYNOLDS W C, FERZIGER J H, 1981. Numerical simulation of compressible, homogeneous, turbulent shear flow[R]. Stanford, Stanford University.

FERZIGER J H, PERIĆ M, 2002. Computational methods for fluid dynamics[M]. New York: Springer.

FUJINO Y, YOSHIDA Y, 2002. Wind-induced vibration and control of trans-Tokyo bay crossing bridge[J]. Journal of structural engineering, 128(8): 1012-1025.

GE Y J, TANAKA H, 2000. Aerodynamic flutter analysis of cable-supported bridges by multi-mode and full-mode approaches[J]. Journal of wind engineering and industrial aerodynamics, 86(2-3): 123-153.

GOSWAMI I, SCANLAN R H, JONES N P, 1993. Vortex-induced vibration of circular cylinders. ii: new model[J]. Journal of engineering mechanics, 119(11): 2288-2302.

GRIFFIN O M, 1980. Vortex-excited cross-flow vibrations of a single cylindrical tube[J]. Journal of pressure vessel technology, 102(2): 158-166.

GRIFFIN O M, KOOPMANN G H, 1977. The vortex-excited lift and reaction forces on resonantly vibrating cylinders[J]. Journal of sound and vibration, 54(3): 435-448.

HORIUTI K, 1995. Backward cascade of subgrid-scale kinetic energy in wall-bounded and free turbulent flows[C]. The 10th symposiumon turbulent shear flows, State College.

HU L, XU Y L, HUANG W F, 2013. Typhoon-induced non-stationary buffeting response of long-span bridges in complex terrain[J]. Engineering structures, 57: 406-415.

HUA X G, CHEN Z Q, 2008. Full-order and multimode flutter analysis using ANSYS[J]. Finite elements in analysis and design, 44(9-10): 537-551.

HUANG L, LIAO H L, WANG B, et al, 2009. Numerical simulation for aerodynamic derivatives of bridge deck[J]. Simulation modelling practice & theory, 17(4): 719-729.

HUGHES T J R, 1995. Multiscale phenomena: Green's functions, the dirichlet-to-neumann formulation, subgrid scale models, bubbles and the origins of stabilized methods[J]. Computer methods in applied mechanics & engineering, 127(1-4): 387-401.

HUGHES T J R, FRANCA L P, BALESTRA M, 1986. A new finite element formulation for computational fluid dynamics. V Circumventing the Babuška-Brezzi condition: a stable Petrov-Galerkin formulation of the Stokes problem accommodating equal-order interpolations[J]. Computer methods in applied mechanics & engineering, 59(1): 85-99.

JOHN V, LINKE A, MERDON C, et al, 2017. On the divergence constraint in mixed finite element methods for incompressible flows[J]. Siam review, 59(3): 492-544.

KALMBACH A, BREUER M, 2013. Experimental PIV/V3V measurements of vortex-induced fluid-structure interaction in turbulent flow-a new benchmark FSI-PfS-2a[J]. Journal of fluids and structures, 42: 369-387.

KAREEM A, 2008. Numerical simulation of wind effects: a probabilistic perspective[J]. Journal of wind engineering and industrial aerodynamics, 96(10-11): 1472-1497.

KAREEM A, 2020. Emerging frontiers in wind engineering: computing, stochastics, machine learning and beyond[J]. Journal of wind engineering and industrial aerodynamics, 206: 104320.

KAREEM A, HU L A, GUO Y L, et al, 2019. Generalized wind loading chain: time-frequency modeling framework for nonstationary wind effects on structures[J]. Journal of structural engineering, 145(10): 04019092.

KESSLER R, WANG K S, 1996. Direct numerical simulation of turbulent obstacle flow. direct and large-eddy simulation[C]. Proceeding of the ercoftac workshop hold in grenoble, Grenoble.

KIM J, MOIN P, MOSER R, 1987. Turbulence statistics in fully developed channel flow at low Reynolds number[J]. Journal of fluid mechanics, 177: 133-166.

KURODA S, 1997. Numerical simulation of flow around a box girder of a long span suspension bridge[J]. Journal of wind engineering and industrial aerodynamics, 67-68: 239-252.

LADYZHENSKAYA O A, SILVERMAN R A, SCHWARTZ J T, et al, 1964. The mathematical theory of viscous incompressible flow[J]. Physics today, 17(2): 57-58.

LARSEN A, 1995. A generalized model for assessment of vortex-induced vibrations of flexible structures[J]. Journal of wind engineering and industrial aerodynamics, 57(2-3): 281-294.

LARSEN A, ESDAHL S, ANDERSEN J E, et al, 2000. Storebaelt suspension bridge-vortex shedding excitation and mitigation by guide vanes[J]. Journal of wind engineering and industrial aerodynamics, 88(2): 283-296.

LAUNDER B E, SPALDING D B, 1972. Lectures in mathematical models of turbulence[M]. London: Academic Press.

LI Y S, KAREEM A, 1991. Simulation of multivariate nonstationary random processes by FFT[J]. Journal of engineering mechanics, 117(5): 1037-1058.

LIN Y K, YANG J N, 1983. Multimode bridge response to wind excitations[J]. Journal of engineering mechanics, 109(2): 586-603.

MA L, ZHOU D J, HAN W S, et al, 2016. Transient aerodynamic forces of a vehicle passing through a bridge tower's wake region in crosswind environment[J]. Wind and structures, 22(2): 211-234.

MACDONALD J H G, IRWIN P A, FLETCHER M S, 2002. Vortex-induced vibrations of the second severn crossing cable-stayed bridge full-scale and wind tunnel measurements[J]. Proceedings of the institution of civil engineers-structures and buildings, 152(2): 123-134.

MARTIN W, FLANDRIN P, 1985. Wigner-Ville spectral analysis of nonstationary processes[J]. IEEE transactions on acoustics, speech, and signal processing, 33(6): 1461-1470.

MASHNAD M, JONES N P, 2014. A model for vortex-induced vibration analysis of long-span bridges[J]. Journal of wind engineering&industrial aerodynamics, 134: 96-108.

MATSUMOTO M, YAGI T, HATSUDA H, et al, 2010. Dry galloping characteristics and its mechanism of inclined/yawed cables[J]. Journal of wind engineering and industrial aerodynamics, 98: 317-327.

NADERIAN H, CHEUNG M M S, MOHAMMADIAN M, et al, 2019. Integrated finite strip flutter analysis of bridges[J]. Computers and Structures, 212: 145-161.

NAKAMURA Y, TOMONARI Y, 1977. Galloping of rectangular prisms in a smooth and in a turbulent flow[J]. Journal of sound and vibration, 52(2): 233-241.

NOVAK M, 1972. Galloping oscillations of prismatic structures[J]. Journal of the engineering mechanics division, 98(1): 27-46.

ORSZAG S A, 1971. Numerical simulation of incompressible flows within simple boundaries[J]. Journal of fluid mechanics, 49(1): 75-112.

ORSZAG S A, 1980. Spectral methods for problems in complex geometries[J]. Journal of computational physics, 37(1): 70-92.

PATERA A T, 1984. A spectral element method for fluid dynamics laminar flow in a channel expansion[J]. Journal of computational physics, 54(3): 468-488.

PATANKAR S V, 1980. Numerical heat transfer and fluid flow[M]. Boca Raton: CRC Press.

PARKINSON G V, BROOKS N P H, 1961. On the aeroelastic instability of bluff cylinders[J]. Journal of applied mechanics, 28(2): 252-258.

PARKINSON G V, SMITH J D, 1964. A square prism as an aeroelastic non-liner oscillator[J]. Journal of mechanic and applied mathematics, 17(2): 225-239.

PENG L L, HUANG G Q, CHEN X Z, et al, 2018. Evolutionary spectra-based time-varying coherence function and application in structural response analysis to downburst winds[J]. Journal of structural engineering, 144(7): 04018078.

PICCARDO G, CARASSALE L, FREDA A, 2011. Critical conditions of galloping for inclined square cylinders[J]. Journal of wind engineering and industrial aerodynamics, 99: 748-756.

PIOMELLI U, 1993. High Reynolds number calculations using the dynamic subgrid-scale stress model[J]. Physics of fluids a: fluid dynamics, 5(6): 1484-1490.

PRIESTLEY M B, 1965. Evolutionary spectra and non-stationary processes[J]. Journal of the royal statistical society series b: (statistical methodological), 27(2): 204-229.

REYNOLDS W C, 1976. Computation of turbulent flows[J]. Annual review of fluid mechanics, 8(1): 183-208.

ROCCHI D, ZASSO A, 2002. Vortex shedding from a circular cylinder in a smooth and wired configuration: comparison between 3D LES simulation and experimental analysis[J]. Journal of wind engineering and industrial aerodynamics, 90: 475-489.

SARKAR P P, JONES N P, SCANLAN R H, 1994. Identification of aeroelastic parameters of flexible bridges[J]. Journal of engineering mechanics, 120(8): 1718-1742.

SCANLAN R H, 1978a. The action of flexible bridges under wind. II: buffeting theory[J]. Journal of Sound and Vibration, 60(2): 201-211.

SCANLAN R H, 1978b. The action of flexible bridges under wind, I: flutter theory[J]. Journal of sound and vibration, 60(2): 187-199.

SCANLAN R H, BÉLIVEAU J G, BUDLONG K S, 1974. Indicial aerodynamic functions for bridge decks[J]. Journal of the engineering mechanics division, 100(4): 657-672.

SCHLICHTING H, 1979. Boundary layer theory[M]. New York: McGraw-Hill.

SCHROEDER P W, LUBE G, 2018. Divergence-free H(div)-FEM for time-dependent incompressible flows with applications to high Reynolds number vortex dynamics[J]. Journal of scientific computing, 75(2): 830-858.

SIMIU E, SCANLAN R H, 1996. Wind effects on structures: fundamentals and applications to design[M]. 3rd ed. New York: John Wiley & Sons, Inc.

SIMPSON R L, 1989. Turbulent boundary-layer separation[J]. Annual review of fluid mechanics, 21: 205-232.

SMAGORINSKY J S, 1963. General circulation experiments with the primitive equations, part I: the basic experiment[J]. Monthly weather review, 91(3): 99-164.

SOLARI G, 2019. Wind science and engineering: origins, developments, fundamentals and applications[M]. Switzerland: Springer.

SPALART P R, 1988. Direct simulation of a turbulent boundary layer up to Re=1410[J]. Journal of fluid mechanics, 187: 61-98.

SPANOS P D, FAILLA G, 2004. Evolutionary spectra estimation using wavelets[J]. Journal of engineering mechanics, 130(8): 952-960.

TAMURA Y, SHIMADA K, 1987. A mathematical model for the transverse oscillations of square cylinders[C]. Proceedings of international conference on flow induced vibrations, bowness-windermere, England: 12-14.

TAO T Y, WANG H, ZHAO K Y, 2021. Efficient simulation of fully non-stationary random wind field based on reduced 2D Hermite interpolation[J]. Mechanical systems and signal processing, 150: 107265.

TAO T Y, XU Y L, HUANG Z F, et al, 2020. Buffeting analysis of long-span bridges under typhoon winds with time-varying spectra and coherences[J]. Journal of structural engineering, 146(12): 04020255.

THEODORSEN T, 1935. General theory of aerodynamic instability and the mechanism of flutter[J]. Annual report of the national advisory committee for aeronautics, 268: 413.

VERSTEEG H K, MALALASEKERA W, 1995. An introduction to computational fluid dynamics: the finite volume method[M]. New York: Wiley.

VICKERY B J, BASU R I, 1983. Across-wind vibrations of structures of circular cross-section, part I: Development of a mathematical model for two-dimensional conditions[J]. Journal of wind engineering and industrial aerodynamics, 12(1): 49-73.

WALSH K J E, CAMARGO S J, KNUTSON T R, et al, 2019. Tropical cyclones and climate change[J]. Tropical cyclone research and review, 8(4): 240-250.

WALSHE D E, WYATT T A, 1983. Measurement and application of the aerodynamic admittance function for a box-girder bridge[J]. Journal of wind engineering and industrial aerodynamics, 14(1-3): 211-222.

WANG H, HU R M, XIE J, et al, 2013. Comparative study on buffeting performance of sutong bridge based on design and measured spectrum[J]. Journal of bridge engineering, 18(7): 587-600.

WANG J P, WANG Y Q, YE X, 2009. A robust numerical method for stokes equations based on divergence-free h(div) finite element methods[J]. SIAM Journal on scientific computing, 31(4): 2784-2802.

WARDLAW R L, 1994. Flutter and torsional instability[M]//SOCKEL H. Wind-excited vibrations of structures. Vienna: Springer.

WILLIAMSON C H K, 1997. Advances in our understanding of vortex dynamics in bluff body wakes[J]. Journal of wind engineering and industrial aerodynamics, 69-71: 3-32.

XU Y L, 2013. Wind effects on cable-supported bridges[M]. Singapore: John Wiley & Sons Singapore Pte. Ltd.

XU Y L, SUN D K, KO J M, et al, 1998. Buffeting analysis of long span bridges: a new algorithm[J]. Computers and Structures, 68(4): 303-313.

YAN Z M, LEI H, TAN T, et al, 2018. Nonlinear analysis for dual-frequency concurrent energy harvesting[J]. Mechanical systems and signal processing, 104: 514-535.

YANG Q S, GAO R, BAI F, et al, 2018. Damage to buildings and structures due to recent devastating wind hazards in East Asia[J]. Natural hazards, 92(3): 1321-1353.

ZHAO L, GE Y J, 2015. Cross-spectral recognition method of bridge deck aerodynamic admittance function[J]. Earthquake engineering and engineering vibration, 14(4): 595-609.

ZHU L D, XU Y L, 2005. Buffeting response of long-span cable-supported bridges under skew winds. Part 1: theory[J]. Journal of sound and vibration, 281: 647-673.

ZHU L D, MENG X L, DU L Q, et al, 2017. A simplified nonlinear model of vertical vortex-induced force on box decks for predicting stable amplitudes of vortex-induced vibrations[J]. Engineering, 3(6): 854-862.